中国饭店业职业经理人培训认定教程

编辑委员会

XIANDAI FANDIANYE SHICHANG YINGXIAO

现代饭店业市场营销

蔡文浩 孙泽平等 编著

CHA

经济日报出版社

图书在版编目（CIP）数据

现代饭店业市场营销/蔡文浩、孙泽平等编著.—北京：经济日报出版社，2007.1

（中国饭店业职业经理人培训认定教程）

ISBN 7-80180-613-1

Ⅰ.饭…　Ⅱ.①蔡…　②孙…　Ⅲ.饭店—市场营销学　Ⅳ.F719.2

中国版本图书馆CIP数据核字（2006）第137618号

中国饭店业职业经理人培训认定教程

现代饭店业市场营销

编　著	蔡文浩　孙泽平等
责任编辑	肖小琴
责任校对	高小昆
出版发行	经济日报出版社
地　址	北京市宣武区白纸坊东街2号（邮编：100054）
电　话	010-63567690　63567691（编辑部）　63567683（发行部）
网　址	www.edpbook.com.cn
E-mail	cehuabu@vip.sina.com
经　销	全国新华书店
印　刷	三河祥达印装厂
开　本	710×1000mm　1/16
印　张	20.25
字　数	240千字
版　次	2007年1月第一版
印　次	2011年3月第四次印刷
书　号	ISBN 7-80180-613-1/F·253
定　价	34.00元

前　言

是“这”，而非“又”

韩明　卢存岳

生产决定今天，科技决定明天，教育决定后天，管理决定天天；

决策定在高处，执行做在明处，操作落在实处，管理是在处处。

管理活动在经济建设和社会生活中的基础性地位及先导性作用，已是人所周知、众所共识。对于生产即刻使用、供给立时体验、销售同步消费的饭店业来说，强化管理、细化管理的重要意义更是不言自明。

管理的实践需要科学理论的指导和实务经验的累积，为满足当前饭店经营管理的需求，汇聚诸多饭店管理开拓与实务专业精英智慧与劳作，历经两年又两个月，《中国饭店业职业经理人培训认定教程》终于写就纂成，呈献于读者。

《中国饭店业职业经理人培训认定教程》一套共六册：《现代饭店业经营管理》《现代饭店业客房管理》《现代饭店业人力资源管理》《现代饭店业领导科学》《现代饭店业市场营销》《现代饭店业财务管理》。各册相对独立，彼此之间又相互关联，因相辅而相成。丛书著作与编纂，一直谨循“三维”宗旨，始终肩负“九重”使命：

既注重阐明作者自身的研究心得，也倚重提炼饭店管理的普遍规律，尤其着重延揽极具价值的管理案例；

既看重饭店固有业态的成功经验，又器重饭店当代业态的系统总结，更为珍重饭店新兴业态的理念开掘；

既推重国内不同区位、不同档次饭店管理的全面垄盖，也加重国际不同属性、不同民族饭店管理的模式引进，还要借重不同行业、不同产业管理工作的有效成果。

以如此“三维九重并举”的方略为指针、为己任，务求《中国饭店业职业经理人培训认定教程》在林林总总的管理论著之中，在理论和实践紧密结合的意义上，成为具有鲜明特色的“这”一部，而不是综合既往的“又”一部，从而为蓬勃发展着的管理典籍之林平添一颗闪光的珠玑。

这套丛书依据我国第一个职业经理人国家标准《饭店业职业经理人执业资格条件》（GB/T19481－2004）的相关要求编辑出版，将作为饭店业职业经理人执业资格认定的指定教材，也可作为业内各类饭店内部和经营管理的参考用书，还可成为有关专业高等院校、高等职业学校及有志于从业饭店管理的青年学子的进修资料，亦可成为相关行业和产业提升服务水准的有益借鉴。我们笃信中华民族的一则历久弥新的古谚：“它山之石，可以攻玉；他山之玉，可以成器。”

写于北京京瑞大厦

2006 年 12 月

（韩明：中国饭店协会会长，丛书主任；

卢存岳：中国饭店协会高级顾问，丛书主编）

目　录

第一章　饭店营销概述

现代饭店业是社会经济发展、人类活动范围扩展的产物，是各类饭店集合而成的一个现代产业。事实上，现代饭店业与人们传统观念中的客栈、客店或狭义的酒馆、饭馆、旅店相差甚远。随着社会经济的不断发展，现代饭店的内涵日趋丰富，服务范围不断扩大，不仅提供住宿、餐饮、娱乐等服务，而且还可以满足大型会议、商务、展览、婚庆等等需要，同时还开展订购车船飞机票、安排旅游路线等其他方面的服务，成为满足消费者多种需要的综合性服务行业。

第一节　饭店业的历史及现状

一、饭店业发展简史

与任何产业一样，饭店业也经历了从初级形式到高级形式的发展阶段。从奴隶社会就已经出现的栈房，发展到今天的现代饭店业（hospitality industry），大体经历了五个阶段。

第一阶段是简陋的“栈房”时期。当时的栈房只是长途旅行者的栖身之地，只有一些遮风挡雨的简陋设施，旨在免除长途旅行者自带行囊的辛劳。这类栈房通常都不是以赢利为目的，有的甚至是免费的。在我国，早在奴隶社会，在运送奴隶的长途旅行中，奴隶主会在沿途修建一些简易房屋，供奴隶们夜间住宿，这类房屋就是“栈房”。古希腊和古罗马也存在过类似的栈房。这就是饭店最原始的形式。随着社会政治经济的发展，不同地区之间的人际往来增多，栈房也随之发展和扩大。不仅设施开始改善，而且数量和规模也迅速增加。比如，在春秋时期，就已经有了专供传递公文的差人和往来官员中途歇宿、换马饮水的驿站，招待过往宾客和天下之士的客栈。

第二阶段是中世纪的庄园饭店时期。这个时期的庄园饭店是为满足封建贵族们的狩猎、聚会等奢侈需要而建立的。无论从外观、内部装饰、食物烹饪还是家具、花园、服务形式，都是针对封建贵族奢侈生活的需要布置安排的，其特点就是豪华奢侈。这类饭店现在还能发现它们的影子，如德国的巴登饭店，不仅有带廊柱的大门庭、音乐娱乐厅、大餐厅，还有设施豪华的客房、罗马式浴池、花园喷泉等等。与栈房相比，这类饭店不再设立于交通沿线，而是设立在社交活动中心；作用也不再是满足出行者的基本住宿需要，而是满足王室贵族和社会名流们奢靡、炫耀的需要。

第三阶段是商业饭店时期。商业饭店的特点是：它不是一味追求豪华，而是注重旅客的舒适和方便，特别是为商务活动提供方便。商业饭店是随着经济的发展、市场的开拓和商业活动范围扩展的形势应运而生的。这类饭店不再将封建贵族作为主要服务对象，而是将商务人士视为目标顾客，在价格上追求低廉、物有所值，在管理上追求清洁、舒适、安全和服务周到，力求吸引较多的投宿者，扩大服务面。

第四阶段是旅游饭店时期。自20世纪50年代以来，不仅商务活动日益频繁，商务旅行日趋活跃，而且休闲度假旅行也逐渐在全球兴起。旅游者成为了饭店顾客最主要的组成部分。旅游者除需要价格低廉、方便舒适、安全可靠外，还期望饭店可以提供休闲娱乐的服务设施和服务项目，这就出现了度假饭店、游乐场、度假村等类型的旅游饭店。

第五阶段是多功能饭店时期，即现代饭店时期。现代饭店的特征是目标市场细分化，服务功能专业化，服务项目综合化，经营范围多元化，服务产品创新化和组织形式集团化。饭店目标市场细分化和服务产品创新化，是现代饭店发展的两条主轴。以假日饭店为例，在20世纪50年代，假日饭店开发的一种住宿产品迎合了美国刚刚兴起的驾车跨州旅行这一消费者市场的需要，而这种需要迅速增大，为假日饭店提供了无限商机，同时，在消费者的心目中，假日饭店几乎成为了“汽车旅馆”的代名词。假日饭店在经营上之所以不断获得成功，其原因在于该公司能够适时调整其产品和服务标准，以迎合细分市场和不同消费者的需要。

以上所述饭店发展的五个阶段不是绝对对等和截然分开的。事实上，饭店的服务形式和服务类型的发展往往是相互交织、相互渗透的。在历史上，消费者对饭店业的感知曾一度集中在提供全面服务的独立饭店、商务旅行者以及崇拜外出旅行的荣耀上。康拉德·希尔顿创立的希尔顿饭店，改变了美国消费者对饭店业原有的印象。希尔顿饭店公司的连锁经营以及它的“希尔顿”名称，使得以希尔顿为代表的品牌概念在全美乃至全世界消费者心目中得以树立。

在饭店业发展的历史上，经营者的创新理念和创新实践是推动饭店业飞速发展的动力。针对消费者需要的不断变化，全球各个国家的饭店业经营者们以他们的才思和辛勤工作，创造并推广了难以计数的新型服务项目和特色服务项目，不仅满足了各个地区不同层次消费者的多样性需求，而且使饭店业的销售利润大大增加。

在饭店业的发展史上，以下事件在美国被称为旅游服务业的里程碑。

表 1-1 旅游服务业发展的里程碑

时期	事件
19 世纪初	私人房间成为饭店中的客房标准
1859 年	第一部饭店电梯安装于纽约的第五大街饭店
1860 年～1900 年	曼哈顿鸡尾酒发明 波士顿的特里蒙特宾馆成为第一家设有室内上下水管道、客房门锁并提供免费香皂的饭店 全美餐厅和酒吧服务业协会成立
1920 年～1930 年	这十年期间新建饭店数量大增，超过此前任何其他十年间的增加量，导致 1933 年美国饭店客房出租率仅为 51%，创历史最低纪录 1929 年，第一家机场饭店在加利福尼亚州奥克兰市开业
1935 年	霍华德·约翰逊首开旅游服务业特许经营之先河
1940 年	洲际饭店公司签署第一份饭店管理合同
1946 年	美国饭店业客房出租率创最高纪录——95%
20 世纪 50 年代	假日饭店在高速公路边建饭店开创了汽车旅馆时代
20 世纪 60 年代	饭店业开始认真实施市场细分和产品细分

（续表）

时　期	事　件
20 世纪 70 年代	富丽宏大的建筑设计（以亚特兰大的凯悦饭店为示范）标志饭店建筑的新时代
20 世纪 80 年代	电子计算机、电信以及其他技术领域的重大发展带来了先进的预订系统 航空自由化政策问世 饭店业全面开始产品细分，其产品范围涉及从廉价饭店到提供全面服务、全套房饭店、度假地饭店和大型饭店
20 世纪 90 年代	与旅游有关的大公司出现，成为饭店业和航空业中拥有数十亿美元资产的大企业
20 世纪末	以消费者为动力的技术发展导致了无纸化机票、无钥匙门锁、在家购买和送票上门等新事物的出现 超音速大型客机与计算机引导的地面交通的配合开创了旅游的新时代

如今，现代饭店业在全球各个地区迅速发展，各具特色。就全世界的情形看，美国饭店不仅数量多、集团化程度高，而且作为世界主要饭店集团的发源地和总部所在地，是饭店资本、管理和技术的最大输出国。欧洲的饭店一般规模较小，集团化程度低，而且由于发展较早，饭店的设施及建筑相对老式、陈旧。但由于其历史文化悠久，人情敦厚，较为重视人性化服务，因此比美国的饭店显得更有人情味。与欧美地区相比，亚洲地区的饭店业起步较晚，但其发展迅速，尤以日本、香港、中国、东南亚等地区饭店业的崛起，更为全球公认。如东京的帝国饭店、香港的半岛饭店与丽晶饭店、上海的锦江饭店、新加坡的香格里拉饭店、曼谷的东方饭店等，都是在世界享有盛誉的饭店。亚洲饭店业的进步，可归因于引进美国饭店业科学的管理方法，以及欧洲饭店业的良好传统和经验丰富的专业人才，再糅合东方民族悠久的好客传统，并充分发挥亚洲人勤勉好学的长处和忍耐力及资源丰富的优势。

二、美国饭店业概况

美国的饭店业不仅规模大，经营水平高，而且在营销手段和管理创新等方面执全球之牛耳。为此，有必要通过了解美国饭店业，来透视全球饭店业的现状，寻找我国与世界先进水平的差距。

在1997年到2001年期间，由于商务旅行持续增加和宏观经济良好带来的旅游业发展，美国国内饭店市场实现了快速发展，营业收入2000年比1997年增加了28.8%。统计如下：

表1-2　美国1997~2001年国内饭店业营业收入统计

年　份	美国饭店业国内营业收入（亿美元）
1997	575.665
1998	627.960
1999	684.719
2000	741.515
2001	694.953

美国饭店的集团化程度高，由饭店业的产业集中度可以反映出来。美国前五名最大的饭店集团占有全美饭店业市场47%的份额。按客房数计算，圣达特、六洲、万豪和选择在世界市场上居前四位。

表1-3　美国前五名最大的饭店集团市场份额统计

公司名称	市场占有率（%）
圣达特（CENDAT）	13.8
六洲（SIX CONTINENT）	11.5
万豪（MARRIOTT）	9.5
仕达屋国际（STARWOOD）	6.8
选择（CHOICE）	5.6

这五家饭店集团的基本情况是：

圣达特：世界上最大的饭店特许经营权所有者，拥有DADS INN、RAMADA、AMERIHOST INN、SUPER 8、HOWARD JOHNSON等知名品牌，全世界拥有的饭店超过6600家，客房55万间。总收入由2000年的39亿美元猛增到2001年的89亿美元，增长了126%，利润3.85亿美元。

六洲：2001年营业收入59亿美元，下降了2.1%，净利润6.76亿美元，下降了72.8%，主要品牌包括HOLIDAY INN、HOLIDAY INN EXPRESS、CROWN PLAZA、INTER－CONTINENTAL，在全世界大约100个国家有饭店3200家，客房52万间。

万豪：世界上最大的住宿业公司，营业额102亿美元，利润2.36亿美元。在全世界共拥有14个品牌和2400家饭店，客房45万间，2001年新增饭店200家。主要饭店品牌包括MARRIOTT、COURTYARD、SPRINGHILL SUITES、RAMADA INTERNATIONAL、RITZ－CALTON、RESIDENCE INN、RENAISSENCE。

选择：2001年营业收入1.884亿美元，比2000年上升了12.5%，利润1430万美元。在全世界38个国家拥有超过4600家饭店，客房36万间。主要品牌包括：COMFORT IN、QUALITY INN、ECONO－LODGE、MAINSTAY SUITES、ESUITES、SLEEP INN、CLARION。

仕达屋国际：2001年的营业收入40亿美元，比上年下降了8.7%，净利润下降了64%。仕达屋国际在全世界80多个国家拥有将近750家饭店，客房23万间，主要品牌包括：SHERATON、FOUR POINTS、ST. REGIS、WESTIN、WHOTELS。

美国不仅有国际化的大型饭店集团，经济型饭店也发展迅速。从美国国内市场看，从1997年到2000年，1～75间客房的小型旅馆，其营业额增长了29.2%，同时这一部分旅馆也占有最大的市场分额，约占72%。而客房数量在300间以上的豪华饭店其房价几年来一直呈下降趋势，很多回头客被提供优惠的小型旅馆吸引了过去。

表1－4　美国饭店的客房数与销售额对比

客房数（间）	1997（百万美元）	2001（百万美元）
1～75	38569.6	49828.1
76～149	10362.0	11883.7
150～299	6332.3	5559.6
300以上	2302.7	2223.8

从饭店所在的地理位置分析，位于高速公路两侧的饭店在美国占很大部分，占饭店总数的42.2%，占客房总数的30.4%，位于机场的饭店占饭店总数的7.7%和客房总数的10.2%，度假区和风景饭店占6.3%，城市饭店占10.2%。位于城市郊区的饭店在2001年增长了将近1/3，占总饭店数的33.6%。

从统计数字可以发现，1～75间客房的经济型小旅馆和郊区旅馆是近年来发展最快的部分，它们受到国际市场变化的冲击小，受各种政治、经济因素的影响也不像大型、豪华型饭店那样直接。同时，在美国道路交通网络、预定系统、信息检索系统都极为发达，自驾车出游者众多，度假和商务旅行者对清洁、便捷的小型旅馆需求大，因此越来越多的投资者开始将注意力放在位于高速公路旁和郊区的小型旅馆上，甚至汽车的流行款式也受到高速公路旁饭店众多因素的影响。

三、中国饭店业概况

我国的饭店业是改革开放最早的领域之一，其发展速度远远超过了人们的预想。1978年，中国能接待海外游客的饭店只有237家，而到了2002年，符合星级标准的饭店达11000多家，客房超过百万间，年接待超过1.5亿人次，行业年产值超过800多亿元人民币，利税50亿元人民币，直接从业人员超过百万。

相对国内其他行业，中国的饭店业与国际接轨较为顺畅。但是，除去高档饭店的硬件投入，饭店行业重要指标的参数与国际水平的差距仍然显著，有些还有进一步扩大的趋势。

从饭店市场营销的角度分析我国饭店业的现状，存在四方面的问题：第一，饭店业的产业结构不合理，饭店的总供给和总需求不平衡，导致全国饭店平均出租率和平均房价一直徘徊在比较低的水平。从总量上看，饭店的区域分布和星级的结构都不尽合理，有的省区、城市饭店扎堆拥挤，竞争过度，有的省区、城市高星级的饭店不足，满足不了经济发展的需要。第二，国有饭店体制的改革不到位。在经营思路和经营方法上摆脱不了计划经济的色彩，占饭店总量90%的国有和国有控股饭店经营困难，管理问题多，利润最大化没有成为所有饭店业共同追求的目标。盲目投资、管理懈怠等老问题仍困扰着饭店业，难以真正实现与国际接轨。第三，饭店集团化进程迟缓。统计表明：截至2002年底，全国共有110余家饭店管理公司，管理饭店700余家，星级饭店集团化程度达7.2%。在中国饭店业集团20强中，国际著名酒店集团入选12家，中国饭店集团入选8家。外资企业占总数的60%，中资占40%。反映出中国饭店集团化进程虽有了实质性的进展，但还不尽人意。除了体制因素以外，技术因素也是影响我国饭店业集团化不容忽视的重要原因。至少在品牌化经营、客源预定网络、人力资源开发、资本经营与产品经营并举方面，与国际知名集团存在明显的差距。第四，饭店业的人力资源开发能力与国际先进水平之间存在较大的差距。人力资源供给能力没有与饭店业的快速发展同步，专业教育和培训水平明显滞后。由于饭店职业经理人制度刚刚起步，饭店高级经理人队伍尚没有形成，从事饭店业工作的专业人才种类也不齐全。这些问题使职业经理人的人才市场的成熟与发展受到影响，致使市场机制还不能够充分发挥饭店高级人才的调节、配置作用。

第二节　饭店商品及分类

一、饭店的含义和特征

全面认识饭店的含义及特征，要从两方面进行：饭店的有形设施与饭店的无形服务。前者为饭店的硬件，是饭店服务的物质保证；后者是饭店的软件，是饭店服务的具体表现。

在对饭店特征的认识中，是否提供住宿服务是关键，是核心。一家企业，无论它被称之为酒店、宾馆、山庄、旅店、度假村或其他什么名字，只要具备提供住宿的功能，开展了住宿服务，那么这个企业就是饭店的某一类型。反之，如果不能提供住宿服务，不管其简陋还是奢华，都不能称之为饭店。但是，如果住宿服务仅是附带性的或是延伸性的，不是它的主营业务，如近年来兴起的洗浴类服务企业，则不能将其归入饭店业。

在英文中，表示住宿设施的词汇有好几个，如Hotel，Inn，Lodge，Motel，Hostel等等。其中，Hotel一词已成为大众化、标准化住宿设施的统称。国际上的一些权威性辞典对饭店（Hotel）有以下一些定义：

饭店是以获利为目的，为人们提供住宿和饮食服务的建筑物。

《牛津当代英语词典》

饭店是具有商业性目的，向公众提供住宿服务，并通常也提供饮食服务的建筑物。

《大不列颠百科全书》

饭店是提供住宿，也通常提供饮食和其他服务的设施，已接待旅游者和非永久性居住的人。

《韦伯斯特英语大辞典》

归纳上述定义，饭店具有以下几个基本特征：

1. 具有以客房为接待主体，也可以提供餐饮、娱乐等其他服务的建筑设施；

2. 经过工商注册登记，具有经营的合法性；

3. 以公众为服务对象；

4. 以营利为目的；

5. 以提供住宿服务、餐饮服务、会议服务、娱乐服务等服务项目为主营业务。

全面认识饭店和饭店服务，还不能仅仅着眼于饭店业本身。饭店业是关联性很强的行业，它的发展始终是与经济增长、商贸发展和交通工具的改善紧密相连的。经济增长使人们的收入大大增加，闲暇时间增多，旅游业开始成为国民经济的支柱产业，对饭店的需求也就成倍增加；商贸业的发展使各地的商务活动日益频繁，商务谈判和商务会议都对饭店业的发展提出了新要求，极大地促进着饭店业的发展；而交通工具的改善使人们的旅行变得更加舒适、便捷、便宜，增加了人们出门旅行的机会，同样也增加了饭店业的商业机会。所以认识饭店，不能仅从辞典或教科书的定义出发，一定要结合当地的实际情况，有针对性地去把握饭店的本质特性。

二、饭店商品的特性

饭店是通过有形的设施来销售无形的服务的。饭店服务是一种特殊的商品，认识饭店服务商品与一般工商业制成品商品的区别，有助于今后识别市场营销理论与饭店市场营销的区别，以便饭店正确、有效地开展饭店市场营销活动。我们通过下表对饭店商品与一般商品进行详细比较：

表1－5

饭店商品（服务）	一般商品（工业制成品）
在特定的时间段不能大量增加商品供给。如在旅游旺季时，会出现客房房源不足的现象。	可以通过加班、外协、委托加工等方法迅速提高产量，增加供给。
生产与消费同时发生，具有即时性。	可以先生产，后消费，不受消费者即时需要的限制，不具即时性。
服务商品不可储存，不可搬运，交易具有易逝性。	可储存，可搬运，交易价值不具易逝性。
服务不能囤积居奇，故不能自由选择销售时机，成本分摊对销售的影响较大。	可以选择销售时机，在价格偏低时可暂不出售，待行情看涨时再出售。
服务商品质量的差异性大，即受消费者主观感受的影响，也受服务人员的技术、态度等不确定因素的影响，开展标准化管理的难度大。	通过质量控制可使商品质量保持相对稳定，便于进行标准化生产，所以开展质量管理相对容易。
饭店服务商品具有隐蔽性。顾客的许多服务需求产生于应急、冲动和应情景。而这些服务并未明文列入饭店的服务项目中，且没有成文的服务质量要求。如果服务人员乐于提供这些服务，将有助于提高顾客满意度，建立起良好的顾客关系，提高顾客的回头率。	商品的可察觉质量明显。交易的产权边界清晰。

从上述对比中我们可以发现，饭店业很容易陷入价格战的泥潭。由于饭店服务不可储存、搬运，所以饭店服务（客房）如果没有销售掉，客房设施、餐饮娱乐设施的建筑折旧成本就无法摊销。许多饭店

会不自觉地产生这样的心理：只要客房按照成本价销售出去，即使不赚钱，至少不亏本。于是产生了降低价格、牺牲服务的饭店销售方式，使饭店业的价格战一轮接一轮，使消费者开始对饭店服务和价格产生“双低”的心理预期。

三、饭店的类别

饭店分类是识别饭店营销特性的关键之一。不同饭店由于定位不同，目标市场不同，所以营销策略也不同。

（一）按照目标顾客不同进行的饭店分类：

1. 商务饭店（Commercial Hotel）。这类饭店主要是为从事商务或公务旅行活动的人士提供住宿、餐饮和商务活动的饭店。

2. 度假饭店（Resort Hotel）。这类饭店的定位重点放在消费者休息、娱乐、健身方面的需要，以满足顾客的消闲消费为主。度假饭店往往建在风景秀丽的海滨、湖畔、山林和温泉休养地，建有充足、多样的娱乐设施和生活服务设施。

3. 会议饭店（Convention Hotel）。这类饭店专为接待各类会议，如学术研讨会、展览会、新闻发布会等等而专门设计建设的。这是一种专门化的饭店，往往建在政治中心或商业中心城市附近，配备组织、接待会议的生活设施和会议专门设施，并有专业化的人员队伍。

4. 常住饭店（Residential Hotel）。这类饭店业叫公寓式饭店，主要为商业企业的外驻人员或居住时间较长的旅游者提供公寓式住宿服务。饭店除提供生活设施外，还提供办公的必要设施。

（二）按照地理位置进行的饭店分类：

1. 公路饭店（Highway Hotel）。这类饭店通常建在高速公路的入口处附近，主要为驾车旅行的人提供住宿和餐饮服务。它也被称为汽车旅馆（Motel）。

2. 机场饭店（Airport Hotel）。这类饭店位于飞机场附近，主要服务于大型航空公司和因转机短暂停留的飞机乘客。

3. 城市中心饭店（Down Town Hotel）。主要指位于城市商务中心或政务中心区域内的饭店。

4. 风景区饭店（Resort Hotel）。主要指建在风景区内的度假饭店。

（三）按照规模、档次进行的饭店分类：

1. 大型饭店。一般指有500间以上标准客房，服务项目较齐全，设施比较高档的饭店。

2. 中型饭店。一般指有300～500间标准客房的饭店。这类饭店服务设施齐全，价格适中。

3. 小型饭店。这类饭店多为经济型饭店，拥有的客房数少于300间，除提供住宿和早餐这类基本服务外，一般不提供成本高、收益少的其他服务，价格较为便宜。国外很流行的B&B6形式的饭店就是这一类型。

（四）按照计价范围进行的饭店分类：

饭店的计价范围会随市场竞争和行业惯例进行调整变化，没有一成不变的模式。以下是几种国际上常见到的计价范围：

1. 欧式计价饭店。这类饭店的客房价格仅包括房费，不含食品、饮料、娱乐等其他费用。

2. 美式计价饭店。这类饭店的客房价格除房费外，还包含一日三餐的费用。

3. 中式计价饭店。指一些低档的、仅按床位收费的招待所。目前这类饭店还存在于我国企事业单位内部的招待所和一些经济不发达地区。

4. 修正美式计价饭店。这类饭店的客房价格包括房费和早餐、一次正餐的费用。

5. 欧陆式计价饭店。这类饭店的房价含房费和一份简单的欧陆式早餐。这种早餐仅有咖啡、面包和果汁。

6. 百慕大计价饭店。这类饭店的房价含房费和美式早餐。

除了上述类型的饭店外，饭店业中还有自炊式住宿饭店（self－catering accommodation），家庭旅馆（guest house）等，在此不一一述及。

第三节　饭店市场营销概览

市场营销的思想起源于工业制成品的销售，例如肥皂、汽车、房屋、钢铁和机器设备等。然而，随着社会经济的发展，包括饭店业在内的服务业出现了惊人的增长。在美国，从事服务行业的人数占总就业人数的77%，其产值占总国民生产总值的70%，而且预计在未来10年还会继续增长。在我国，情况也是这样，随着制造业制造能力的大幅提高，大量的劳动力会转移到服务类行业，对服务业尤其是饭店业营销问题的研究和讨论，必将引起人们的浓厚兴趣。

饭店市场营销是服务业市场营销的具体形式。与有形商品市场营销的理论和实践相比较，既有共性，又有特殊性。

在共性方面，主要表现为市场营销核心概念的一致性；在特殊性方面主要表现为由饭店服务商品与一般有形商品的差异性所表现出的营销方法的差异性。下面通过详述这些共性和特殊性，来全面认识饭店市场营销的含义及特点。

一、饭店市场营销的含义

对于什么是市场营销，有多种定义方式。在这里可以罗列三种不同的定义：

1. 市场营销是一个过程，在这个过程中，企业组织对市场进行生产性和盈利性的活动。

2. 营销就是在一种利益之下建立、维持、巩固与消费者及其他参与者的关系，只有这样，各方的目标才能实现。这要通过相互的交换和承诺去达到。

3. 市场营销就是在适当的时间，适当的地方，以适当的价格，适当的信息沟通和促销手段，向适当的消费者提供适当的商品和服务。

在此我们按照菲利普·科特勒的定义，对市场营销做如下表述：

市场营销是个人和集体通过创造，提供出售，并同别人交换产品和价值，以获得其所需所欲之物的一种社会和管理过程。

饭店市场营销从属于一般市场营销，所以在创造产品价值，满足顾客需求，获得自己所欲之物——利润方面，与市场营销有着共性。

饭店市场营销按照这个定义，自然可以表述如下：饭店市场营销是个人和群体（饭店）通过创造，并提供出售饭店产品，同别人交换价值，以满足需求与欲望的一种社会和管理过程。更通俗地说，饭店市场营销就是通过研究饭店市场供求变化，以满足消费者需求为中心，为顾客创造并提供适销对路的饭店产品，使顾客满意，使饭店获得社会效益和经济效益的经营管理活动的全过程。

与市场营销的一般概念一样，饭店市场营销的定义包含下列一些核心概念：需要、欲望和需求；饭店产品；价值、成本和满意；交易营销和关系营销；饭店市场。然而在饭店市场营销中，这些概念有其特殊性。现将这些概念分述如下：

需要、欲望和需求

顾客的各种需要和欲望是市场营销思想的出发点，也是饭店营销思想的出发点。

从市场营销学的角度看，需要是指某人没有得到某些基本满足的感受状态。比如饥饿时对食品的需要，疲倦时对睡眠的需要等等。

欲望是指想得到这些基本需要的具体满足物的愿望。比如北方人在饥饿时想到的食品可能是面食，而南方人则会是米饭。新疆人用馕充饥，西藏人则喜食糌粑。人类的需要并不多，而他们的欲望则五花八门、各种各样。

需求是有货币支付能力，并且愿意购买某个具体产品的欲望。当有购买能力时，欲望便成为需求。在外出旅行时，许多人有住宿五星级饭店的欲望，但真正入住的人并不多。因此，饭店如果仅仅知道有消费欲望的人很多这一点还不够，还应该了解有入住欲望并真正有能力入住的顾客数量。需求与欲望的区别在于前者不考虑实际购买力，而后者考虑实际购买力。欲望是一种潜在的需求。随着经济的发展和生活水平的提高，欲望可以逐步转变为需求。

需求可以分为期望型需求，个性化需求，未表述型需求，基本需求，潜在需求，充分需求，负需求，无需求，下降需求等类型。

期望型需求是指购买者期望产品具备的功能，这通常是产品理当具备的基本功能。如饭店必须保证住宿的卫生和安全；个性化需求是指个别消费者所期望的特殊功能；未表述型需求则指顾客潜意识中存在，但尚未明确表述出来的需求，处在不满足和抑制状态；兴奋型需求是指令顾客意外的满足。

基本需求是大多数消费者都具有的需求。

潜在需求是指相当多的消费者对产品有深厚的兴趣，但现在的产品或服务却不能使之满足的一种状况。造成需求处于潜在状态的原因较多，如购买力不足、价格过高、对产品不放心等，这种情况下的市场营销是开发型市场营销，其任务是解决造成需求潜在的原因，将潜在需求转变为现实需求。

充分需求或饱和需求是指目前的需求水平处于相对饱和，即所有消费者都处于相对满足的状态，这是任何产品在经历了引入、成长后所必然到达的一种状态。充分需求也是一种成熟需求。消费者拥有产品、熟悉产品，需求仅仅来自重置，没有新的需求。

负需求是指绝大多数人对某种产品感到厌烦，甚至愿意付出一定代价以求回避的一种状况。

无需求指没有消费者希望得到这种产品。

下降需求是指消费者对产品的总需求呈现下降趋势。

此外，还有不规则需求，有害需求，过量需求等需求类型，在此不一一述及。

饭店产品

从供应者的角度说，它是组合产品，即饭店的经营者凭借着物质、非物质的产品向顾客提供各类服务；从顾客的角度说，饭店产品是花时间、精力、金钱来购买享受的一次体验；从市场营销的角度说，饭店产品的概念所包含的内容更广泛，广义的饭店产品是向市场提供的、能满足人的各种需要和利益的物质产品和非物质形态的服务。物质产品主要包括产品的实体及其品质、特色、品牌等，它们能满足顾客对有形产品的需要。非物质形态的服务主要包括产品形象、质量保证、声誉等，给顾客带来利益和心理上的满足与信任感，具有情感性价值，能满足人们心理上的需求。这种对饭店产品的理解，叫做饭店整体产品概念。

市场观念下的整体产品概念具有三个层次的含义，即：核心含义（或称核心产品）、形式含义（或称实际产品）和延伸含义（或称延伸产品）。饭店产品的核心含义是指产品提供给顾客的基本效用或利益，是顾客需求的中心内容，主要回答顾客购买产品所需要解决的基本问题，如住宿的安全、舒适、卫生、能否解决饮食、娱乐等问题。饭店产品的形式含义是指产品向市场提供的实体和外观，是扩大化了的核心产品，也是饭店真实有形的产品：位置、建筑、装潢、设备、设施、服务项目、服务水平和信誉等。饭店产品的延伸含义是指顾客购买产品时所得到的其他利益，是由饭店另外附加到产品上去的，能给顾客带来更多的利益和更好的满足。如饭店对顾客与旅行社的质量保证，饭店荣誉宾客奖励俱乐部、饭店免费停车场和免费往来于旅游点、购物点与机场的班车等。

价值、成本和满意

在市场营销学的术语中，价值是用来判断消费者满意程度的。在存在同类饭店竞争的饭店市场上，消费者会挑选他们认为价值最大的饭店投宿。从消费者选择、判断的角度，我们将价值定义为一种比例关系，即消费者得到的利益与他们所付出的成本之间的比例。

通常消费者得到的利益有两类：功能性利益，如客房的面积与设施的好坏；情感性利益，如服务人员的礼貌与对顾客的尊重。

消费者的付出，即消费者成本，可以分为四类：金钱、时间、体力和心理感受。

于是，价值可以通过下列公式来定义：

$$价值=\frac{功能性利益+情感性利益}{金钱成本+时间成本+体力成本+心理成本}$$

从这个公式中不难看出，饭店经营者欲增加消费者的价值，要设法从5个方面入手：1. 增加消费者的利益，无论功能性利益还是情感性利益，使消费者的成本不变。2. 在消费者利益不变的情况下，减少消费者的成本。3. 同时增加利益，减少成本。4. 在消费者的利益与成本都发生变化时，使利益的增加超过成本的增加。5. 在消费者的利益与成本都发生变化时，使利益减少的程度小于成本减少的程度。

西方国家的市场营销研究者为了找出消费者价值与满意之间的关系，还专门定义了让渡顾客价值（Customer delivered value）、总顾客价值（Total customer value）和总顾客成本（Total customer cost）。

让渡顾客价值被定义为总顾客价值与总顾客成本之间的差。

总顾客价值被定义为消费者期望从产品或服务中获得的一系列利益，

如产品的价值，服务的价值，人员的价值和形象的价值等。

总顾客成本被定义为消费者为获得、使用和储存产品、服务不得不付出的所有成本，包括金钱、时间、体力和心理付出等等。

有了这些定义，我们就可以来看看什么是消费者满意。消费者对产品或服务满意不满意，很大程度上取决于消费者的个人因素，没有绝对的标准。同样的产品或服务，有的消费者可能非常满意，而有的则会非常不满意。

事实上，消费者是否满意取决于他的期望。在市场营销理论中是这样定义消费者满意的：满意是一个人将他对产品或服务的期望与实际感受到的消费体验比较之后所产生的感觉。

按照这个定义，如果消费者的实际体验小于他的期望，他就会不满意；如果大于他的期望，他就会感到高度满意；如果两者相等，他就会刚刚满意。

许多饭店将目标确定在消费者高度满意上。因为他们相信，一个高度满意的消费者对于饭店而言，价值相当于10个刚刚满意的消费者。

显然，产生高度满意的消费者的关键是让渡高度顾客价值。一家饭店的品牌、声誉，必须代表饭店对消费者消费体验的承诺。对于以消费者为中心的饭店而言，让消费者满意既是营销的目标，也是营销的工具。顾客满意率很高的饭店一定会确保他们目标市场的顾客都清楚这一点。但是也要注意，以顾客为中心的饭店的主要目标不能是顾客目标最大化。假如饭店通过降价或增加服务项目来提高顾客满意率，结果只能会降低利润。除了提高顾客的满意率外，饭店一定要设法提高企业的赢利能力。

交易营销和关系营销

在20世纪70年代以前，以有形产品换取货币的交易一直是市场营销中最重要的活动。按照这类活动的特点，市场营销自然就成了计划、组织和实施将产品转化成为货币的交易活动。在市场营销理论中，将这类关注如何促使消费者增加购买量和单个交易行为的营销模式称为交易营销。交易营销的概念发轫于对消费品市场的研究。在消费品市场上，营销组合策略成为企业开拓市场最重要的手段。在那些持续快速成长、顾客与企业关系并不重要的市场上，这种策略是成功的。即使在今天，在这类市场上这种策略仍然是成功的。但是在那些高度成熟的市场上和类似饭店这样的服务市场上，不研究如何维系老顾客，片面强调赢得新顾客的观点就显得不合时宜了，所暴露出来的局限性越来越多。

交易营销的产生有其历史必然性。在传统的消费品市场上，市场规模很大，生产者与顾客之间建立互动的长期关系几乎是不可能的。但是随着电子计算机信息技术的飞速发展，限制企业与消费者建立互动关系的因素正逐步消除。对于服务业或工业品市场的企业来说，这种限制已经不复存在，与顾客保持长久的良好关系不仅十分必要，而且有了实现的可能性。

自20世纪70年代以来，一种新的营销理论——关系营销悄然兴起。这种理论建立在服务提供者或商品提供者与产业购买者及其顾客的互动关系基础之上。这种互动关系成为营销中最重要的因素，因为这种关系将直接影响到顾客的购买行为。

关系营销与交易营销在为顾客创造价值的观念上有较大的差异。我们可以用下图（图1－1）来表示两者的差异：

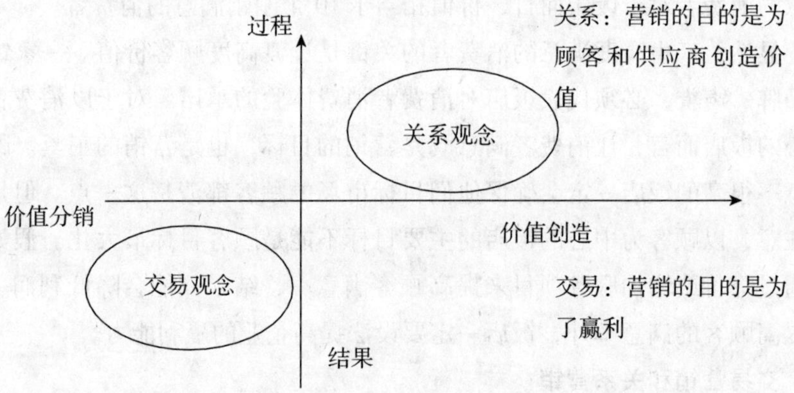

图1－1

在交易营销中，顾客被作为细分目标市场中企业争取的对象，会面临许多竞争品牌的诱惑，他们要从这些品牌中独立地做出选择。而在关系营销中，互动和合作存在于各个层次，无法将服务供应商与顾客截然分开，顾客是否购买取决于在互动关系中双方相互的影响程度，双方不是分离，而是相互依赖，见下图（图1－2）。

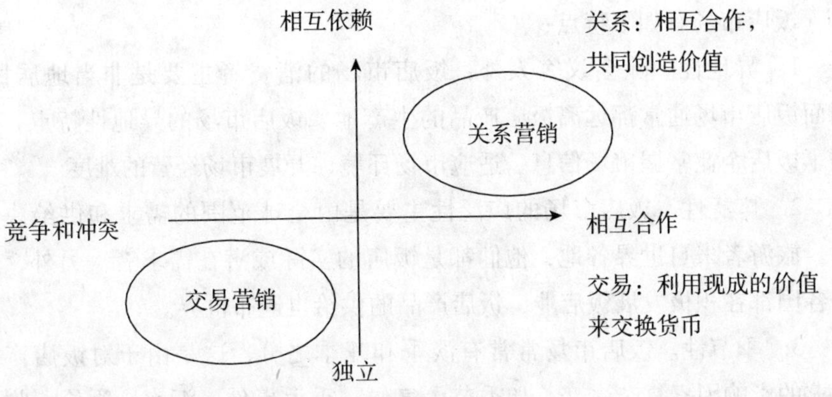

图 1－2

在饭店市场营销过程中，由于饭店服务有不可储存、不可搬运、服务生产与消费具有同时性等等特性，使得饭店产品（服务）的实质成为一种经验品，即消费者的消费体验成为他下次进行消费决策的主要参考因素。为此，从这个角度而言，饭店市场营销实际是一种关系营销。

二、饭店市场的特点

在市场营销术语中，市场是指全体购买者的集合。如软饮料市场指购买软饮料的消费者集合；洗发水市场是指购买洗发水的全体消费者的集合。饭店市场的概念包含实际的和潜在的消费者。这些消费者可能是已实际购买的消费者，也可能是需要诱发的潜在消费者。他们可能存在于同一个场所，也可能分散在几个场所、形成一个群体。如“商务客人市场”、“旅游者市场”等。

消费者购买饭店服务的过程也就是实现消费的过程。消费者购买的主要是饭店设施和服务所提供的效用和利益，而不是有形的实体。如客人在饭店住宿，他得到的是服务和对客房的使用权，而并未发生商品所有权的转移。这一点，是我们在理解饭店市场的定义时，与消费品市场的定义的关键性区别。当然，即使没有所有权的转移，饭店消费者仍然是饭店服务的购买者，这与市场营销的市场概念是一致的。为此，饭店市场可以定义为：指在一定的时间、一定的地点，具有对某种饭店产品或劳务的购买欲望和购买力的消费者集合（群体）。

饭店市场有如下特点：

1. 异地性。除会议客人外，饭店市场的消费者主要是非当地居民，因而饭店市场通常都远离饭店产品的生产地。饭店市场的异地性特点，增加了饭店企业掌握市场信息、适应市场环境、开展市场经营的难度。

2. 广泛性。饭店市场的广泛性主要是由全球范围的需求和供给决定的。旅游者来自世界各地，他们都是饭店的实际或潜在需求者。另外，世界各国都在积极发展饭店业，饭店产品的供给也遍布世界。

3. 季节性。饭店市场常常有淡季和旺季之分，这是由于对饭店产品需求的影响因素复杂多变，如季节、气候、重大事件、汇率、物价、收入等等，都会导致对饭店产品需求量的变化。

4. 高弹性。这所反映的是消费者对价格变动的敏感性。由于饭店业，尤其是为闲暇消费服务的旅游饭店提供的是非生活必需品，所以消费者对价格的变化非常敏感，稍有价格波动，就会导致销售的上升或下降。因此，饭店业如果没有合理的战略规划，在供大于求的市场环境中，非常容易出现恶性价格战。

三、现代市场营销理论简介

随着社会经济的发展，营销理论在演变中涌现了各种营销理论。在这一演变中，有两条主轴，即管理营销与关系营销。现代市场营销理论是沿着这两条主轴演化发展的。

1912 年哈佛大学教授赫杰特齐出版了第一本以《市场营销学》命名的教科书，该书成为市场营销从经济学中分离出来而形成一门独立学科的重要标志，为市场营销理论的建立起了奠基作用。随后出现了交易营销理论、管理营销理论、社会营销理论、绿色营销理论及关系营销理论。营销理论演变中所呈现的各种营销理论，与经济学、管理学以及其他学科的发展一脉相承。同时，由于信息科学、电子计算机科学被广泛应用于社会生产和流通领域，同样也被应用于营销理论与营销方法之中，使得营销理论逐步充实和完善。从引导开发以“消费者为中心”的社会需求，到注意营销活动与营销环境的结合。对营销环境的研究，从仅注重经济因素到涵盖诸多非经济因素。营销手段由侧重某一方面发展到综合运用各种手段的系列轨道。营销理论吸收了其他学科如经济、社会、心理、管理等众学科和信息论、系统论、控制论、协同学等各种理论中科学的有用的成分，不断完善、升华向高级阶段、系统化、综合性、实用性方面齐头并进。

1. 市场营销理论中的“P”说、“C”说和“R”说

4Ps营销组合策略自20世纪50年代末由麦卡锡提出以来，对市场营销理论和实践产生了深刻的影响，被营销经理们奉为营销理论中的经典。如何在4Ps理论指导下实现营销组合，实际上也是企业市场营销的基本运营方法。即使在今天，几乎每份营销计划书都是以4Ps的理论框架为基础拟订的，几乎每本营销教科书和所有营销课程都把4Ps作为教学的基本内容，而且几乎每位营销经理在策划营销活动时，都自觉、不自觉地从4Ps理论出发考虑问题。然而，美国西北大学教授菲利普·科特勒将传统的市场营销组合理论——产品（Product）、价格（Price）、地点（Place）、促销（Promotion）称为市场营销战术4Ps；1984年他提出了公共关系或公众舆论（Public Relations or Public Opinion）、政治或权力（Political or Power）两大市场营销技巧；1986年他又提出了探查（Probing）、分割（Partitioning）、优先（Prioritizing）、定位（Positioning）的市场营销战略4Ps理论。

（1）两大营销技巧

事实上，仅仅满足消费者需要是不够的。例如，在存在贸易壁垒的情况下，要进军一个外国市场需要超级营销（Megamarketing），也就是用经济、心理、政治和公共关系等技巧，来获得该国各政党、政府和利益团体的合作方能成功。有一些产品，如汽车，并不是企业简单地根据消费者的需要而设计的，他的“设计者”可能还有政府、环境保护等利益团体。因此，现代营销首先要解决的，并不是消费者需要什么，你能提供什么，而是允许你提供什么。像百事可乐进入印度市场，就是百事可乐公司提供一揽子丰厚利益条件后才得以成行的。

（2）战略4Ps

现代营销首先要解决的问题是战略性4Ps而非战术性4Ps。战术4Ps体现的基本上是“企业中心主义”，真正意义上的市场导向体现得不够。在战略4Ps中，探查也就是营销调研，尽管是一个老话题，但科特勒教授把它提到了战略的高度。营销调研是市场营销的出发点和基础，它始于企业

还没有生产任何产品之前。战略4Ps中的分割实际就是市场细分（Market Segmentation），其含义就是根据消费者需要的差异性，运用系统的方法，把整体市场划分为若干个消费者群的过程。每一个消费者群就是一个细分市场，亦称为“子市场”或“亚市场”。战略4Ps中的优先即目标市场（Market Targeting）的选择，即在市场细分的基础上，确定企业将要进入的市场或要优先最大限度地满足的那部分消费者。它是以市场细分为基础的，相应地，目标市场策略也就包括以整体市场为目标市场的“无差异性策略”、以若干细分市场为目标市场的“差异性策略”和只以一个或几个更小的细分市场为目标市场的“集中性策略”。战略4Ps中的定位也就是给产品在潜在消费者的心目中确定一个适当的位置，包括现有产品的再定位和对潜在产品的预定位。定位贵在与众不同、个性鲜明。

（3）从4P到4C

罗德明（Lallterborn）提出的营销4C理论对4P进行了有益的补充，并被逐渐推到营销理论运用的前台。这4C是：

消费者的需求与欲望（The wants and needs of consumer）。这是针对4P中的“产品”而言的。要求把产品原有的优点暂时搁到一边，忘记它，研究消费者的需求与欲望，不要再卖你所能制造的产品，而要卖顾客确定想购买的产品。在这里，产品被顾客（Consumer）所替代。

成本（Cost）。这是针对4P中的“价格”而言的。要求暂时忘掉固有的定价策略，而是从消费者所须付出或所肯付出的成本（Cost）着手。

便利性（Convenience）。这是针对“渠道”而言的。要求忘掉固有的渠道，从消费者购买商品的便利性（Convenience）着手。你设计的渠道再好，如果消费者感到不方便，也是白搭。

沟通（Communication）。这是针对4P中的“促销”而言的。目前的许多促销往往是一厢情愿的，缺乏双向沟通，缺乏消费者的理解。因此，要求先忘掉促销，而把注意力放在与消费者的良好沟通上。

（4）3R和4R营销

20世纪90年代初，美国哈佛大学有两位教授根据服务性企业的数据，研究了企业的市场份额与利润的关系，发现市场份额对利润并没有太大的影响，而顾客忠诚度较高的服务性企业更能赢利。他们认为，服务性企业应采用3R营销策略；尽力留住顾客（Retention），销售顾客关注的产品和服务（Related sales）鼓励顾客向亲友介绍其满意的消费经历（Referrals）。1994年，哈佛的赫斯凯特（Jamew L · Heskett）等教授，在前人研究的基础上，提出了服务利润链管理理论。

服务利润链的内在逻辑是：企业获利能力的增强依赖顾客忠诚度的提高，顾客忠诚度由顾客满意度决定，顾客满意度由其所获得的价值大小决定，高价值源于企业员工的高工作效率，高效率依靠员工忠诚度的提高，员工的忠诚取决于员工对企业的满意，员工的满意度取决于企业的内在服务质量。

除3R的说法外，还有4R说。这是营销学家舒尔茨在管理营销与关系营销基础上提出的，是营销理论的又一重大发展。这4R是：关联（Relevancy），指企业与顾客是命运共同体，两者的利益是联系在一起的。关联针对的是传统营销的非关联性，从而把两者的利益分割甚至对立起来而提出来的。关联性的提出是关系营销的前提与基础。关系（Relation）是在肯定关联性的前提下提出关系问题。从时间跨度上看，关系营销强调长期性，这就是说不仅要注意关系的巩固，而且要注意关系的发展。从空间跨度看，它要强调关系的全方位性与多层次性（企业消费者、企业与职工、企业与供应商、企业与中间商、企业与社会、企业与自然、企业与联系、企业与政府）。反应（Reaction）是指为了巩固与发展关系的长期性与全方位性，要求企业密切注视对方的反应（情绪、言论、行动、要求）。从一定意义上讲是满足对方合理要求的过程，是双方关系不断巩固发展的过程。针对传统营销中的促销而言，实质上合理满足对方的要求，才是真正意义的促销。回报（Return）是指任何交易行为的巩固与发展。对于交易主体的双方来说，都有回报问题。同时一定的回报，既是企业正确处理关联、关系、反应的出发点，也是落脚点。因为任何一方如果不能得到应有的回报，那么这种关系就无法巩固，更谈不上发展。

2. 绿色营销

也称生态营销、环境营销或和谐营销，是指企业在营销活动中，谋求消费者利益、企业利益、社会利益和生态利益的统一，既要充分满足消费者需求，实现企业利润目标，也要充分注意自然生态平衡。企业对产品的创意、设计和生产，以及定价、促销的策划与实施等，都要以保护生态环境为前提，力求减少或避免环境污染，保护和节约自然资源，维护人类社会的长远利益，实现经济与市场的可持续发展。

与传统的营销方式相比，绿色营销是基于绿色需求、绿色消费、环境保护而产生的，两者既有密切联系，又有明显区别。传统营销方式注重的是刺激消费，并使其无限扩张，企业以最大限度求效益，消费者以同等价格获取更多商品，最终导致的是资源严重浪费；绿色营销则不同，它突出的是产品消费过程的绿色、环保、无公害和有效，企业追求的是消费需求与有效需求的统一和资源利用边际效益的最大化。传统营销强调采用各种手段达到营销目标，但忽视了营销手段的负面影响；而绿色营销在管理上强调营销手段必须与自然环境、社会环境相协调，以利于环境的良性发展。

绿色营销是循环经济的重要组成部分，体现在具体的营销活动中有其主要特征：

提倡绿色消费意识，这是绿色营销的核心；实行绿色促销策略，这是绿色营销的关键。采用绿色营销标志，这是绿色营销的重要特点。培育绿色文化，是绿色营销的支撑。

3. 文化营销

文化营销是指企业经营者运用文化资源，通过文化理念的设计创造来提升产品及服务的附加值，在满足和创造消费者对真善美的文化需求中，实现市场交换的一种营销方式。文化营销的要素包括：文化资源。就是从事文化营销活动中所利用或可资利用的各种资源。按性质分为物质文化资源和精神文化资源。按形态可分为传统文化资源、现代文化资源、外国文化资源；按内容则分为自然文化资源、人文社会文化资源。文化理念。就是企业在产品设计、市场定位、包装广告、公关形象、促销服务等营销活动中，结合时代精神、消费态势与消费者沟通而构建的一种思想价值观念。这些文化理念体现的价值沟通，贯穿于整个营销活动的各个环节中，成为开展营销的指导思想，是文化营销区别于其他营销活动的本质性特征。文化表现为创造文化理念的本身。

必须将文化营销与营销文化区分开来。两者都与文化有关，但是文化营销侧重于文化资源、文化理念在营销中的运用，更强调文化的功能意义。营销文化是营销活动中长期积累和形成的具有稳定性的观念、制度等的结晶和产物，它往往是文化营销的长期结果。与文化营销的文化功能性相比，营销文化更具有长期性、稳定性，它一旦形成对文化营销以及整个营销活动都具有指导价值。

餐饮业中有不少文化营销的实践活动。“麦当劳”之所以在中国成功登陆，凭借的不只是汉堡包、炸薯条这些食品，平等、效率、标准化的西方工业价值观也是它取胜的法宝；来自河南的“红高粱”烩面想挑起东西方饮食文化的“对擂”，也曾引起轰动；在各地曾兴起过的诸如知青酒店、老三届餐馆之类的怀旧餐馆，刻意营造往事的文化氛围，不仅令当年的当事者感慨万千，而且使那些没有经历过那段历史的年轻人，也被激起强烈的好奇感。

4. 网络营销

网络营销，简言之，就是利用互联网展开营销活动。互联网络的开通与不断完善，为企业营销带来了新的契机，也向传统营销提出了新的挑战，预示着一场营销革命即将发生，网络营销时代的到来。网络营销不仅仅是一种技术手段的革命，它包含了更深层的观念革命。它是目标营销、直接营销、分散营销、顾客导向营销、双向互动营销、远程或全球营销、虚拟营销、无纸化交易、顾客参与式营销的综合。上网企业可以利用互联网，以很低的成本进行国内外商品信息的查询；对网上目标顾客进行产品测试与满意调查；让顾客自行设计产品，满足个性化需求；可在网上发布有关信息，进行广告、促销活动；可利用网络渠道进行直接的网上交易（主要是诸如电脑软件、电子图书、电子资料库等电子化产品，有的可使用电子货币），或配合传统的送货上门、结算完成交易过程；也可通过网络提供各种售后服务，建立顾客档案，与顾客进行一对一的双向互动沟通。由于渠道缩短，业务人员及管理人员的减少，企业内外部虚拟组织（如虚拟橱窗布置、虚拟商品、虚拟经销商、虚拟业务代表）的采用而导致的经理、代理及分店、门市数量的减少或消失，“按单制造，及时送货”所带来的库存成本及风险的减少，交易过程简化所带来的高交易效率与低交易成本，势必会大大降低营销成本，提高营销效率、质量和效益。

5．社会营销

社会营销一词最早出现于20世纪70年代初，当时的原始含义是指运用市场营销的原理和技巧倡导某个社会行动、观念和行为。自那时起，该术语逐渐演变为社会变革管理科学，具体指设计、实施和控制变革运动，实现在一个或几个目标接受者群体中提高某种社会观念或实践的接受程度的目的。社会营销利用市场细分、消费者调查、产品概念开发和测试、针对性的交流、便利设施、鼓励手段和交换理论的概念，追求目标接受者反应程度的最大化。

社会营销的核心原则就是对理解消费者和设计产品来满足消费者的欲望与需要的承诺。社会营销者想知道他们想改变的消费者行为的所有营销因素——偏好、价值、信念、态度和现行的行为模式。他们同时也研究影响消费者行为的广泛意义的社会和文化因素。

社会营销应针对一个或几个目标接受者群体开展活动。由于每个接受者群体都有各自的不同信仰、态度和价值观，因此社会营销项目必须因人而异，根据目标细分群的具体需要进行。应该从以下三个方面收集目标接受者群体的相关情况：首先，社会人口特征，包括所属社会阶层的外在特点、收入、所受教育、年龄和家庭人口等；其次，心理特征，包括内在特点，如价值观、态度、动机和个性；第三，行为特征，包括行为方式、购买习惯和决策特征等相关因素。了解这三者相互关联的特点，能使社会营销者更好地做出预测。

6．延伸营销

营销最初的发展主要是与各种物质产品的销售有关。但传统的营销过分强调实体产品的营销，而忽略了其他形态的东西也需要营销。

实际上，服务、组织、人物、概念、地方都可以成为营销的对象，营销也正在向这些领域延伸：

服务营销。由于社会日趋富庶，人们休闲的时间不断增加，以及后工业社会的来临，人们对服务需求的增长远高于物质产品需求的增长，各种新的服务行业竞相出现。可以说，今后的营销时代将是服务营销时代。

组织营销。组织营销是指用以创造、维持或改变目标受众对特定组织态度或行为的系列活动。营利和非营利组织均可通过组织营销，提高组织形象。尤其是非营利组织如政府、公用事业部门、大学、基金会等向来漠视营销组织应转变观念，学会“营销”。

人物营销。人物营销是指用来创造、维持或改变受众对特定人物的态度或行为的系列活动，正如我们说在社会大舞台上人人都是推销员一样，每一个都需要营销自己，不仅仅是名人。

概念营销。这里的概念营销主要是指社会概念的营销。如劝导社会大众不要吸烟，提倡保护生态、节约能源等各种社会运动。概念营销也就是设计、执行及控制各种方案，以促使目标群体接纳某些社会观念、主张或做法。

地方营销。地方营销是指用以创造、维持或改变对特定地方的态度或行为的系列活动。如我们的风景名胜点就急需地方营销。

7. 全球营销

随着市场竞争的加剧，世界经济一体化进程的加快，以及信息化时代的到来，企业间的竞争已经超越国界，成为一种环球大角逐。与之相应，营销也已经淡化了地域、国别色彩，日益成为一种全球性的企业行为，全球营销已是势在必然。

全球营销是一种思维，它把全世界看成一个大市场，而将国别的重要性极小化，在全球范围内寻求比较优势和利润增长点。

要搞好全球营销，在动作技巧及人才与管理的配套上也需要创新，以适应营销环境变化的需要。如运用前述的两大营销技巧，加强竞争力管理，提高复杂性及适应性管理。更重要的是要搞好跨文化的整合与管理。一方面，要进入不同文化氛围的市场，需要有跨文化的感悟力；另一方面，一些跨国公司本身员工构成就是跨国籍、跨文化的。如 IBM 公司非常自豪的是，他的最高管理层是由五种不同国籍的人组成的。宝洁公司几十年来都是按惯例从国内业务部门选派经理出任海外子公司的高级职位，现在意识到这种做法不仅没有照顾到当地文化的需求，而且没有充分利用美国以外的国际经理人才资源，因而，他们近年开始实施全球招募。在这样一种背景下，如何组织高效的跨文化团队，如何对不同文化进行有效利用、整合，显得至关重要。

8. 整合营销

1993年，美国D. E. 舒尔茨教授等人在新书《整合营销传播(IMC)》中提出了营销发展的最新趋势，即整合营销。整合营销被认为是21世纪市场的入场券和胜券。IMC强调从与消费者沟通的本质意义上展开促销与营销活动，主张将广告、公关、SP、直销等各种推广宣传工具有机地组合。IMC的整合可从纵向和横向两方面进行。横向传播整合主要是对各种传播工具进行整合，依靠单一传播工具单兵突进是低效的，而应把各种传播工具合理地组合使用，以发挥整体传播效能。就传播工具而言，IMC非常重视现代电子新媒体的运用。IMC的纵向整合，表现在不同的传播阶段，综合运用各种传播手段，产生协调一致、渐进加强的信息，并注意不同阶段的优先选择，以完成设定的传播目标。

饭店关系营销案例

所谓饭店关系营销，是识别、建立、维护和巩固饭店与顾客及其他利益相关人关系的活动，并通过饭店的一系列努力，以成熟的交换及履行承诺的方式，使活动涉及的各方面目标在饭店关系营销活动中均得以实现。这一观念强调的重点是需要饭店与顾客及其他利益相关者之间建立起相互信任的合作关系。饭店关系营销也是饭店和顾客通过交换服务和价值的同时，创造双方更加亲密的相互依赖关系，以满足社会需要和欲求的一种社会的和管理的过程。在这个面向经济全球化、服务多元化和个性化的21世纪，饭店关系营销将是大型饭店服务营销的核心战略。

饭店通过运用三个原则来实现饭店关系营销：

首先，主动沟通原则。在饭店关系营销中，涉及关系的各方，如旅行社与大型饭店，大型饭店与政府主管部门等，都应主动与其他关系方接触和联系，相互沟通消息，了解情况，形成制度或以合同形式定期或不定期接触，相互交流各关系方需求和利益变化情况，主动为关系方服务或为关系方解决困难和问题，增强伙伴合作关系。

其次，承诺信任原则，在饭店关系营销中关系方相互之间都应做出一系列书面或口头承诺，并以自己的行为履行诺言，才能赢得关系方的信任。

最后，互惠原则。在与关系各方的交往过程中必须做到相互满足关系方的经济利益，并通过在公平、公正、公开的条件下进行成熟、高质量的产品或价值交换，使关系方都能得到实惠和利益。

案例一：

香格里拉的营销之道

香格里拉酒店与度假村是从1971年新加坡豪华香格里拉酒店的开业开始起步，很快便以其标准化的管理及个性化的服务赢得国际社会的认同，在亚洲的主要城市得以迅速发展。其总部设在香港，是亚洲最大的豪华酒店集团，并被许多权威机构评为世界最好的饭店集团之一，它所拥有的豪华饭店和度假村已成为最受人们欢迎的休闲度假目的地。香格里拉始终如一地把顾客满意当成企业经营思想的核心，并围绕它把其经营哲学浓缩于一句话“由体贴入微的员工提供的亚洲式接待”。香格里拉有8项指导原则：

1. 我们将在所有关系中表现真诚与体贴。
2. 我们将在每次与顾客接触中尽可能地为其提供更多的服务。
3. 我们将保持服务的一致性。
4. 我们确保我们的服务过程能使顾客感到友好，员工感到轻松。
5. 我们希望每一位高层管理人员都尽可能地多与顾客接触。
6. 我们确保决策点就在与顾客接触的现场。
7. 我们将为我们的员工创造一个能使他们的个人、事业目标均得以实现的环境。
8. 客人的满意是我们事业的动力。

与航空公司联合促销是香格里拉饭店互惠合作的手段之一。香格里拉与众多的航空公司推行“频繁飞行旅游者计划”。入住香格里拉酒店时，客人只要出示频繁飞行旅游者计划的会员卡和付门市价时，就可得到众多公司给予的免费公里数或累计点数，如：每晚住宿便可得到德国汉莎航空公司、美国西北航空公司、联合航空公司提供的500英里（1英里=1.61千米，下同）的优惠等。另外，香格里拉还单独给予客人一些额外的机会来领取奖金和优惠，如：香格里拉担保的公司选择价格。

顾客服务与住房承诺方面，则体现了饭店在承诺、信任原则上的坚持。香格里拉饭店回头客很多。饭店鼓励员工同客人交朋友，员工可自由地同客人进行私人交流。饭店在2000年前建立了一个“顾客服务中心”，这个项目建立后，客人只需打一个电话就可解决所有问题。与原来每一件事要查询不同的部门不同，客人只需打一个电话到顾客服务中心，一切问题均可解决，饭店因此也可更好地掌握顾客信息，协调部门工作，及时满足顾客。在对待客人投诉时，绝不说不，全体员工达成共识，即“我们不必分清谁对谁错，只需分清什么是对，什么是错。”让客人在心理上感觉他“赢”了，而我们在事实上做对了，这是最圆满的结局。每个员工时刻提醒自己多为客人着想，不仅在服务的具体功能上，而且在服务的心理效果上满足顾客。香格里拉饭店重视来自世界不同地区、不同国家客人的生活习惯和文化传统的差异，有针对性地提供不同的服务。如对日本客人提供“背对背”服务：客房服务员必须等客人离开客房后再打扫整理客房，避免与客人直接碰面。饭店为客人设立个人档案长期保存，作为为客人提供个性化服务的依据。

案例二：

饭店关系营销中的“管理顾客期望”

如何才能做到管理顾客的期望？要让员工们理解到顾客的期望，并且重视与顾客的每一次接触，保证在任何细小事情上都能够给顾客留下好印象。服务员要对顾客的经历负责。顾客的经历是由顾客与服务员的每次接触构成。如果每一个服务员均能意识到与顾客的每一次接触均是给顾客留下良好印象的机会，即：每个服务员应是优质服务的创造者，那么，他们就会很关注顾客的经历，使顾客在享受服务的经历中不断留下良好的印象。

只有当服务员从始至终为顾客负责时，我们才能保证顾客有一个良好的经历。“负责”的含义是：服务员应该真正为顾客着想，在这个前提下，保证我们提供的任何一项服务，恰恰是顾客所需要的。只有对顾客的经历负责，顾客最终才会觉得我们的服务是优秀的，我们达到了他们的期望。

有这样一个事例可以说明，提供超过顾客期望的服务是最能令顾客满意的。1996年初春，一位美国老者来到长城饭店宴会销售部，言道：他是来自美国的学者，刚在中国西部游历了数月，回国前想在贵店宴请160多位同行业人士及重要贵宾。老先生愿意付很高的餐价，但非常希望饭店将宴会厅装饰出中国西部风情，因为他很留恋新疆的天山和草原的驼铃。老先生还说："我个人不能提出具体的宴会方案，因为我不是饭店专家，但我知道贵店在京城餐饮业一向享有盛誉，我相信你们一定能令我满意的。"

客人走后，宴会部开始了认真的策划，经过对几个方案的筛选，最后终于决定为客人举办"丝绸之路"主题晚宴。

两天后，当老先生及其数位随从人员在宴会前一小时出现在宴会厅时，他们的惊喜无法用语言表达。展现在他们面前的宴会厅宛然一幅中国西部风景图：从宴会厅的三个入口处至宴会的三个主桌，服务员用黄色丝绸装饰成蜿蜒的丝绸之路；宽大的宴会厅背板上，蓝天白云下一望无际的草原点缀着可爱的羊群；背板前两个高大的骆驼昂首迎候来宾，其形象的逼真使人难以相信这仅仅是饭店美工人员在两天内制作出来的；宴会厅的东侧，巍然屹立的长城碉堡象征着中国五千年文化的沧桑；西侧另一幅天山图的背板下，宽大的舞台上，一对对新疆舞蹈演员已开始载歌载舞，16张宴会餐台错落有序地散立于三条丝绸之路左右，金黄色的座位与丝绸颜色一致，高脚水晶杯和银质餐具整齐地摆放在白色的台布上，每个餐台上的艺术型插花又令人感到了宴会设计的高雅。面对文化氛围强烈的宴会厅，老先生激动地说："你们做的一切大大超过了我的期望，你们是最出色的，真令我永生难忘。"宴会的成功不言而喻。

几天以后，总经理收到了来自美国的老先生的热情洋溢的表扬信，他在信中说，回国后他已经向许多朋友谈起了这个宴会，并高度称赞了长城饭店宴会部的员工，他认为这些员工是全世界最优秀的，因为这些员工能够理解顾客的期望，并大大超过了顾客的期望。

现在"丝绸之路"已作为一个非常有特色的主题宴会，多次服务于来自世界各地的顾客。每一次，顾客都反响强烈，非常满意。

第二章 饭店市场环境

第一节 环境维度

为了更好地描述和理解饭店的环境，我们向大家推荐环境维度这个概念。第一个维度是环境的不确定性；第二个维度是环境的复杂性；第三个是慷慨性和吝啬性。

一、饭店环境的不确定性

饭店环境的不确定性，指在环境中发生变化的程度和频率。不确定性通常用以表述众多绩效措施中任何一个的可变程度，比如每股现金流。如果饭店极不稳定，那么它的现金流的可变性取决于多种变量，而且通常是重要的变量。每个饭店管理者的目标是尽力识别和理解究竟是什么力量促进了这种可变性。一旦识别出这些力量，管理者就能集中精力监控并确定其对饭店现金流的影响，进而进行投资决策，降低可变性。

不确定性维度可视为从稳定到不稳定的连续统一体。在稳定的环境中，变化是连续的，是很容易被预测和规划的。而在不稳定的环境中，变化常常是非连续的，因此管理者不能依赖过去适用的旧模式。在当今时代，饭店乃至其他各类企业很少处于舒适稳定的环境中。伴随世界越来越全球化的趋势，环境越来越不稳定。在这种时代背景下，管理者越是能提高必要的认知能力，越是能充分理解驱动变化的力量和构成不确定性维度变量的作用，做出的决策也就越有效。

二、饭店环境的复杂性

复杂性是饭店环境的第二个维度，也是环境为管理者创造的挑战之一。它指的是影响饭店环境变量的数目。变量的数目越多，环境就越复杂。如表2-1所示，饭店环境中存在许多潜在变量，他们构成饭店环境的活性成分。对于在几个市场区域和/或国际市场中的变量组合的结果。每个市场区域都有自己的一套变量，这要求每个管理者都要从一个更加全面完整的视觉来观察企业所处的环境。

表2-1　构成不确定性和复杂性的变量

不确定性维度	复杂性维度
供应商/竞争者的要价	供应商的数量和类别
劳动力供应量和成本	供应商的地理集中程度
产品和服务的需求曲线	劳动力的分散程度
资本成本——资本可获得性	参与竞争的品牌数量
融资机会	影响市场的政治实体的数量
竞争对手采用的竞争方法	产品风险的经济变量
市场区域的管制活动	顾客集中度
新产品引进	潜在目标市场的数量
市场上的新进入者	社会/文化的多样化程度
税收	市场上企业的类别和规模
产品质量期望	产品/服务的潜在替代品
科技	服务传递过程中有多少步骤
原材料的成本	企业间的相互依赖性
宏观经济条件	
不动产价值	
安全和保障	
劳动力的变化组合	

三、饭店环境的二重性

饭店环境的第三个维度是二重性即慷慨性和吝啬性，指的是存在于产业环境中成长的潜在空间的大小。考虑到今天成熟的饭店与旅游服务业环境，很少会有人说还有不少容量。例如，在北美市场，通常认为餐馆也在所有细分市场上已经完全饱和了。环境的宽容性越小，就越没有自由选择的余地和犯错误的空间。就餐馆业而言，餐馆的生存依赖于众多顾客的选择，当顾客得到的是劣质或低质高价的服务时，他们就会迅速地放弃对一个餐馆品牌的忠诚。

理解不确定性、复杂性、慷慨性和吝啬性之间的关系要求具备高水平的认知能力。他要求饭店管理者运用思维加工，透彻理解可能构成每一个维度的所有变量间存在的因果关系，提高知觉能力。为了预测未来，管理者应该增强对影响每一个维度的所有变量以及几个变量之间相互关系的理解。因此，管理者不仅要掌握自己行业的基本经营知识，而且要提高个人的思考能力和创造力。

第二节　环境与竞争

只要一讨论营销环境，许多教科书就会提及外部环境。然而，一个企业的营销环境有两个组成要素：内部环境和外部环境。

企业的内部环境指的就是企业的核心能力。核心能力指的是企业自身的资源组合，包括员工的知识和技能、技术系统、管理系统和价值规范四个方面。主要发挥协调各种生产技能和整合不同技术的作用。核心能力不仅仅是静态的，而应是动态的，它使企业在面对变化的市场环境时，能够迅速整合，建立或重构其内外部资源、技能和能力，形成新的竞争优势。

企业的外部营销环境是由宏观环境和微观环境组成的。一方面，对于宏观环境，我们更愿意推荐“PESTDN”分析法。“PESTDN”代表的是：政治法律环境（Political - legal）、经济环境（Economic）、社会文化环境（Sociocultral）、技术环境（Technological），以及人口分布（Demographic）和自然环境（Natural）。另一方面，微观环境的构成要素是供应商、竞争者、市场中间商（如金融机构、广告公司和市场调研机构等）、消费者和公众。

为了更好的理解企业内部核心竞争力与外部宏观微观环境是如何影响企业的营销行为，我们向大家推荐“营销势”的概念。

首先介绍“势”与“营销势”的基本概念。

一、关于“势”的认知

我国历史上对“势”的相关文献记载相当多。最早可以追溯到《周易》，它在阐明其政治管理思想时，指出如何建立一种合乎天道人伦，又能保证协调和效率的组织系统，是行使管理的根本所在。它强调组织本身的有序性和规律性，即组织本身的“势”。在现代自然科学领域，“势”是物理学中的一个重要概念，即势能。势能是由于地球的重力作用而产生的，取决于物体的相对位置，其大小与物体所处的空间相对位置有着密切的关系；另外，“势”也是描写“场”的一种量，如电场势，“势”高则能高，“势”低则能低。因而“势”一方面有位之高下的含义，同时也有能之高低的含义，也可以理解为优势和劣势。

在现代社会科学领域中，国内许多经济管理学者也从不同的角度进行了较深入的研究，提出了经济势、发展势、战略势、营销势等概念。“势”是指在企业所处的宏微观环境因素的影响下，一定配置组合条件下的企业资源在运用中发挥效能的条件和程度；企业“势”的来源虽然是来自于企业自身的资源组合，但是它更受到企业所处的宏、微观环境的影响。

二、营销势的基本概念

营销势是在企业所处的宏微观环境因素的影响下，企业的营销者通过对企业内外部资源进行组合与分配所营造的一种营销格局及企业在营销竞争中的竞争优势状况。它是动态的、潜在的企业营销优势，企业的营销势越强，则企业建立现实的营销竞争力和营销优势的可能性也越大；反之亦然。两者密不可分。因此营销势是企业竞争能力的一种表现形式，它是企业核心竞争能力的反映。企业的能力与企业所拥有的资源有关，包括有形资源与无形资源两个部分，资源的合理使用与分配状况会直接影响企业的竞争优势。企业的市场营销活动是以顾客为中心、以市场为导向的系列活动。企业的营销势是企业在以顾客为中心、以市场为导向开展营销活动中对资源的分配与使用策略而形成的营销格局及竞争优势状况。

影响营销势的五个方面的决定因素是：企业的产品势、渠道终端势、文化势、管理势和现实市场势。

营销势是指营销管理者在进行营销运作中通过对所涉及到的资源进行组合安排所形成的格局与能量状况，这种格局与能量状况导致了企业的竞争优势。

产品势是企业营销者通过对于产品有关的资源进行整合所形成的产品在竞争中的格局与优势状况。

渠道与终端势是营销决策者通过对企业内部资源进行整合与管理的基础上所形成的企业在渠道与终端控制上的格局与竞争优势状况。

管理势是企业营销管理者通过不断完善与规范化管理所形成的管理系统在竞争中的格局与竞争优势状况。

文化势是企业营销管理通过企业文化及相关文化系统的建设所造成的在竞争中的格局及竞争优势状况。

现实市场势是企业在经营中所面临的市场环境格局及为企业带来的竞争优势状况。

三、营销势的决定因素

一个企业在营销活动过程中是否能通过自身资源的合理配置与资源再造形成竞争优势，与其外部环境及前期经营所形成的现实市场状况存在一定的关联，环境中的有利机会与现实市场状况为企业的短期优势提供了条件和基础。企业的营销竞争活动是一个长期的经营活动，企业只有能长期生存下去才能在竞争中获胜，企业竞争优势的关键点在于其拥有长期的竞争能力。长期的竞争能力及竞争优势与企业的产品、顾客的长期忠诚度、企业成功管理机制的积累、企业良好的文化积淀有关。因而一个企业的营销势与现实市场优势、产品优势、顾客忠诚优势、管理优势、文化优势几个关键因素有关，因而营销势是产品势、渠道与终端势、管理势、文化势、现实市场势的总体作用效果。可用图 2－1 表示：

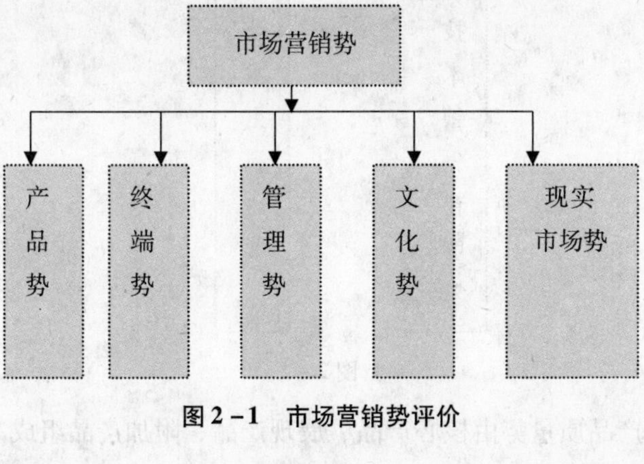

图 2－1　市场营销势评价

（一）产品势

企业提供给市场的产品在有形与无形方面是否能让顾客满意，是赢得顾客忠诚的前提条件，也是企业获得长期利润的基础。企业提供给市场的产品在产品质量、产品品牌、产品技术方面影响消费者感知，进而影响顾客对产品的忠诚。产品势由质量势、品牌势、技术势、成本势构成。产品势是指企业在开展营销活动中对产品的相关资源要素进行合理配置时，在市场上所形成的格局与竞争优势的状况。产品势的构成如图2－2所示：

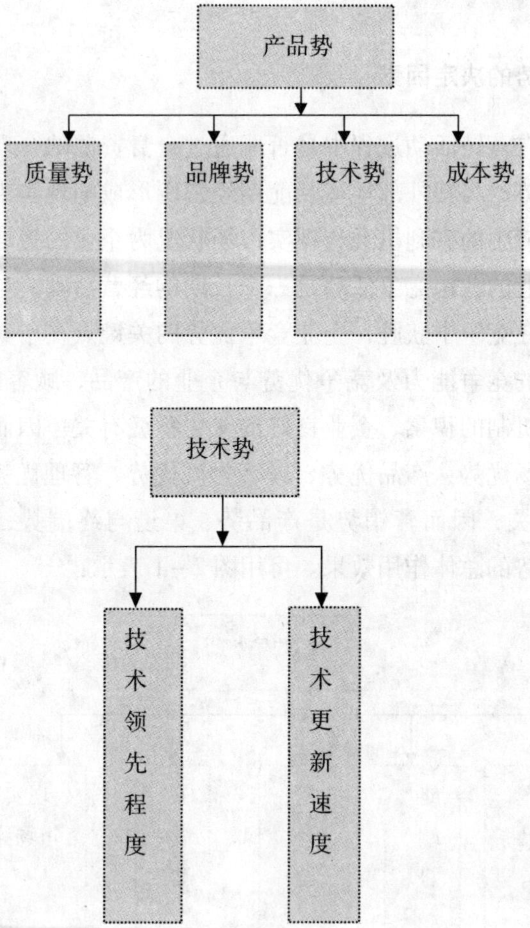

图2－2

其中，产品质量势由核心产品、展现产品、附加产品组成。

饭店的核心产品是饭店提供给客人的住宿和餐饮的满足。值得注意的是，核心产品描述的只是一种无形的利益，并非整体产品中的实体部分，它在各种饭店之间是没有差异的。即所有购买饭店产品的人，在核心产品上是相同的。

展现产品。核心产品总是最终展现为各种有形的产品形式，由此构成了所谓的有形产品或展现产品。饭店的有形产品表现为建筑特色、历史、地理环境、周围环境、服务质量、星级、价格及店誉。所有饭店都可以用这些指标衡量其产品和服务的价值。

饭店附加产品是饭店在核心利益之外所追加的服务和利益，它能把本饭店的产品与其他饭店的产品进一步分开来。这些产品往往不属于饭店必须供应的产品项目，是饭店为了更好地满足顾客的特殊需要而增加的服务项目。如饭店提供的洗衣服务、租赁自行车或轿车服务、邮寄服务、客房送餐服务、婴儿监护服务以及商务中心的文秘服务等。

（二）终端势

现代企业的营销竞争正在向终端争夺倾斜，谁控制了终端，谁将在竞争中处于有利的地位。对终端的争夺更多表现为对最终客户忠诚的追求，客户的忠诚程度决定了企业的长期竞争优势。客户的保持率提高5%，企业的利润将提高100%。终端的竞争直接体现在营销渠道效率的竞争上，哪个企业的终端系统能更好地提高企业的客户忠诚度，哪个企业将更具有竞争优势。企业与客户发生接触的环节，都会影响客户的满意度。企业与客户发生接触的环节有销售人员、中间商、售后服务部门以及公众的评价。销售人员的工作效率会影响销售人员与客户的沟通、客户对销售人员的印象及对企业的印象，销售人员的效率也直接影响企业的销售业绩。企业营销渠道的另一个通道是间接渠道，间接渠道主要是通过中间商进行。中间商直接同客户发生接触，中间商的效率也会影响客户对企业产品的评价、对企业品牌的评价，中间商的效率也会直接影响企业销售业绩。企业的售后服务是影响客户对企业产品及企业形象评价的另一重要因素，因而企业终端势可用终端控制力、销售人员效率、中间商效率、售后服务和公众形象这几个指标进行评价。如图2－3所示：

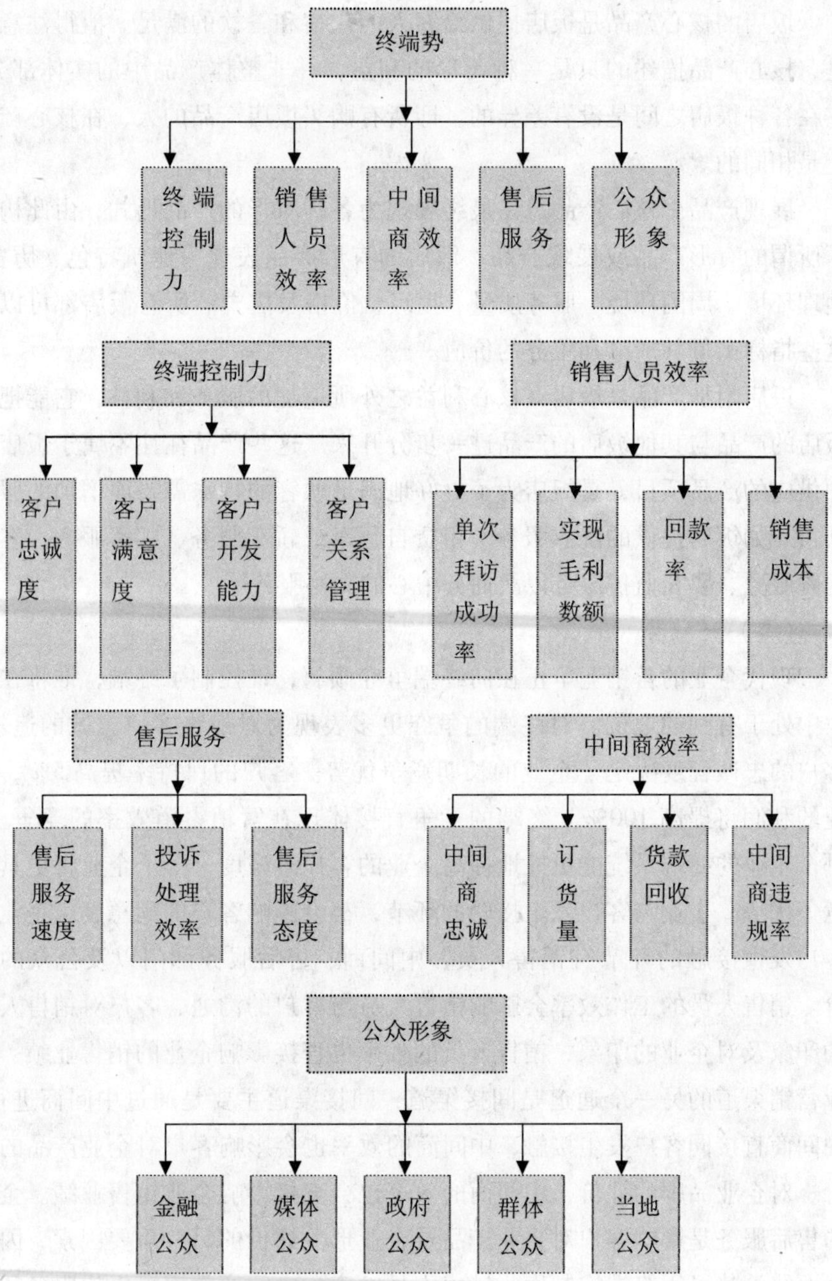
终端势
终端控制力
销售人员效率
中间商效率
售后服务
公众形象
终端控制力
客户忠诚度
客户满意度
客户开发能力
客户关系管理
销售人员效率
单次拜访成功率
实现毛利数额
回款率
销售成本
售后服务
售后服务速度
投诉处理效率
售后服务态度
中间商效率
中间商忠诚
订货量
货款回收
中间商违规率
公众形象
金融公众
媒体公众
政府公众
群体公众
当地公众

图 2-3

1. 饭店中间商的类型

中间商不生产自由的产品，其功能主要在于向饭店与消费者提供中介服务，饭店中间商的类型包括：

旅行社 旅行社拥有大量的连接航空公司、铁路、饭店和景点等旅游企业的网络系统。他们拥有十分广泛的团体客源市场。他们直接向消费者销售其代理的交通产品、住宿产品或景点门票，因此是一种典型的代理零售商。饭店与旅行社建立业务关系，将其纳入饭店间接分销渠道系统，对饭店的销售有很重要的意义。因此对于饭店来说，它不可能在正常经营之外还同时保持与各个细分市场的广泛联系，也不可能如期所愿的应用各种最有效的方法和途径接近那些有利可图的市场。同时，旅行社本身也有强烈的意愿与饭店建立和保持良好的关系。对于旅行社来说，饭店产品与服务质量也是他赖以生存的根本，所以，旅行社在选择饭店时也同样十分谨慎。

旅游批发商和经营商 旅游批发商与经营商都是从事旅游产品的组合设计和批发销售的中间商（后者也从事零售业务）。他们将饭店、交通、餐饮、观光、娱乐和购物加以组合，然后将这些组合产品提供给旅游市场，购买他们产品的往往是作为零售商的旅行社。他们又是能够接近各种旅游产品的生产商，而且对市场需求相当熟悉，在组合方面具有很强的专业知识。他们所提供的组合产品，曾是（现在依然是）整个旅游市场上的典型产品形式。所以，他们也是推动大众旅游的基本力量之一。

连接旅游批发商（经营商）两端的，一个是旅行社，一个是旅游生产企业（如饭店、餐馆、航空公司或景点）。所以，饭店如果利用旅游批发商，等于将自己的产品作为组合产品的一部分而纳入到其中。这对于增加销售量、提高饭店的知名度都是有意义的。

会议策划人 一些大型组织机构，如大公司各行会，都设有自己的专门负责会议和旅行策划的部门或个人。这些人负责与饭店和其他旅游企业进行接触、洽谈，因此构成了饭店的中介机构之一，另外，也存在独立的会议与展览策划商，他们则在合同的基础上为某些组织机构进行会议和展览策划，是一种在展会选址、谈判、预算和促销方面都很有专长的中间商。一些能够承办大型会议的饭店，少不了要与这些人接触。

旅游管理机构 一些旅游行政管理机构也会在某种程度上发挥中间商的职能。他们为本地区的旅游产品进行整体性促销，由此就成了重要的旅游信息交换中心。他们有时举办各种行业会议，从而可以为会议代表订购客房及会议设施。饭店常常要与这些行政部门打交道。

全球分销系统 全球分销系统（GDSs）是一种计算机化的预订系统，它可以被看作是旅游代理商和其他产品分销商的产品目录。这套系统首先是由航空公司为了扩大销售量而开发的。最近，经过一系列联合与兼并，最后形成了六大系统：亚美达斯/系统 1 号（Amadeus/System One）、阿波罗/伽利略（Apollo/Galileo）系统、阿克塞斯（AXESS）系统、凡塔斯亚（Fantasia）、塞伯（SABRE）和沃斯本/爱伯克斯（Worldspan/Abacus）。美国 96% 的旅游代理商至少与一套计算机预订系统相连接。饭店、出租车公司和其他旅游产品都可以把自己列在这些预订系统中，以便于旅游代理商出售。

2. 公众类型

公众是指对企业经营活动有实际或潜在兴趣和影响的群体。

公众一般有以下几种类型：

金融公众 指那些关心和了解并可能影响企业获得资金能力的团体，包括银行、投资公司等；

媒体公众 指报社、杂志社、广播电台和电视台，以及互联网等大众传播媒介；

政府公众 即负责管理饭店企业的业务和经营活动的有关政府机构；

群体公众 包括保护消费者利益的组织、环境保护组织及其他群众团体；

当地公众 指企业所在地附近的居民和社区组织。

（三）管理势

企业的市场营销活动是一个系统的过程，它包括内部营销活动与外部营销活动，市场营销活动同企业的生产、财务、人事等活动有着内在的逻辑联系，都是企业的管理活动。企业管理不善，企业的营销绩效也会降低。任何管理活动都存在一定的管理流程，企业的营销活动也存在流程，营销的流程不合理会增加其交易成本，使企业的成本上升。同时管理活动的有效性很大程度上与管理人员的素质有关，管理人员的技能素质越高，管理工作的熟练程度越高，管理工作越有效率。另一方面管理人员的创新素质会影响企业的管理创新，有效的管理创新会提高企业的管理绩效，同时市场营销活动本身就需要有强烈的市场创新意识。西蒙曾指出管理就是决策，营销战略就是一种决策，决策是否准确、是否能适应市场环境的要求将直接影响企业的营销活动，进而影响企业的竞争优势。管理制度是管理活动的行为标准与规范，良好的管理制度为企业营销活动的顺利开展提供了保证，管理制度存在的漏洞越多，企业的营销活动越不规范，营销的绩效也会降低。另一方面任何管理活动都离不开控制，运行良好的控制系统能及时将企业营销活动中的信息反馈到企业，有利于企业正确地进行决策与营销。因而对管理势的评价可用管理流程、管理人员、管理决策、管理制度、管理控制几个指标来进行。如图2-4所示：

（四）文化势

企业文化有广义和狭义之分，广义的企业文化是指企业在长期的经营管理活动中所创造的物质财富和精神财富的总和，狭义的企业文化是指以企业价值观为核心的企业意识形态，是一种从事经济活动中形成的组织文化，它所包含的价值观念、企业精神、行为准则等意识形态和物质形态均为该组织成员所共同认可。

文化势是指企业文化和组织学习能力方面的资源在运用中发挥效能的格局及形成的竞争优势状况。一个企业的营销活动既是一种产品营销的过程，在某种意义上讲也是一个文化的营销过程。企业文化会影响企业营销人员的营销行为，同时也直接影响企业愿景与战略的确定。同时企业在开展营销活动时也在进行企业文化的传播，企业的产品性能、质量等也反映着企业文化的价值观念。因而企业文化是否能为客户与员工所接受，将影响企业的营销活动。文化势主要可以从企业的愿景和营销理念两个方面来衡量。企业愿景是企业永远为之奋斗希望达到的图景，它是一种意愿的表达，概括了企业的未来目标、使命及核心价值。愿景是企业困难时期和不断变化的时代的方向舵，是在竞争中取胜的有力武器。愿景能够把企业凝聚成一个共同体。愿景说明企业存在的目的和理由，包含着对世界的深刻洞察，因此必须具有高度的独特性、超前的前瞻性，要求最准确地反映企业的核心价值。

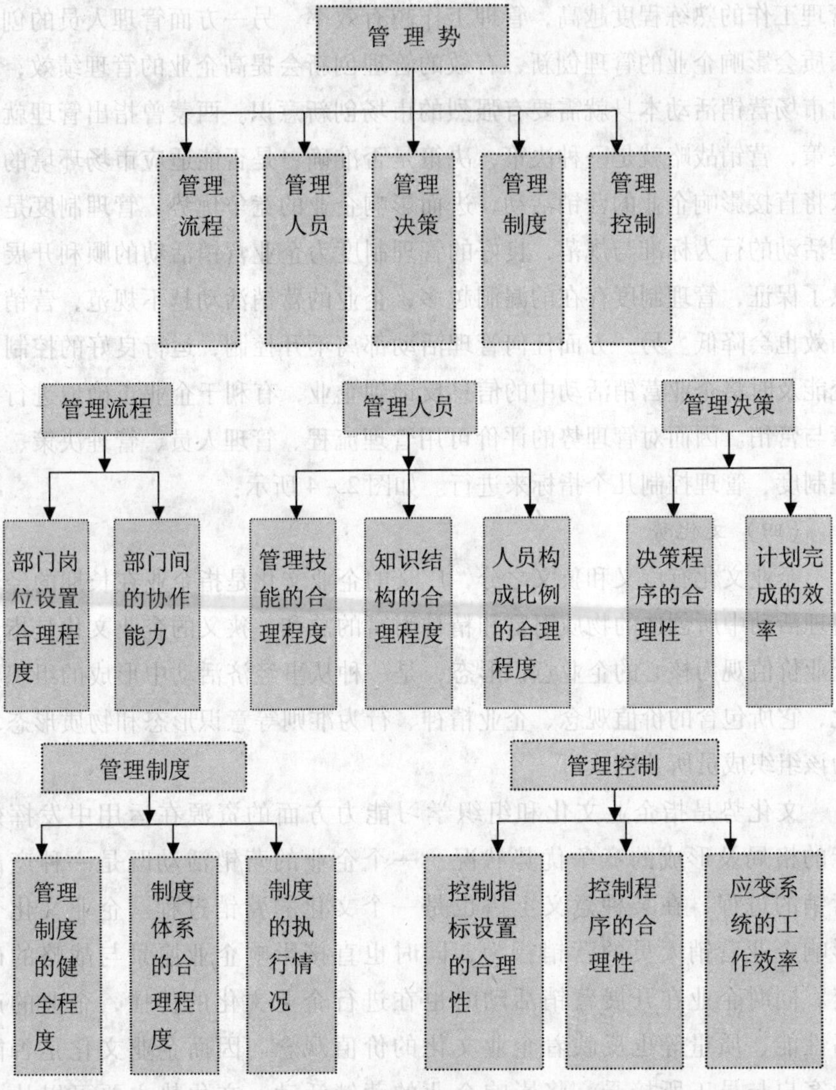

图 2－4

因此，愿景的恰当程度将是至关重要的，战略定位的准确度和战略的可操作性也对企业愿景有重要影响。营销理念是指导企业开展经营销售活动的态度、观点和思想方法，可以用核心价值观恰当度和被企业员工认同度来衡量。因而文化势可用企业愿景和营销理念这两个指标来进行评价。如图 2－5 所示：

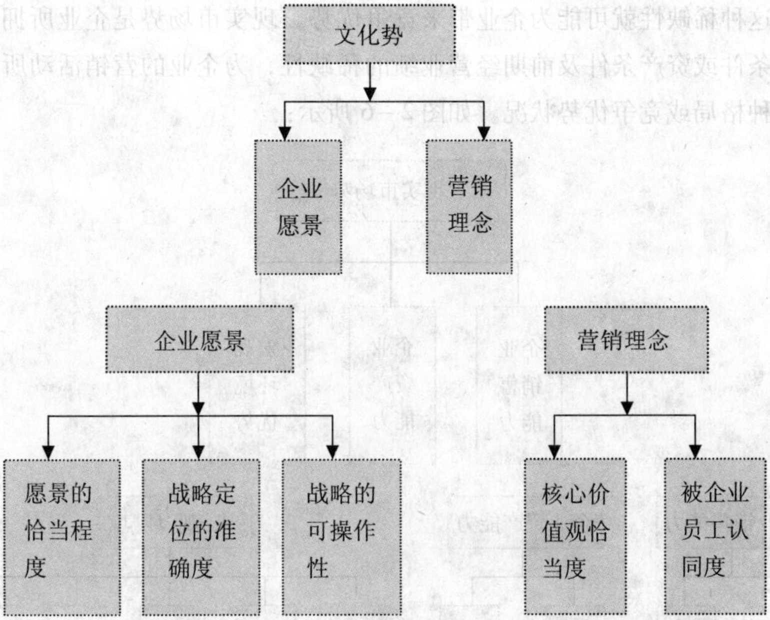

图 2－5

（五）现实市场势

企业的市场营销活动离不开具体的经营环境，环境中存在各种机会与威胁。在某种情况下，企业有可能因为整个市场处于快速增长状况，企业同竞争对手相比并没有竞争优势，但企业在短期内仍取得了良好的经营业绩。要对企业的营销势做全面的评价，也要考虑这些短期的因素。这些短期因素包括宏观环境中的优势，也包括企业在前期经营中取得的销售能力与资产能力。企业在前期的销售能力为企业创造了利润或现金流，这种现金流被企业用来进行做广告、促销等活动，会进一步提高企业产品的销售量；另一方面充足的现金流也可被企业用来进行新产品的开发，新产品的开发会拓展企业的市场。企业的资产能力在某种程度上反映了一个企业的现实实力。企业的资产规模越大，企业的抗风险能力越强，企业在激烈的竞争中存活下来的概率越大，企业的竞争能力也越强。在营销优势嬗变的历程中，规模经济效应是一种重要的竞争优势来源。因而企业资产能力是一个企业是否有营销势的重要方面。环境中有利的机会被企业所抓住，而其他企业由于某种原因没有抓住有利的机会，企业的这种机会就具有稀缺性，这种稀缺性就可能为企业带来竞争优势。现实市场势是企业所拥有的环境条件或资产条件及前期经营业绩的稀缺性，为企业的营销活动所带来的某种格局或竞争优势状况。如图 2－6 所示：

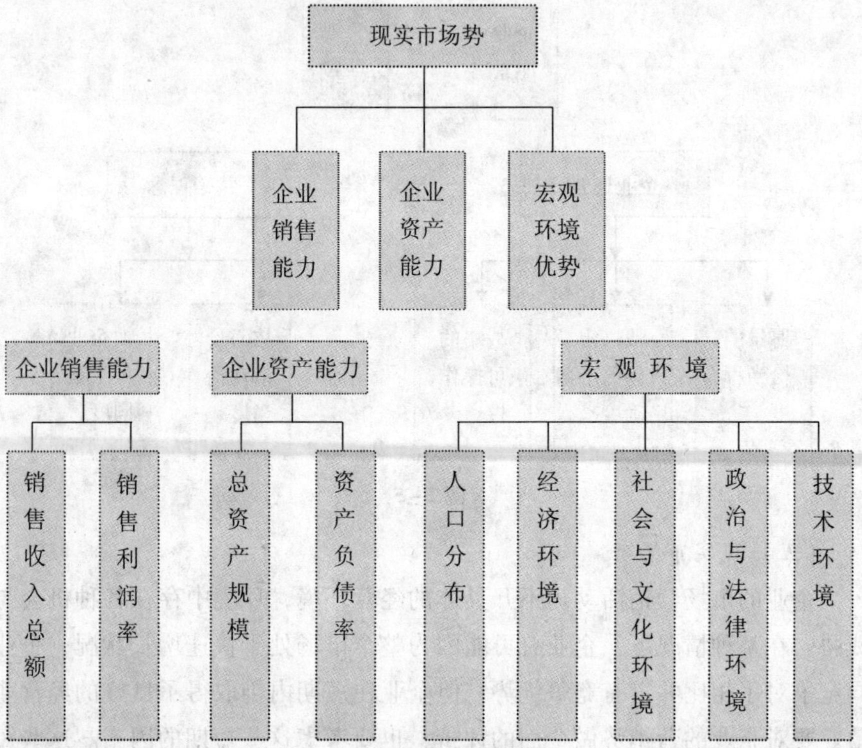

图 2－6

对构成宏观环境的几个关键点的分析：

1. 人口分布

通常很多人都会按照 P－E－S－T－D－N 的拼写顺序来进行外部宏观环境分析，这就陷入了“拼字游戏”中的问题。我们更愿意推荐另外一种方式——从人口分析开始。为什么呢？因为人口分析的对象是人，而正是人构成了市场。更重要的是服务营销的本质就是“以人为本”。在收入水平一定的条件下，人口的多少直接决定市场潜在容量的大小。人口的规模、地理分布、人口密度、流动趋势、年龄构成、出生率、结婚率、死亡率，以及人种、种族和宗教结构等人口特性，对市场需求格局和饭店的市场营销活动产生深刻的影响。

人口年龄分布　消费者在其一生中有不同的需求和购买力，因此，饭店市场营销人员应分析所进入市场的人口的年龄分布。特别是世界人口年龄分布正表现出两个明显的趋势是饭店企业必须要把握的。一是人口老化，老年人市场在扩大。发达国家的人均寿命已达到76岁，日本人的平均寿命则高达79岁。这意味着"银色浪潮"正在向我们涌来，过去那些主要看中青年人市场的旅游企业，必须进行重新定位，开辟老年旅游市场。在21世纪，在现代文明中成长起来的退休和临近退休的人与上一代的老年人相比，有着截然不同的生活态度，他们中的大多数人更具有活力，身体更健康，经济更富裕，且对个人的高度移动性已习以为常，他们大多数人已经养成了参加休闲活动和度假的习惯，而且还有能力把这种习惯保持下去。因此，针对老年人市场所开展的旅游营销活动，其前景显然是十分光明的。二是发达后国家人口增长率低，有的国家甚至呈负增长。在出生率下滑的同时，许多年轻的夫妇有更多的闲暇时间和收入用于旅游、野餐，这给旅游业、饮食业、旅馆业、娱乐业等行业都提供了良好的市场营销机会。针对人口老龄化现象，我们就可以发现为这组人群提供产品和服务的商业机会。例如休闲娱乐院或退休养老院或专门吸引50岁以上老人的旅游及俱乐部。

小规模家庭已成定式　小规模家庭的出现以及由离婚率上升导致的许多单身家庭的出现，在深刻的改变着需求的性质。对于那些原来根据孩子的需要和兴趣设计家庭度假产品的旅游产品生产者而言，这些变化显然对他们影响不小，家庭规模的减少同时还意味着人们有更多的理由出游和去拜访居住在别处的亲朋好友。

2. 经济环境

人口多不一定就意味着需求量大，除非这些人具有一定的购买能力。市场不仅需要人口，还需要购买力。举个例子，如果所从事的是与美容、美体相关的行业，比如说销售身体芳香剂的话，一个简单的数字计算可以告诉你，为什么这种看法有其道理：每个人有两个腋窝，全中国就有13亿×2＝26亿个腋窝。如此庞大的市场规模是真实的吗？或者只关注其中的20%，即那些有能力和条件享受腋窝香熏剂的人是不是更为实际呢？

经济环境是指饭店在经营过程中所面临的各种经济条件、经济特征、经济联系等客观因素。主要考虑的因素有：

国民生产总值 这是衡量一个国家经济实力和各方面购买力的重要指标，是旅游市场营销人员预测旅游市场潜力的最可靠的指标，如中国的人口是法国的二十多倍，但法国的国民生产总值却比中国多出近一倍，对旅游市场来说，中国因人口多而且经济正在快速发展而成为旅游潜力巨大的国家，而法国则由于其总体国民经济的强盛也是旅游潜力丰富的国家。

人均收入 人均收入是一国或地区的国民收入在该国或地区的居民每人名下的平均数，它对旅游市场来说是一个尤其重要的指标。人均收入不但表示一个国家的经济发展水平，同时也代表一国的现代化程度，以及健康、教育、福利方面进步的情况。所以人均收入与消费者的消费习惯、方式、能力密切相关。从国际范围看，收入差距已成为不同国家及同一国家不同收入人群消费商品购买差异的主要原因。人均收入高的国家，其个人消费水平也高，对产品的档次质量要求也高，对奢侈品、文化娱乐品、休闲旅游产品有更多的需求量，发达国家对许多国家的旅游业来说，都是其主要客源国。

收入指标 旅游产品购买者的收入指标可分为三个层次：

第一，个人收入。这是指个人的总体收入，包括工资、奖金、津贴、利息、股息、红利等等的一切货币收入。

第二，个人可支配收入。个人总收入中扣除税金剩余的部分即为个人可支配收入。

第三，个人可任意支配收入。指个人可支配收入中再减去衣食住行等生活必需品支出后的部分。

外贸收支状况 国际间贸易是各国争取外汇的主要途径，而外汇的多寡决定一国的国际收支状况。当一国外贸收支出现逆差时，不但会造成本国货币贬值，使出国旅游价格变得昂贵，而且旅游客源国政府还会采取鼓励国内旅游来替代国际旅游的紧缩政策。如美国 1985 年外贸赤字达 1000 多亿美元，财政赤字达 2000 多亿美元，美国参议院批准了自 1986 年起购买国际机票征税的议案。相反，当外贸收支大幅度顺差，造成本国货币升值，出国旅游价格就降低，而且旅游客源国还会放松甚至鼓励国民出国旅游并购买外国商品。如1987年6月日本发表了五年海外旅游倍增计划，以减少贸易顺差。计划内容是：从1988年起，促进日本海外旅行人数每年增长13%左右，并在机票减免、与国外观光部门交流和获取信息等方面为旅游者提供方便。

3. 社会文化环境

社会与文化环境是较为复杂的，它不像其他环境那样显而易见或易于理解，但却又时刻影响着企业的营销活动。它是指一个国家或地区的民族特征、文化传统、价值观、宗教信仰、教育水平、社会结构、风俗习惯等情况。人们几乎是不自觉地接受了规定着他们相互之间，其他人、组织、社会与自然界及与宇宙关系的世界观。

社会文化环境与饭店的关系表现为：

社会组织结构的变动使共同利益的群体成为社会经济生活重要的影响力量。例如相关群体。相关群体是指能影响一个人的态度、行为和价值观的群体，如家庭、邻居、亲友、周围环境等，或受社会风尚的影响而形成的具有某种消费需求倾向的群体。这个相关群体为个人的思想提供了参考依据，是人们行为的主要决定因素，从而导致购买行为的异同。

人口增长结构不仅影响消费人数，而且影响可提供给饭店的劳动力数量。

生活方式的变化使得饭店的消费群体及其所提供的产品与服务均要做出相应的调整。例如，同一社会阶层的成员具有相似的价值观、兴趣爱好和行为方式。不同阶层的人会表现出不同的倾向。如上层阶层的人一般比较重视饭店档次，且倾向于选择高档次的饭店；而下层阶层的人在选择饭店时更注重饭店的实用性。由此可见，针对不同阶层采取不同的营销手段是十分重要的，饭店必须为不同阶层设计不同的广告和产品，选择各阶层都愿意接受的销售渠道和价格。

广泛的环保运动则要求旅游饭店必须大力节能降耗。推行清洁生产，减少污染排放，创建绿色饭店，并要积极参与社会公益环境美化与环境保护活动。

4. 政治法律环境

政治法律环境是由法律、政府机构和在社会上对各种组织及个人有影响和制约的大型集团构成的。其中，对饭店营销环境影响力最大的三种力量是：对饭店进行管理的大量立法；政府机构执法更严；公众利益团体力量加大。

其实，企业对政治法律环境并不是完全盲目服从而无可奈何的。对此我们引进一个力量与规则维度的概念。

力量和规则维度指的是企业可以在尽量控制环境与对环境做出被动反应之间做出选择。这表明存在着一个组织所处位置的连续统一体，统一体的一端反应的是组织对环境不加控制，完全依赖于环境，另一端指的是组织实际控制着环境。在自由市场体系中，组织都可能处于以上两种极端情况中的任何一种。但是，管理者必须对企业所处的位置加以分析评估，而且还要做出使企业处于统一体中何种位置的决策。力量维度指的是企业能够影响环境。企业试图通过彼此合作甚至与自己的竞争对手建立战略联盟的方式来影响环境。例如洲际饭店，一家非常有名的大型国际饭店公司，通过与许多个单位饭店建立战略营销联盟，在目前还没有建立连锁饭店的地方扩展其市场，加大其渗透力和影响力。美国航空公司为了获得国际航线的控制权，与别的航空公司建立合作关系。饭店与旅游服务业特许经营系统公司通过组合饭店业务，汽车出租业务，分时度假业务，购房信贷业务以及不动产业务等方面的力量，为其授权特许经营的饭店与旅游服务公司提供最广泛的支持，满足顾客全方位的需求。通过联合，不仅能空前扩大与顾客的接触，而且可以扩大市场份额，增强企业对市场的影响力。

通过尽力影响对产业有利或者不利的规则也能获得力量。行业协会，比如美国饭店和汽车旅馆协会、世界旅行和旅游理事会、国际饭店和餐馆协会等，是在许多事务上代表成员利益的团体，其关注的焦点常常是能影响其产业的政府活动。除了监督之外，行业协会也积极游说政府和法规制定者，对那些将影响饭店与旅游服务业的重要决策施加影响。这些组织的活动有利于达成环境中企业和政府之间的平衡。这种平衡好比是在两个运动员之间展开的一场力量角逐，每一方都想尽力达到控制企业环境的满意水平。

类似于力量维度的是规则维度。规则维度指的是企业必须随时监管那些能制定影响企业规则的力量。当地能制定规则的实体，比如保健部门，工商许可部门，保险公司或消费者权益保护协会，可能在其权限范围内制定影响企业的规则和法规。管理者必须密切关注这些实体的活动，避免在茫然无知的情况下造成不必要的损失。

企业在某些实体制定法规、规则的时候是可以有所作为的。企业可以努力争取让他们制定出能为本企业带来竞争优势的规则。例如，有几家饭店和旅游服务企业反对饭店行业协会在健康保险这个问题上的立场，协会的立场是反对建立要求雇主向所有雇员提供保险的规则。而这几家饭店一直在向雇员提供保险，所以导致他们使用的每个雇员的成本高于那些不向雇员提供保险的饭店企业的雇员成本。为了争取更具竞争力的地位，这几家饭店觉得行业协会应该规定那些现在没有提供保险的饭店也这样做，从而建立对所有雇主公平的规则，建立公平竞争的市场环境。

5. 技术环境

技术环境包括创造性新技术的发展变化以及技术的发展趋势。企业应该注意以下几种技术环境的变化趋势：技术变革步伐加快；革新机会无穷无尽；研究和开发预算不断变化；新技术革命对消费者模式产生冲击；关于技术变革的规定逐渐增多。技术带来的变革是无所限量的，美国休斯敦希尔顿饭店设计了未来客房的功能：光线唤醒；无钥匙门锁系统，以指纹和视网膜鉴定客人身份；虚拟现实的窗户；客房内有健身设备；电子控制的床垫；营养学家根据客人身体状况专门设计的食谱；客房将被设计得更适合老年人，如触摸式可调节的灯光等，所有这一切都有赖于技术的进步。

第三节 饭店企业的竞争者

一、分析竞争者

为了确定有效的竞争性市场营销战略，企业需要了解其竞争对手。它必须经常将自己的产品、价格、分销渠道和促销与其主要竞争者进行比较。这样，企业才能找到自己潜在的竞争优势，向竞争者发出更有力的挑战，同时也对竞争者的攻势做出积极的反应。那么企业应当从哪些方面了解其竞争对手呢？主要步骤有：

1. 识别企业的竞争者；

2. 确认竞争者的目标；

3. 判断竞争者的战略；

4. 评价竞争者的优势和劣势；

5. 估计竞争者的反应模式；

6. 选择主要攻击和回避的竞争者。

（一）识别企业的竞争者

识别企业的竞争者常常被看作是一项简单的任务。但是，在识别竞争者时，很多企业并不是十分准确、全面，他们往往只注意到最接近的、提供价格相当的相同产品或服务给消费者的竞争者，而忽略了潜在的竞争者。企业识别竞争者时体现出两种不同的竞争观点：

1. 行业竞争观点

许多企业以行业竞争观点识别竞争对手。一个行业是由一组生产相同产品或可替代同类产品的企业组成，任何企业若想在本行业卓有成效，就必须充分了解同行业的竞争伙伴。每一个旅游企业，一般都面临着四种类型的竞争者。即：愿望竞争者（Desired Competitors）、一般竞争者（Generic Competitors）、产品形式竞争者（Product form Competitors）和品牌竞争者（Brand Competitors）。举例来说，某公司准备组织职工或外出疗养，或游览风景名胜，或考察民俗。这个公司目前的愿望对旅游企业来说，就叫做“愿望竞争者”。公司经过反复考虑，决定组织职工疗养以恢复体力和健康。而满足这一愿望，可通过乘飞机、火车或轮船等方式实现，这种方式就叫做“一般竞争者”。到了目的地后，职工可以住高、中、低等档次的宾馆，这种宾馆档次，是能满足购买者某种愿望的各种产品的型号，就叫做“产品形式竞争者”。当公司选定了宾馆的档次后，公司又要考虑选择哪种品牌的宾馆，是“假日”，还是“希尔顿”，或其他牌子的旅馆。这也就是满足旅游者的品牌产品，这就叫做“品牌竞争者”或“企业竞争者”。

2. 市场竞争观点

另外一些企业不是以行业竞争者的观点去识别竞争者，而是遵循市场的竞争观点，即企业不仅仅在行业内识别竞争者，而是把竞争看作是所有那些力求满足相同顾客需要或服务于同一顾客群的企业，甚至还有那些满足顾客不同需要的企业，它们有可能使消费者的消费情绪发生变化。

迈克尔·波特提出了决定一个市场或细分市场的五种力量：

同行业竞争者、潜在的新参加竞争者、替代产品的威胁、购买者讨价还价的权利与供应商讨价还价的权利。

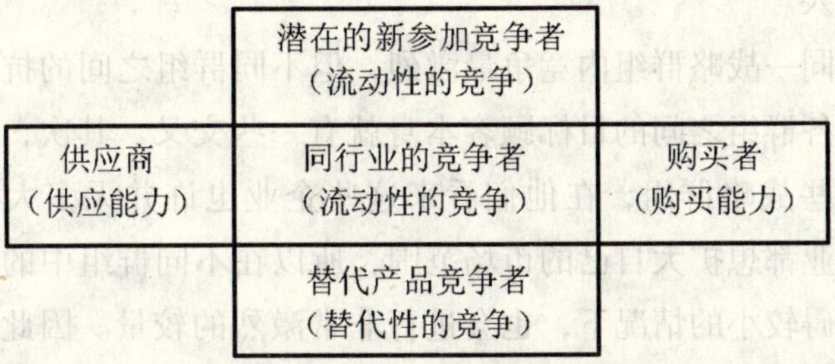

图 2－7 迈克尔·波特的竞争力模型

（二）确认竞争者的目标

在识别了主要竞争者之后，企业经营者接着要回答的问题是：每个竞争者在市场上的寻求是什么？什么是竞争者行动的动力？不同的企业对长期利益和短期利益各有侧重，有些竞争者更趋向于获得“满意的利润”而不是“最大的利润”。尽管有时候通过一些其他的战略可能使他们取得更多的利润，但他们有自己的利润目标，只要达到既定目标就满足了。也就是说，竞争者往往并不把利润作为唯一的或首要的目标，在利润目标的背后，竞争者目标是一系列目标的组合，对这些目标竞争者各有侧重。所以，应该了解竞争者对目前盈利的可能性、市场占有率的增长、资金流动、技术领先、服务领先和其他目标所给予的重要性权数分别是多少。了解了竞争者这种加权目标组合，就可以了解竞争者对各种类型的竞争性攻击会做出什么样的反应了。

企业必须跟踪了解竞争者进入新产品的细分市场的目标。若发现竞争者开拓了一个新的细分市场，这对企业来说也可能是一个发展机遇；若企业发现竞争者开始进入本公司经营的细分市场，这意味着企业将面临新的竞争和挑战。对于这些市场竞争动态，企业若了如指掌，就可以争取主动，有备无患。

判定竞争者的战略：

一家企业的战略与另一家企业的战略若相似，它们之间的竞争就越激烈。通常在大多数行业，竞争者可以分成实行不同战略的群组，每个群组由那些实行相同或相似战略的企业组成。区别这些战略群组有其特殊的价值，企业必须认真考虑这些群组成员的实力与竞争战略特征，以求突破障碍而得以进入。

虽然在同一战略群组内竞争最激烈，但不同群组之间的抗衡也同样存在。首先，各群组之间的目标顾客本身就有一些交叉。其次，顾客不会主动去分辨这些战略群组，在他们看来这些企业也许并无多大的差别。再次，每个企业都想扩大自己的市场范围，所以在不同群组中的企业实力相当，流动障碍较小的情况下，也会进行非常激烈的较量。因此，企业应当搜集各个竞争者的更详尽的资料。

根据企业在目标市场中的竞争地位，可以将它们分为市场领导者、市场挑战者、市场追随者与市场补缺者。

它们假设的市场份额结构大致构成如图 2－8：

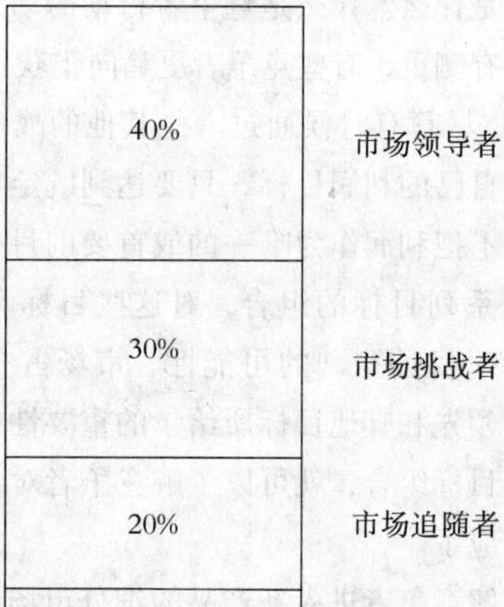

图 2－8　假设的市场份额结构

企业应当先确定自己在目标市场上的竞争地位，然后根据自己的市场定位选择适当的营销战略和策略。各类竞争者的竞争策略如下：

1. 市场领导者战略

所谓市场领导者，是指在相关产品的市场上市场占有率最高的企业。一般来说，大多数行业都有一家企业被公认为是市场领导者，它在价格调整、新产品开发、配销覆盖和促销力量方面于主导地位。它是市场竞争的导向者，也是竞争者挑战、效仿或回避的对象。如美国汽车行业的通用公司、计算机行业的IBM公司、软饮料行业的可口可乐公司以及快餐业中的麦当劳公司等。

一般来说，市场领导者为了维护自己的优势，保持自己的领导地位，通常可采取三种策略：一是设法扩大整个市场需求；二是采取有效的防守措施和攻击战术，保护现有的市场占有率；三是在市场规模保持不变的情况下，进一步扩大市场占有率。

扩大总市场　市场领导者应努力从以下三个方面扩大市场需求量：

发掘新的使用者。每一种产品都有吸引顾客的潜力，因为有些顾客或者不知道这种产品，或者因为其价格不合适或缺乏某些特点等而不想购买这种产品，这样，企业可以从这个方面发掘新的使用者。

开辟产品新用途。企业可通过发现并推广产品的新用途来扩大市场。同样，顾客也是发现产品新用途的重要来源。

扩大产品的使用量。促使使用者增加用量也是扩大需求的一种重要手段。

保护市场占有率　处于市场领导地位的企业，在努力扩大整个市场规模时，必须注意保护自己现有的业务，实行防御策略。具体来说，有六种防御策略可供市场领导者选择：

阵地防御。阵地防御就是在现有阵地周围建立防线，这是一种静态的消极的防御，是防御的基本形式，但是，不能作为唯一的形式。

侧翼防御。侧翼防御是指市场领导者除保卫自己的阵地外，还应建立某些辅助性的基地作为防御阵地，或必要时作为反攻基地。特别要注意保卫自己较弱的侧翼，防止对手乘虚而入。

先发防御。这种更积极的防御策略是在敌方对自己发动进攻之前，先发制人抢先攻击。

反攻防御。当市场领导者遭到对手降价或促销攻势，或改进产品、市场渗透等进攻时，不能只是被动应战，应主动反攻。

运动防御。运动防御要求领导者不但要积极防守现有阵地，还要扩展到可作为未来防御和进攻中心的新阵地，它可以使企业在战略上有较多的回旋余地。市场扩展可通过两种方式实现：市场扩大化和市场多角化。

收缩防御。企业在所有市场阵地上进行全面防御会力不从心，最好的行动是实行战略收缩——收缩防御，即放弃某些薄弱的市场，把力量集中用于优势的市场阵地中提高市场占有率，市场领导者设法提高市场占有率，也是增加收益、保持领导地位的一个重要途径。企业在提高市场占有率时应考虑以下三个因素：

第一，引起反垄断诉讼的可能性。许多国家为维护市场竞争，制定有反垄断法，当企业的市场占有率超过一定限度时，就有可能受到反垄断诉讼和制裁。

第二，经济成本。当市场份额已达到一定水平时，再提高一步的边际成本非常大，甚至得不偿失。

第三，企业在争夺市场占有率时所采用的营销组合策略。有些营销手段对提高市场占有率很有效，但却未必能提高利润。只有在下列两种情况下，市场占有率才同收益率成正比：单位成本随着市场占有率的提高而下降；公司在提供优质产品时，销售价格的提高大大超过为提高质量所投入的成本。

2. 市场挑战者战略

即指在行业中名列第二、三名等次要地位的企业，也称为亚军公司或者追赶公司。这些亚军公司对待当前的竞争情势有两种态度，一种是向市场领导者和其他竞争者发动进攻，以夺取更大的市场占有率，这时他们可称为市场挑战者；另一种是维持现状，避免与市场领导者和其他竞争者引起争端，这时他们称为市场追随者。市场挑战者如果要向市场领导者和其他竞争者挑战，首先必须确定自己的战略目标和挑战对象，然后再选择适当的进攻策略。

明确战略目标和挑战对象 一般说来，挑战者可以选择以下三种公司作为攻击对象：攻击市场领导者、攻击与己规模相当者、攻击区域性小型企业。

攻击市场领导者。这一战略风险很大，但是潜在的收益可能很高。

攻击与己规模相当者。挑战者对一些与自己势均力敌的企业，可选择其中经营不善而发生危机者作为攻击对象，以夺取它们的市场。

攻击区域性小型企业。对一些地方性小企业中经营不善而发生财务困难者，可作为挑战的攻击对象。

选择适当的进攻策略　选择进攻策略，其原则是集中优势兵力于关键的时刻和地方。总的来说，挑战者可选择以下五种战略：

正面进攻。正面进攻就是集中兵力向对手的主要市场发动攻击，打击的目标是敌人的强项而不是弱点。进攻者也可采取一种变通形式，最常用的方法是针对竞争对手实行削价。

侧翼进攻。侧翼进攻就是集中优势力量攻击对手的弱点，有时也可正面佯攻，牵制其防守兵力，再向其侧翼或背面发动猛攻，采取“声东击西”的策略。侧翼进攻可以分为两种：一种是地理性的侧翼进攻，即在全国或全世界寻找对手相对薄弱的地区发动攻击。侧翼进攻不是指在两个或更多的公司之间浴血奋战来争夺同一市场，而是要在整个市场上更广泛地满足不同的需求。因此，它最能体现现代市场的营销观念，即“发现需求并且满足它们”。

围堵进攻。围堵进攻是一种全方位、大规模的进攻策略，它在几条战线发动全面攻击，迫使对手在正面、侧翼和后方同时防御。

迂回进攻。这是一种间接进攻策略，它避开了对手的现有阵地而迂回进攻。具体办法有三种：一是发展无关的产品，实行产品多元化经营；二是以现有产品进入新市场，实现市场多元化；三是通过技术创新和产品开发，以替换现有产品。

游击进攻。游击进攻主要适用于规模较小力量较弱的企业，目的在于通过向对方不同地区发动小规模的、间断性的攻击来骚扰对方，使之疲于奔命，最终巩固永久性据点。游击进攻可采取多种方法，包括有选择的降价、强烈的突袭式的促销行动等。

此外，市场挑战者还可以采用一些特定的进攻战略，主要有：价格折扣、廉价品、声望产品、产品扩散、产品创新、改进服务、分销创新、降低制造成本和密集广告促销等。

3. 市场追随者战略

市场追随者是在市场中居于次要地位的企业，它希望维持市场份额和平稳运行。市场追随者的角色主要有四种：仿造者、紧随者、模仿者和改变者。具体来说，市场跟随者的策略可分为以下三类：

紧密跟随 这指跟随者尽可能地在各个细分市场和营销组合领域仿效领导者。这种跟随者有时好像是挑战者，但只要它不从根本上危及领导者的地位，就不会发生直接冲突。有些跟随者表现为较强的寄生性，因为它们很少刺激市场，总是依赖市场领导者的市场努力而生存。

有距离的跟随 这指跟随者在目标市场、产品创新、价格水平和分销渠道等方面都追随领导者，但仍与领导者保持若干差异。这种跟随者易被领导者接受，同时它也可以通过兼并同行业中弱小企业而使自己发展壮大。

有选择的跟随 这指跟随者在某些方面紧随领导者，而在另一些方面又自行其是。也就是说，它不是盲目追随，而是择优跟随，在跟随的同时还要发展自己的独创性，但同时避免直接竞争。这类跟随者之中有些可能发展成为挑战者。

4. 市场补缺者战略

即指那些专心致力于市场中被大企业忽略的某些细分市场的小企业，在这些小市场上通过专业化经营来获取最大限度的收益。这种有利的市场位置就称为"利基（Niche)"，而所谓市场补缺者，就是指占据这种位置的企业。

市场补缺者的主要策略是专业化，公司必须在市场、顾客、产品或渠道等方面实行专业化，下面是市场补缺者所担任的特殊角色：

最终用户专家 即专门致力于为某类最终用户服务。例如书店可以专门为爱好或研究文学、经济、法律等的读者服务。

纵向专家 即专门致力于为生产——分销循环周期的某些垂直的层次经营业务。如制铝厂可专门生产铝锭、铝制品或铝质零部件。

顾客规模专家 即专门为某一种规模（大、中、小）的客户服务。

特定顾客专家 即只对一个或几个主要客户服务。如美国一些企业专门为西尔斯百货公司或通用汽车公司供货。

地理区域专家 即专为国内外某一地区或地点服务。

产品或产品线专家 即只生产一大类产品，如日本的 YKK 公司只生产拉链这一类产品。

客户订单专家　即专门按客户订单生产预订的产品。

质量——价格专家　即选择在市场的底部（低质低价）或顶部（高质高价）开展业务。

服务项目专家　即专门提供一种或几种其他企业没有的服务项目。如美国一家银行专门承办电话贷款业务，并为客户送款上门。

分销渠道专家　即专门服务于某一类分销渠道，如生产适用超级市场销售的产品。

市场补缺者要承担较大风险，因为本身可能会枯竭或受到攻击，因此，在选择市场时，营销者通常选择两个或两个以上的补缺市场，以确保企业的生存和发展。

（三）评价竞争者的优势和劣势

是否所有的竞争者都能实行其战略，并且达到其目的呢？这主要取决于竞争者的资源和能力，企业需要进一步确定竞争者的优势和劣势。

企业首先需要收集竞争者过去几年经营活动的重要数据，包括竞争者的目标、战略和业绩。企业可以进行顾客价值认知分析，即要求顾客按不同的调查方式以及其重要性程度来评价本企业与竞争者提供的产品或服务的价值，从中可以看到竞争者的弱势，同时也会发现本企业的薄弱环节，这将有利于企业在竞争中取得主动的地位。

在寻找竞争者的弱点时，企业应保持客观态度，不能盲目相信自己的假定。在瞬息万变的市场上，竞争形势不可能一成不变。只有根据市场变化不断对竞争形势进行新的分析，企业才能做出较为准确的判断，而不至于盲目乐观。

估计竞争者的反应模式。

一个竞争者的目标，战略以及优势和劣势不能完全决定他们的行动方式和他们对企业的降价、加强促销或退出新产品等营销活动的反应模式。除了这些因素外，还应该注意到另外一个重要因素，那就是每个经营者都有自己的经营哲学、企业文化和信条，这对该竞争者的行动产生影响。因此，企业经营者想要估计竞争者的行动与反应，就需要深入了解竞争者的心理状态。由于面对其他企业的行动每个竞争者的心理状态可能不一样，企业反应模式也就各不相同，常见的反应模式有：1. 从容不迫型，竞争者对其他企业的行动不做出迅速反应或者反应不强烈。2. 选择型，竞争者只对某些行动或攻击做出反应，而不理睬其他类型的攻击。3. 强类型，竞争者对所有攻击都做出迅速反应。4. 随机型，竞争者不表现出固定的反应模式，即他们对其他企业的攻击行动可能做出反应，也可能不做出反应。

1. 从容不迫型

一个竞争者对某一特定竞争者的行动没有迅速反应或反应不强烈。竞争者缺少反应的主要原因有：他们可能感到顾客是忠于他们的；对竞争者主动行动的反应迟钝；他们也可能没有做出反应所需的资金等，公司一定要弄清楚竞争者从容不迫行为的原因。例如：当米勒公司在20世纪70年代后期引进立达啤酒时，安休斯－布希公司还戴着啤酒行业领袖的桂冠。后来，随着米勒在市场上变得日益凶猛，并且声称立达啤酒占领了60%的市场份额后，安休斯－布希公司才被唤醒并开始开发淡啤酒。

2. 选择型

竞争者可能只对某些类型的攻击做出反应，而对其他类型的攻击则无动于衷。竞争者可能经常对降价做出反应，为的是说明对手的降价行为是枉费心机的，奈何它不得。但它对广告费用的增加可能不做任何反应，认为这些并不构成威胁。了解主要竞争对手会在哪方面做出反应可为公司提供最为可行的攻击类型。

3. 强类型

这类公司对向其所拥有的领域所发动的任何进攻都会做出迅速而强烈的反应。例如：宝洁公司绝不会听任一种新的洗涤液轻易投放市场。凶狠型竞争者意在向另外一家公司表明，最好不要发起任何攻击。攻击羊总比攻击老虎容易些。利佛兄弟在首次攻击占领先地位的宝洁公司的“极端”洗涤液市场时，就发现了这个道理。“极端”洗涤液装在较小的瓶中。它受到零售商的欢迎，因为占据的空间较少。但当利佛在威士科和沙夫品牌中引进这种洗涤液的瓶装技术时，它不能长期地得到货架空间。宝洁公司用它的大量洗涤液品牌代替利佛的产品。

4. 随机型

有些竞争者并不表露可以预知的反应模式。这一类型的竞争者在任何特定情况下可能会也可能不会做出反击。而且根据其经济、历史或其他方面的情况，都无法预见竞争者会做什么事。许多小公司都是随机型竞争者，当他们发现能承受这种竞争时就站在前沿竞争；而当竞争成本太高时，他们就躲到后面去。

（四）选择主要攻击和回避的竞争者

各企业在事先确定好他们的目标顾客群及营销组合以后，就大致上确定了他们的竞争者。他进一步考虑的是在这些竞争者中，企业与哪些主要竞争者的竞争会最为激烈，这样企业就集中精力，有效作战。

1. 强竞争者与弱竞争者

大多数企业喜欢把目标瞄准实力较弱的竞争者，这种做法无需太多的时间和资源。但相应地企业也不会有太大的成效。因此，企业也应当与一些势力较大的竞争者较量一番。一方面，企业若想与一些实力较强大的竞争者相抗衡，就必须在很多方面努力提高，这将增强企业的整体实力。使企业长期受益。另一方面，即使再强大的竞争者也会有其弱点，只要企业策略选择和实施得当就能获得成功。

2. 近的竞争者与远的竞争者

大多数企业都会与那些和他们相类似的竞争者竞争。但与此同时，企业应当注意避免企图“摧毁”这些最接近的竞争者。因为，即使“摧毁”了这些最接近的竞争者，还会引来更多更难对付的竞争者。

3. “好的”竞争者与“坏的”竞争者

每个企业都需要竞争者并从竞争者那里获得利益，竞争者的存在带来了几方面的好处：可对增加总供给有所帮助；可以分担市场与产品开发的成本，并有助于推广新技术；可以为一些吸引力不大的细分市场服务或促使市场差异化等。

但并非所有竞争者都会给企业带来益处，每个行业都含有“好的”和“坏的”竞争者。“好的”竞争者遵循行业规则：他们希望有一个稳定、健康的行业，合理定价，推动他人降低成本，促进差异化，接受为他们市场的占有率和利润规定的合理界限。“坏的”竞争者破坏行业规则：他们试图花钱购买而不是靠自己的努力去扩大市场占有率，冒大的风险，超额投资等，总的来说，他们打破了行业的平衡。所以，一个明智的企业经营者应当支持“好的”竞争者，攻击“坏的”竞争者，尽力使本行业成为由“好的”竞争者组成的健康的行业，这将有利于企业的发展。

在识别与评价主要竞争者后，企业必须设计竞争型战略。应该说，没有哪一种战略对所有企业都适用，不同的竞争战略对产品或服务有不同的要求。企业必须认清自己在本行业中的竞争位置、企业的目标、发展机会和资源优势，并以此为基础制定有效的竞争战略。

二、顾客导向和竞争导向

竞争导向在今天全球市场上是相当重要的，但是企业不应该将重点集中于竞争者身上。企业应在顾客导向和竞争导向之间获得一种很好的平衡。

	形势	反应
竞争导向	● 竞争者W将全力在A市场打垮我们。 ● 竞争者X正增大其在B市场的分销覆盖面威胁我们的销量。 ● 竞争者Y在C市场削价夺去了我们3%的市场份额。 ● 竞争者Z在D市场的新服务项目使我们的销售减少。	● 我们撤出A市场，因为无力还击竞争者W。 ● 我们将在B市场增加广告支出。 ● 我们在C市场采取相应措施对付竞争者Y的削价。 ● 我们在D市场增加促销预算。
顾客导向	● 总市场每年增长14%。 ● 受质量影响的细分市场每年增长8%。 ● 容易成交的细分市场的顾客在快速成长，但顾客与任何供应商的关系都不长久。 ● 顾客对24小时热线电话感兴趣，该行业还没有提供。	● 我们将在达到和满足高质量细分市场方面集中更多的力量。 ● 我们避免削价和妥协。 ● 如果前景良好，我们将安装24小时热线电话。

图2-9 竞争导向与顾客导向企业的行动方向

很显然，竞争导向企业的行动往往会脱离自己确定的目标，因为很多事情都取决于竞争者所要做的事。以顾客为中心的企业能更好地辨认新机会和建立具有长远意义的战略方案。通过观察顾客需要的演变，在资源和目标允许的情况下，它能决定何种顾客群和何种出现的需要才是最重要的服务对象。实际上，今天的公司既要注意顾客也要注意竞争者。

第四节　消费市场和消费行为

一、消费者市场

对于饭店来说，最基本的消费者市场有两种：一种是散客市场，一种是团体市场。前者是以个人支付为特征的，后者则以组织形式购买饭店产品和服务。

（一）散客市场

1. 长住客人

2. 商务或休闲旅客

商务人员需要在特定的时间到达特定地点。因此价格对商务客人来说不太重要——并非不重要，而是不如对消闲旅客那么重要。商人无论男女都不可能因价位高而取消一次旅行，也不会因为价位低而旅行。他们的市场是没有弹性的市场——需要几乎不会因为价格变化而变化。消闲客人的反应则更具戏剧性——高价位排斥客人而低价位吸引客人。消闲客人通过对价格变化做出反应而代表着更有弹性的市场。

3. 海外客人

全球化要求酒店特别关注海外客人的情况。接待外国客人是一笔大生意。由于他们需要花费更多的时间和金钱才能到达目的地，海外客人的住店时间比国内客人要长。

（二）团体市场

团体业务有三个非常独特的方面能够影响酒店的利益：第一点，团体业务是一个巨大的市场；第二点，各种团体为酒店提供一定的业务量；第三点，团体代表在酒店的花费较大。

第二点强调了同团体业务相关的、令人难以置信的大批量业务。“大批业务量”意味着大批量生产的经济收益。绝大多数大批量生产的产品都受益于降低了的单位生产成本，这对饭店业也不例外。销售大量的团体客房为酒店经营者带来了一定的经济规模。销售不再为一个大团体做预订时，其工作量要小于为无数小团体做预订。预订部也由于为大团体预留大量的客房而受益。即便是前台、客房部和礼宾服务人员也能从团体客房预订中受益。

酒店欢迎团体业务的第三个原因是团体成员的花费要高于散客的花费。很多大会，博览会和相关的团体成员在公务期间的花费都不是由个人来负担的。其公司或企业为旅行提供了绝大部分或全部的费用。一旦到达酒店，团体成员有额外开销的可能性就非常大。毕竟他们的基本花费（餐饮、住宿、交通及会务费）已被支付，因此他们可能会花钱打一局高尔夫球，他们也可能多喝两杯鸡尾酒，买价格更贵一些的优质品牌酒。他们也可能从礼品店挑选一件纪念品或从画廊买幅画。

团体市场的分类：

1. 旅行社

旅行社从酒店买下大批客房，并向航空公司和汽车公司买下大批座位。然后旅行社又将他们的包价旅游产品销售给游客。

2. 会议

为了具有竞争力，会议酒店必须提供一系列自足的设施。具有适当的设施设备的会议场所以及足以容纳团体宴会的餐饮设施，是最基本的要求。与会者是会议程序及计划活动的听众，酒店越完善就越具有吸引力。

3. 协会、年会、展览会

贸易展览会是供应商向潜在购买者展示产品系列的展览会。会议和展览会经常一起举办。展览会需要大量空间，尤其当展品是搭建的机械或设备时，场地要求和大件产品的搬运困难将展览会局限于少数一些酒店。或者当地政府修建大厅承办展览会，而将住宿和客人交给当地的酒店。

4. 单一社团

单一社团组成的旅游团，既不是旅游包价也不是会议或贸易展览。单一社团有一种将其成员结合起来的凝聚力。参加者在来酒店之前已经属于“那个”社团（公司、管弦乐队、体育团体），并由那个社团办理预订和支付账单。

二、消费者行为

（一）影响个体消费者消费的因素

1. 背景因素

背景因素是指影响个人生活方式的宏观环境。最突出的背景因素是一个人所属的文化和亚文化类型及其在社会群体当中所处的地位（通常以社会阶层来表示）。尽管在同一文化或亚文化、同一社会阶层的人的具体行为也有很大差异，但研究人员和市场营销管理专家们普遍承认，这些背景因素对个人的消费行为有十分重要的影响。

文化 文化是通过社会传导的行为方式、艺术、信仰，以及人类工作和思想的所有其他产物的整体。它是决定人们的欲望和行为的最基本因素。它由基本的价值观、认知系统、欲望和行为所构成，这些是一个人从社会当中不断习得的。今天，大多数社会都处在变革当中，一个人所承袭的文化上的决定因素在不同的社会中也有所不同，比如中国人和美国人在很多方面表现出来的文化差异。

文化是通过一些有形的要素表现出来的，这些要素常常被称为文化特质。体现东西方差异的文化特质，在饮食方面表现为进食工具的不同：刀叉与筷子；在衣着方面表现为（比如）旗袍和西装；在节日方面表现为春节和圣诞节；在绘画方面表现为散点透视和焦点透视等。正是由于这些文化特质的存在，才使人们感受到文化丰富多彩的魅力。文化也是动态的，随着环境的改变而改变。

文化是接待业和旅行业不可缺少的组成部分，它决定了我们吃什么，如何旅行，到哪里旅行和住在哪里这样一些问题。

营销人员总是不断地识别出文化的变化趋势，为的是设计一些新的能被市场接受的产品和服务。例如，由于文化上出现了一种更加关注健康和保养的趋势，许多饭店都增设了健身房和健身俱乐部，有的则与当地的健身俱乐部达成协议以便于顾客能够利用其健身设施。在饮食上出现了更加注重清淡口味和天然食品的趋势则使餐馆的传统发生了很大的变化。在新餐馆设计当中，人们也注意反映目前在家庭装修上更加青睐于素雅和简洁的风格这样一种潮流。

如果不了解一种文化，企业是没有多少机会在其中销售产品的。例如，颜色在全球市场上会有不同的含义。在美国，黑色是悲伤的颜色，新娘穿白色服装；在中国，白色是悲伤的颜色，新娘穿红色服装。随着企业业务的拓展，新营销人员如果对各地文化的细微差别不够敏感的话，就会犯很多错误。

中国传统文化是一种以几千年的小商品经济为基础，以宗法家庭为背景，以儒家伦理道德为核心的文化形态。它的基本精神和历史特性被我国文化家司马云杰概括为："尊祖宗，重人伦，崇道德，尚礼仪。"基于这种文化背景，中国人在价值观念、消费观念以及生活方式等方面就具有以下几个特点：

注重伦理。中国文化非常注重伦理，因为中国人非常注重人与人的关系。我国文化的核心——儒家文化的伦理观念是从最基本的血缘关系发展起来的。所以，中国传统社会的人际关系的核心就表现为以夫妇、父子为轴线发展起来的裙带关系。社会是以家庭为单位进行的。因此，在消费行为中，商品和劳务的口传信息备受重视，它往往比正式的信息沟通渠道更为有效。

讲究面子。要面子是中国人典型的心理文化特征，但很多情况下，被讲究礼仪掩盖了。我们的传统文化中有很多礼仪，讲礼仪是必要的，但过分讲究就变成要面子。为了面子花钱摆阔，相互攀比，奢侈浪费的现象是很多的。受这种观念的影响，在中国请客，如果档次不够会有损面子。在这种情况下，企业如果不洞察这种面子心态，极有可能陷入尴尬，也有可能错失良机。

群体感强，注意规范。儒家文化的核心是中庸、忍让、谦和。这种文化背景下的很多中国人往往把自己看成某群体的一员，尽力遵守群体的规范，言行举止力求与大家一致，避免突出个人。这种文化意识使人们在消费方面喜欢随大流赶潮流。

亚文化 在主流文化当中，根据种族地理位置、政治信仰、宗教信仰、国家和伦理背景等差异，可以发现很多亚文化群体。亚文化是共享整体文化要素的同时还共享他们的独特文化要素的相同的人群。在亚文化内部，人们在态度、价值观和购买决策方面更为相似。也就是说，即使同样处于相同的主流文化当中，但由于人们在亚文化上存在差异，就可能导致在购买什么、怎样购买、何时购买、在哪里购买等方面完全不同的决策。例如，在我国，由于地理条件和气候条件的影响，北方有冬天吃酸菜火锅的习惯；而南方人有吃泡菜、熏肉和腊肠的嗜好。同是面食，北方人喜欢吃饺子；南方人喜欢吃馄饨；西部人喜欢吃馍。又如我国有56个民族，各个民族有自己独特的宗教信仰、图腾崇拜、消费习惯、审美意识和生活方式等。蒙古族习惯吃牛羊肉、喝烈酒；朝鲜族喜食狗肉辣椒；回族禁食猪肉。

对于一个国际性的接待企业来说，如果不能理解各国之间这些传统和行为上的差异，就会招致灾难性的后果，而那些善于因势利导的企业却可能是赢家。比如，有些在以色列开办的外国餐馆连锁店逐渐学会了在七天的逾越节期间如何调整其产品。许多餐馆在逾越节期间都歇业了，而这期间恰有许多人外出旅游，对餐馆的需求实际上是很大的。肯德基炸鸡、必胜客比萨、汉堡大王和麦当劳都在这期间调整了菜单，使他们适合逾越节期间犹太教对饮食的规定。汉堡大王推出了玉米和大豆面圈，麦当劳把他的麦乐鸡块做成肉泥掺和到专供逾越节期间吃的一种未发酵面包当中，必胜客比萨用未发酵的饼坯，而肯德基炸鸡则用叉烧鸡取代了传统炸鸡。

社会阶层　所有的社会都有某种形式的社会阶层结构。社会阶层是指一个社会的相对稳定和有序的分类，每类成员都有类似的价值观、兴趣和行为方式。社会阶层不是以单个因素为依据划分的，而是依据职业、收入、教育、财富和其他因素综合衡量的。

在中国目前的生活状态下，社会阶层正处于快速演化过程中。作为社会的中坚阶层的中产阶级正逐渐形成，这个阶层被人们期望为保持社会稳定、推动民主化进程的基本社会力量。但是，与美国社会相比，中国中产阶级的比例目前还不够20%，而美国则是80%。

2. 人口统计因素

人口统计因素主要包括像年龄、性别、受教育程度、家庭生命周期、收入和职业等变量。这些因素在很大程度上影响着消费者的购买行为，因为这些因素常常也会决定一个人属于什么样的亚文化群体、什么样的社会阶层，同样也可能决定了一个人会具有什么样的心理和行为特点。

年龄　人在一生的不同年龄段所购买的产品和服务的类型是不断变化的，这一点不言自明。可是，营销人员却常常会忽略一些与年龄相关的重要因素。这也许是因为，在那些制定营销战略的人与那些购买产品和服务的人之间存在着年龄上的很大差异。一份针对老年旅游者的调查显示，该市场非常重视浴缸边的把手、夜灯、走廊里清晰可见的标志、备用毯以及大字印刷的菜单。尽管这看起来不足为奇，但却经常会发现，饭店恰好在这些细节上忘记了他的目标市场以老年旅游者为主。对各种不同年龄段市场的成功营销也许要靠制定专门的和目标明确的战略来实现。毫无疑问，这离不开对各种与目标市场相关的出版物和数据库的利用，也许要有一个由不同年龄和文化背景的人组成的营销团队和一个广告代理机构。

家庭及其生命周期　对很多消费者来说，家庭是最重要的社会组织，它强烈地影响着人们的价值观、人生态度、自我观念以及购买行为。家庭负担着社会化过程的责任，即把文化价值与规范传给子女。子女通过观察父母的消费模式，很容易形成与父母类似的消费模式。

家庭成员的决策角色由于所购买的产品不同有很大的差异。在购买过程中，家庭成员担任多种角色。倡议者是那些建议、发起购买过程或为该过程牵头的人。倡议者可以是家庭中的任何成员。对于不同类型的产品消费来说，倡议者会有所不同。比如，在中国，提出到麦当劳餐馆就餐的人常常是家庭中的儿童成员，很少是父母，更不会是祖父或外婆。影响者是意见比较受重视的家庭成员。决策者是实际做出购买和不购买决策的家庭成员。购买者是实际交付货币取得产品的人。最后，消费者是实际使用人。今天的孩子可能对父母的购买决策有很大的影响。孩子在食物方面的决策有更大的影响力。孩子经常决定一家人去哪里吃快餐，很多孩子还影响度假地和酒店的选择，尽管他们不是实际的购买者。

家庭的生命周期阶段也会对消费者行为有很大的影响。营销人员经常根据家庭的生命周期来定义他们的目标市场。例如，在美国社会，年轻的单身汉在酒精饮料、教育和娱乐方面的支出比普通人多；年轻父母通常增加医疗保健、服装、住房以及事务方面的支出，而减少酒类、教育及交通方面的支出；孩子离家后，年纪较大的夫妇在汽车、女装、医疗保健以及长途电话方面的支出通常增加。营销人员也必须注意今天很常见的非传统的生命周期形式，要注意那些诸如离婚、不婚以及无子女的消费者的需求。

职业 一个人的职业影响他买什么样的展品和服务。例如，在西方社会，建筑工人经常从开到工地外面的供餐卡车上购买午餐；企业管理人员从一种全服务餐馆订餐，而普通职员可能自带午餐或从附近快餐店中订餐。一些饭店的管理人员在出差时，饭店规定必须住在比自已的饭店档次高的饭店中。

收入 一个人的经济状况会在很大程度上影响其对产品的选择，影响对某种特殊产品的购买决策。在萧条时期，消费者普遍缩减其在餐馆、娱乐和度假等项目上的开支。他们改在临近餐馆就餐，很少在外边吃饭，吃的话还要看有没有优惠券和特价套餐。营销人员需要关注个人收入、储蓄和利息率的变化。如果经济指标显示要出现萧条，他们就可以对产品进行重新设计、重新定位和重新定价。餐馆这时可能需要添加一些低价菜，以便始终能吸引目标市场的顾客。

相反，在经济繁荣时期，会有很多机会。消费者往往更倾向于购买高价酒和进口啤酒，菜品要上档次，人们的航空旅行和休闲费用都会增加。企业必须在经济繁荣时期抓住时机，在经济衰退时期采取防范措施。

受教育程度 受教育程度决定着人口统计变量中的诸多变量，比如职业、收入和社会地位，也决定一个人的个性心理特征，决定个人的生活方式。所以，受教育程度是观察消费者行为的重要变量。

从兴趣的角度看，不同受教育程度的人在选择饭店时表现出不同的倾向性。一般来说，受教育程度高的人可能更开放一些，更务实一些（如果不考虑到地位约束的话），因此，风格特异、新颖高雅可能是他们选择饭店及其产品项目的重要标准。

受教育程度低的人，由于社会地位和经济条件的限制，在选择饭店时可能更注重价值/价格的比值。但是，作为旅行者，有时也会有相反的情况。有些人把旅游当作向往已久的一次奢侈的消费，因此，会故意表现出阔绰的姿态。

3. 生活方式

即使人们来自相同的亚文化、社会阶层甚至相同的职业背景，或者具有相同的人口统计变量，但是，他们还是会有极其不同的消费习惯，有不同的购买模式，在饭店入住期间会展示出不同的需要。原因是什么呢？我们除了可以总结一句，是因为消费者行为是以上各种因素综合交互作用的结果之外，还应该意识到，人们的生活方式是不同的。理解生活方式的含义，可以从这几方面入手：第一，人们如何使用他们的时间（即他们从事哪些活动）；第二，他们对身边的各种事务具有什么样的兴趣；第三，他们对自己以及环境中的各种现象持有什么态度；第四，他们在一些基本人口统计等方面拥有什么特征。

（二）团体消费者的购买特点

一般来说，团体消费者在购买饭店产品和服务时具有购买的数量和批量大、总购买额高和季节性较强等特点。购买决策过程所需信息多，决策时间长，而且往往签订购买合同。因此，团体市场受到饭店营销部门的极大关注，针对这一市场制定专门的营销策略，并由专人负责这一方面的工作。

1. 购买的数量大、总金额高

组织机构购买的规模到底有多大，还难以确定，但通常两三个人的小团体我们还是归为散客或者单独进行研究，而不作为团体消费者。团体消费者人数通常很多，而且很可能逗留较长一段时间，所以即使比散客享受更多的优惠，其购买额和利润贡献还是比较大的，尤其对一些客房出租率较低的饭店更是如此。

2. 在时间上有一定的规律性，可预见性强

很多团体在组织其成员进行旅游时，一般都选在目的地最适合旅游的季节，例如“五一”、“十一”。而一些例行性的会议或活动也是有规律可循的，例如大连的服装节一般在9月下旬。这一特点是行销人员可以事先

做出较为准确的预测，有利于做好各项工作。

3. 购买决策过程所需信息多，决策时间长

组织机构购买决策可能关系到团体的重大战略等。例如，一个协会组织了一个国际会议，可以想象这一购买行为很可能将影响协会的国际声望、影响力及以后的发展，所以它不可能不重视。此外交易额也比较巨大，基于上述两方面的考虑，组织机构在购买决策过程中一定会广泛收集信息、仔细评价、认真决策。

4. 对价格比较不敏感

组织机构在购买饭店产品时，由于决策者、购买者和消费者身份的非一体化，由于企业或协会等机构本身的财力支持，也由于他们对产品和服务质量上的特殊重视，因此在价格方面总体上比较宽容。在有些国家、地区或社区，组织机构购买的成败在很大程度上还建立在组织机构以及饭店营销人员与组织机构负责购买的人员之间的关系基础之上。

（三）影响一般组织机构购买行为的因素

与影响个体消费者购买决策的因素不同，影响组织机构的饭店购买行为的因素可以分为外部环境因素、内部组织因素、人际因素和个人因素。

1. 环境因素

公司的经营环境有经济、政治、社会文化以及技术等因素构成，这些因素对公司的饭店购买行为产生重大影响。

经济因素　如国家或地方经济发展战略和产业结构调整、经济周期、通货膨胀、利息率等因素的变化，直接影响到公司企业的销售、利润等经营绩效，增加或削弱其经济实力。

政治、法律因素　我国处在法制不断完善的时期，各方面的立法正在有序地进行，这些都影响到员工出差、培训、接待来访客人和召开有关会议等的饭店购买行为。经济环境较好、实力较强、业务频繁的企业一般购买饭店产品和服务的数量多、质量高。反过来，遇到1997年亚洲金融危机这样的全球性经济不景气，企业绩效大幅滑坡，企业的饭店购买行为首当其冲地被削减。法律的休整和新法的制定使企业的外部环境处于不断变化之中，这可能促进或限制企业业务的开展，直接影响其经济效益进而影响其饭店购买行为。

技术因素 新技术革命影响着世界的方方面面。技术的进步一方面可以影响企业的劳动效率和经济效益，从而间接的影响到饭店购买；另一方面，信息技术的发展可以使公司之间的商业信息得到更及时准确的传输。国际互联网、电话、传真及网络会议等先进的通信技术，在很大程度上代替了业务人员之间的商务往来，使一部分商务洽谈活动失去了存在的必要性，减少了企业对饭店产品的购买。

社会文化因素 社会文化因国家和民族的不同而差别很大，它将影响人们的价值观和生活方式。而且社会文化也随着经济的发展而不断演化。例如，现代越来越重视进修的机会和度假，企业为了留住人才、提高其员工素质，也不断加大培训方面的投入，提供越来越多的带薪假期或奖励旅游，这就增加了对饭店产品的要求。

2. 组织因素

影响公司企业购买旅游产品和服务的内部因素包括：该公司的业务特点、企业文化及公司组织结构等因素。

企业的业务特点 企业的业务特点直接决定了该公司员工外出和培训的方向、季节和逗留时间的长短，并间接影响到饭店产品的购买。

企业文化和公司的制度 企业文化在很大程度上影响其商务人员的饭店购买行为。一个强调节俭勤奋的企业文化和与之相对应的公司差旅制度，必然会大大制约公司差旅人员购买豪华档次的饭店服务。而另一个强调简洁、高效的企业文化的企业，其员工的购买行为方式肯定又有所不同，他们可能会为了方便而不惜购买高档的饭店服务。企业文化也影响着其人员的思维方式，以及购买行为的模式。

企业组织结构 企业组织结构的特点也是影响企业饭店产品购买行为的重要因素。很多加拿大的公司专门设有旅欧部这样一个单独的部门，全公司的饭店购买就由这一部门负责。这个部门的人员掌握的信息多、经验丰富，他们的购买行为规模较大，且有规律。与这些部门建立良好的关系对于饭店部门来说十分重要。

3. 人际因素

在组织结构内部，负责饭店购买的相关参与者成分往往比较复杂。这些人的兴趣、权威和说服力都各有不同。饭店营销优势很难知道购买决策过程中这些群体内部是如何相互作用的，他们是怎样一种关系网络。比如，在中国这样建立在关系网基础上的社会中，人际因素在决定组织机构购买决策中的作用就不容忽视。另外，饭店营销人员与组织机构购买决策相关人员之间的人际关系，也是影响其决策的重要因素。

4. 个人因素

组织机构本身并不购买任何饭店产品，进行购买决策的实际是企业中的一个或一组员工。由一组企业人员组成的购买决策单位通常被称为购买中心。购买中心的每一位成员或集体都在不同程度上影响着购买决策，并一同承担由购买决策引发的各种风险。在这个过程中的每个参与者都有个人的动机、认知和偏好。他们的年龄、收入、受教育程度、专业身份、个性和对待风险的态度，都会对参与决策过程的人发生影响。不同的购买者无疑会展示不同的购买风格。饭店营销人员如果能容纳挂钩了解顾客的个性特点，对于成功地进行饭店销售会有很大的帮助。

阅读材料：

用两个满意度从根本上解决客人投诉

从内容上看，客人投诉其实是饭店现实问题的客观反映，治病必须治本，解决饭店现实问题是解决客人投诉的根本之道。饭店的许多现实问题都可以从顾客满意度和员工满意度中找原因、找答案。

从形式上看，应对客人投诉的方法和艺术其实也是顾客满意度和员工满意度的实践。

一、跨国饭店集团的他山之石

喜来登的创建人欧内斯特·亨德森（1887～1967）在其“十诫”中有“不能反悔已经确定了的客房预定”、“为做成交易，不得榨尽对方最后一滴血”、“放凉了的菜不得上桌”等内容。亨德森还有一些经营理念，其中包括“强调客人监督以及对饭店服务质量的评定”、“饭店的一切服务和食品要物有所值”。

丽思－卡尔顿的管理理念在它的“黄金标准”所表述的公司核心价值中得到了充分体现。丽思－卡尔顿的员工们在任何时候都随身携带“黄金标准”信条卡，丽思－卡尔顿要求每一名新员工都能自觉奉行公司的标准，这些标准包括“信条”、“服务三步骤”、“座右铭”、“二十个基本点”，以及“员工承诺”。全部内容反复强调的宗旨是，永远把注重每个客人的个性化需要放在第一位，为每一位客人提供真正热情体贴的服务。所有员工每日都要时时提醒自己，他们是“淑女与绅士为淑女与绅士服务”，并且他们必须积极热诚地为客人服务，预见客人的需要。丽思－卡尔顿在世界各地的每日训言都是一成不变的：“超越客人的期望，是公司最重要的使命。”

员工满意度是“黄金标准”中的闪光点。“淑女与绅士为淑女与绅士服务”——这句话可以看作是员工满意度和顾客满意度的结合。丽思－卡尔顿视拥有并保持出色的员工群体是公司的首要任务，公司培训员工的方法是以此为基础的。丽思－卡尔顿饭店公司为自己能在饭店业多年保持远远高出同业平均值66%的员工保持率，使丽思－卡尔顿节约了成本，提高了利润。这一培训方法被世界各地的众多公司——从《财富》全球500强公司到成功的家族企业，作为经典模式进行引用和效仿。

给员工授权是员工满意度的重要体现。员工每年要接收100多个小时的客户服务培训，大约一半的丽思－卡尔顿员工都属于某个具有授权的自我指导工作团队，这些团队发起了许多服务创新，从而提高了客人的满意度并提高了利润率。在包括J.D.鲍瓦尔（联合经营）公司进行的客人满意度调查的诸多调查中，丽思－卡尔顿饭店公司获得了最高评价和近乎满分的客人回头率。

香港上海大饭店有限公司下属机构的半岛集团，已在香港、马尼拉、曼谷、北京、纽约、贝弗利山以及芝加哥管理着8家豪华饭店，拥有3000多间客房，并以其在每个大都市只建立一家顶级豪华饭店的理念而闻名于世，被国际饭店业尊称为“五星半岛”。香港的半岛饭店共有775名员工，平均2.6名员工服务1名客人，其中有1名员工服务75年，2名员工服务40年，服务达30年的有9名，20年的则有29名，10年以上的则有148名，员工流失率全港最低。

入住希尔顿的客人有宽松之感，连饭店的员工也比较宽松。2004年，希尔顿开休闲之先风，创新了“希尔顿休息间”。这种新型房间营造了独特的环境，顾客可以在其中恢复体力和精神，可调光的照明设备或明或暗，空气中散发着新鲜的水果味道和花香，有助于顾客的放松和休息。更令人吃惊的是，连饭店工作人员的服装要求也大为放松，员工甚至可以穿着自己喜欢的衣服为客人服务。

二、两个满意度是互相关联的

20 世纪 80 年代以后，CS（Customer Satisfaction）即顾客满意度开始在西方流行，取代了风行一时的 CI（Corporate Identity）即企业形象，接着又出现了 ES（Employee Satisfaction）即员工满意度，从而成为继泰勒的科学管理、梅奥的行为科学、“管理职能丛林”、企业文化以后的管理新浪潮。

作为一种经营战略，顾客满意度的指导思想是：企业的整个经营活动要以顾客满意度为指针，要从顾客的角度、用顾客的观点而非企业自身的角度来分析、指导和控制营销计划。CI 的逻辑起点是企业本身，而 CS 的起点是顾客；CI 的终极目标是建立企业形象，而 CS 要建立的是以顾客满意为核心因子的服务系统；CI 在行为模式上仍摆脱不了推销的阴影，而 CS 却透露出以他人利益为本位的行为准则。所以，在经营哲学上，CS 不但是对 CI 的涵盖，更是对 CI 的扬弃和超越。由于买方市场的出现，人们在关心产品本身的同时，也更关心产品的附加属性，即交货及时、提供信贷、售后服务等，因此，CS 顺应了市场竞争剧烈的条件下企业管理的要求。

为了实施 CS 经营战略，可以从以下途径考虑：一是重视顾客意见并引导用户参与决策；二是千方百计留住老顾客，因为统计表明一个老顾客的推荐能影响 25 个人的购买意愿，且保住老顾客的成本仅为争取新顾客的 1/6；三是奉行顾客至上的措施；四是分级授权，以确保顾客意愿的及时兑现。ES 又是一种经营战略，它不是对 CS 的全盘否定，而是认为不能以牺牲员工的权益来换取顾客的满意，只有员工满意的企业才是卓越的企业。

应该说，把 CS 和 ES 结合起来是企业的最佳经营战略。长期以来，饭店是贯彻顾客满意度的典型，“客人就是上帝”在饭店里得到了淋漓尽致的表现，员工就是忠实的仆人。其实，传统思维中存在着若干误区，其一是顾客满意必须以牺牲员工满意为代价；其二是顾客满意和员工满意不相干。其实，顾客满意和员工满意完全是一致的，只有做到员工满意，才有可能实现顾客的满意。对西方客人来说，他们更加乐于接受员工在平等地位上所给予的发自内心的真诚服务。据统计，名列《财富》500强的企业5年内的平均客户回头率为50%。从客户角度看，另一半流失的客户中有68%是由于某个员工的原因。优质服务依赖于员工听取和响应客户需求的能力，员工必须倾听和理解客户的需求，并有能力满足客户的目标，高明的员工还能预见客人的需求。饭店业中也有相关的统计，饭店客人的满意中有60%是来自员工提供的心理服务，具体表现为服务态度、服务意识等，而不是来自饭店的硬件和餐食的质量。

长期以来，饭店里充满着“顾客永远是对的”、“顾客是上帝”等理念，这实际上是把顾客满意度和员工满意度割裂的单纯顾客导向，并不是圆满的境界。只有把员工和顾客处理为主人和客人的关系，才会出现富有人情味的周到服务，只有使员工这个主人满意了，他才可能想方设法使客人满意。丽思－卡尔顿饭店提出的“我们是为女士和绅士提供服务的女士和绅士”的口号是非常高明的。

事实证明，凡是与顾客直接打交道的员工，其满意度的发挥更为重要。美国的一些公司统计，员工满意度提高5%，就可提升顾客满意1.3%、提高效益0.5%。饭店就是员工和顾客直接打交道的企业。从另一个角度看，饭店员工能控制的错误在15%以内，85%的错误是由管理系统形成的。因此，如何对待和处理员工犯的错误可以作为员工满意度的试金石。例如，如果员工打碎一个盘子，一种处理方式是简单地以对员工罚款了结；而从员工满意度出发，则先从地板状况、员工鞋子是否合适、服务技能培训是否完善等因素查起，这恰恰是杜绝以后重犯错误的正确做法。

信任员工是员工满意度的基础，美国沃尔玛公司的经理层甚至都在衣服纽扣上刻有“我们信任我们的员工”的字样。3M公司为了调动员工的积极性，还规定允许员工用15%的工作时间做自己感兴趣的“私活”。重视员工也是员工满意度的基础，推动生产力发展的创新往往来源于第一线，企业的萎缩也往往先从员工思想僵化开始，打开员工的言路就是打开财富之门。汉城有一家工厂自1983年以来实行员工轮流担任“一日厂长”。企业中等级观念的淡化是一个趋势，《西门子传》中说：“人们致力于简化等级的努力，同时也给自己带来了责任，因为每一个人都有了更大的自由发挥空间和决策余地来完成他们的任务。”

三、实现两个满意度的基础

在饭店业中倡导员工满意度是饭店管理的发展趋势，是将“顾客就是上帝”的服务理念提高到新境界的手段，是提高饭店经营水平的有效措施。以顾客满意度（CS）来进行流程再造，以员工满意度（ES）来进行软件升级。顾客满意度是解决如何争取业务的问题，而员工满意度是解决如何把业务做好的问题。

顾客满意度已经被大家在口头上所接受，而真正要确认和实行必须靠流程再造来保证。员工满意度概念目前的接受面要小于顾客满意度，其实员工满意度和顾客满意度是有联系的，只有奉行员工满意度才能实现顾客满意度。实现员工满意度除了在观念上理解和接受外，更重要的是需要一个个具体的措施，世界上许多表面上看起来不重要的东西恰恰就是最重要的东西，就像一滴水可以反映出太阳的光辉一样，细节也可以反映出许多本质的东西。饭店管理也是同样，管理水平的高低可以从许多细节中看出来。细节虽然小，但是也必须用心计。没有敬业精神就不会有好的思路，就不会有令人拍案叫绝的细节出现。在英国流传着一首民谣“少了一个铁钉，丢了一只马掌；少了一只马掌，倒了一匹战马；倒了一匹战马，失去一场战役；失去一场战役，丢了一个国家”，说的是1485年理查三世在一场关键战役中因坐骑的一只马掌掉了一个铁钉而失蹄，从而战败并成为俘虏，失去了统治权，这是一个说明细节重要的典型例证。我们在自己的饭店中举目四望，到处都是值得注意的细节，到处是“百废”有待“俱兴”，到处都有文章可做，就以一句欢迎词来说，如果有英语当然是好的，然而如果有更多的文字就可以使更多的顾客能够看到自己的母语。我们喜欢上一个人，往往是从喜欢一个人的某个细节开始的。有的时候讲不出为什么喜欢的道理，是因为细节往往容易被人忽视。因此，抓两个满意度就要抓细节。

实现员工满意度要解决人格平等的思想基础。美国《财富》杂志根据“创新、财务合理性、员工才能、对公司资产的运用、长期投资价值、社会责任、管理质量、产品和服务质量”8项标准每年评出全美十大最受推崇企业。曾经几次名列第一、第二的通用电气（GE）和西南航空（Southwest Airlines）都是实践员工满意度的典型。美国西南航空公司历年的广告口号一直是“以爱构筑的航空公司”，该公司认为，“以爱为凝聚力的公司比靠畏惧维系的公司要稳固得多”。美国通用电气公司的大名在全球企业界中是如雷贯耳的，然而韦尔奇有个嗜好，不喜欢大家叫他老总。在通用公司，从上到下都直呼其名，大家绝无尊卑之分，互相之间关系融洽、亲切。公司最高首脑欢迎职工随时进入他的办公室反映情况，并对职工的来信来访进行妥善处理。公司还每年至少召开一次全员自由讨论会，职工在公司感到生活在大家庭中，心情非常舒畅。广大职工由于对企业的经营管理情况最了解，提出的见解往往具有价值，正所谓当局者迷、旁观者清。因此，著名的企业管理学者已经预言，未来的企业管理将以人格管理为核心。

人格是指人的心理素质、思维方式、个性特点和进取精神，人格特征表现为使命感和责任心、敏感性和创新意识、合作精神、有目标的行为强度，从而形成个人形象、对周围人的影响力和感召力。由于人格具有影响力和感召力，也就是通常所说的人格魅力，因此人格就成了有价值的力量。现在人们十分看重诚信，诚信当然也是人格的范畴，孔子说“人而无信，不知其可也”，孔子“每日三省吾身”中的第二省即是“为人谋而不忠乎？与人交而不信乎？”富兰克林除了最早讲时间就是金钱外，还讲了信誉就是金钱。大丈夫“一语既出驷马难追”式的一诺千金是企业家应有的素质。由美国市民评选出来的100家最受欢迎的公司中，有一家英格拉姆计算机批发公司，其董事长有一部专用的24小时畅通的800免费电话，欢迎员工随时与他沟通。美国联信公司董事长劳伦斯·博西迪除了每月给员工写信外，还要举行好几次早餐会，邀请的员工是计算机随机挑选的。微软的盖茨在公司的每次重大事件发生时都要用电子邮件与全体员工交流看法，并把总部召开的会议在网上直播。松下幸之助最喜欢在与员工的交谈中来获取灵感。人格魅力可以从一些数字来体现，韦尔奇能说出1000名高级管理人员的名字和职务，熟悉公司3000名经理的表现。美国CDW公司首席执行官每月要同25名员工共进午餐，每位员工会收到5个贴好邮票的信封，以鼓励员工提出意见。海外成功企业在强调人格平等的同时，还喜欢用能力强的人，希望下属的水平超过自己。

因此，正如我们儿时的游戏“蜜蜂叮瘌痢，瘌痢背洋枪，洋枪打老虎，老虎吃人，人吃鸡，鸡吃蜜蜂”，总之，“客人投诉，顾客满意，员工满意，人格尊重”也是循环有序的。

第三章　饭店目标市场

第一节　评价市场需求

一、当前饭店业需求

2002年中国旅游饭店业达到新的高峰。《2002年中国旅游业统计公报》显示，全国共有星级饭店8880家，比2001年末增加1522家。其他各类酒店也同样大幅增加，全国星级饭店的全年平均客房出租率达到60.15%，比2001年提高1.7个百分点；全国星级饭店营业收入总额914.43亿元，比2001年增长19.8%。

面对中国旅游业，一些海外酒店业集团开始扩大在中国市场的经营规模。在近100个国家和地区拥有3300家酒店、在中国已拥有41家酒店的洲际酒店集团有关负责人，在昆明参加中国国际旅游交易会时表示，洲际酒店集团其中的3个品牌：洲际酒店、皇冠假日酒店和假日旅馆，将进军中国主要旅游城市，在北京、上海、包头、长沙、天津、呼和浩特等地建立新的酒店，到2005年，集团在中国的酒店已增至80家。但这些数据是否能说明我国饭店市场的需求是无限的，只要进入该行业即可得利呢？营销学讲究，在进入某一市场之前，需先对其内部需求容量进行估计预测，不可盲目进入。

市场需求估计概述　市场需求估计是对市场未来商品的供需发展变化情况、相互关系以及各种影响因素的变化进行的估算。是在对市场需求情况进行调查研究并掌握市场信息的基础上，运用定性、定量的方法，研究市场运行的规律，对市场需求的未来发展过程做出判断、预见和陈述。市场需求预测是研究客观市场发展过程及其变动趋势的科学。市场需求预测是一种分析推断活动。企业活动的最终目的是获得很好的经济效益，估计市场需求是企业取得良好效益的必要前提之一。通过估计市场需求，企业能生产出顾客需要的产品，提供更多的顾客价值，从而取得优异的市场绩效。

饭店业市场需求预测　饭店的市场需求预测，是通过对顾客选择饭店的各种标准进行调查、了解、分析，深入挖掘顾客的各种需求，入住动机，从而推测饭店市场的需求量，以便更好地制定本饭店的营销计划，更快更多地占领需求市场。今后饭店的发展方向是模式做特、文化做深、市场做透、产品做精、服务做细、品牌做响。

任何一个行业都要避免生产过多的产品，为了所有的营销计划和预算能够建立在对潜在销售额的精确估计的基础之上，就要估计好饭店业行业的总销售额和市场份额。

(一) 饭店业行业总销售额预测

饭店行业总潜在市场就是在一定时期内，在既定的饭店市场营销努力水平情况下，行业的所有企业所能获得的最大销售量或销售额。常用公式(3-1) 来表示：

$$Q = n \times q \times p \tag{3-1}$$

式中：Q 为市场总潜在量

n 为一定条件下特定产品的市场购买者人数

q 为单个购买者平均购买量

p 为单位产品的平均价格

公式 (3-1) 中较难确定的参数是购买者人数。通常，我们先估计总群体，然后去掉不购买的人数，再去掉因某些原因如购买力等，不会购买此产品的人数，便得到潜在的购买者人数 n。

如：假定某一饭店在一个月内有 500 名顾客来入住，每个顾客入住 1 个标准房间，每个房间的平均价格为 500 元，那么这家饭店的市场总潜在量为

$$Q = 500 \times 1 \times 500$$
$$= 2500$$

注：计算市场总潜在量的方法有很多，在此仅供此法。

（二）市场份额

仅仅估计出总的市场潜在量是不够的，还要进一步了解企业在市场上的实际行业销售额。在通常情况下，行业贸易协会都会经常收集和公布总的行业销售额。每个企业都可以利用此资料估计出自己在本行业中的绩效。例如，如果某一饭店的销售额年增长率为5%，而整个行业的增长率为8%，那么就说明企业的市场占有率在下降。那么企业就要考虑怎样提高自己的市场占有率了。

市场占有率通常有二种方法计算，即：

$$\frac{\text{企业销售额}}{\text{市场总体销售额}} \times 100\%$$

$$\text{市场占有率} = \frac{\text{企业销售额}}{\text{竞争者销售额}} \times 100\%$$

注：市场份额除需考虑数量也应考虑市场份额的质量。市场份额的质量即市场份额的含金量，是市场份额能够给企业带来的利益总和。这部分的利益除了现金外，还包括无形资产增值所带来的收入。影响这部分收入的因素有两个，一是顾客的满意率，一是顾客的忠诚率。两个因素与之均成正比，即满意率和忠诚率越高，市场份额质量就越好。反之，市场份额质量就越差。

市场估计流程　市场估计是个复杂的系统工程，要使估计的结果更为科学、准确，就要有步骤地进行。市场预测的基本程序如图3－1所示：

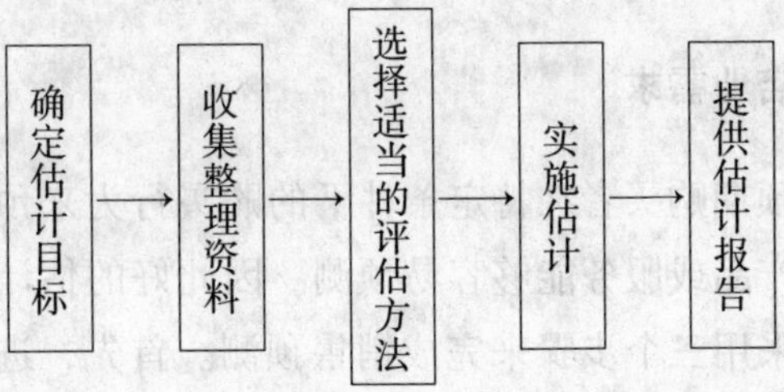

图3－1

1．确定估计目标

首先要明晰所要估计的是哪部分市场，做到有的放矢，它是前提，做好这项，才能进行下面的内容，我们在进行估计时要紧紧围绕当地当前的饭店业需求这个目标去进行。在这个大目标下，还要详细列出与饭店实际经营管理，现金出入有关的子目标，比如：顾客人数、消费金额、消费时间、主消费产品等。

2．收集整理资料

明晰目标后，要广泛地收集资料，预测结果与资料的多少和可靠程度密切相关，资料还具有针对性、真实性和可比性。资料收集后要对资料进行整理、分析。收集资料的方法有很多，可以通过报纸、杂志、电视、互联网等多种方式。

3．选择适当的估计方法

饭店业需求估计的方法有很多，各有利弊。在应用时应根据饭店具体的情况来选择。很多是利用数学模型来计算，计算机是个很好的帮手，可以帮助企业迅速得到结论。

4．实施估计

需求估计的方法有定性估计和定量估计两种。如是定性预测，就要在客观资料的基础之上，凭主观的认识和经验，进行逻辑推理；如果是定量估计，就要根据饭店业在营销环境中的各种因素、现象之间的相互关系等数据资料建立数学模型，通过计算来估计。

5．提供估计报告

撰写估计报告，供饭店营销决策人员使用。报告一定要确保真实、可靠。它是市场预测的结论和制定营销策略的基础。

二、未来饭店业需求

估计是通过预期购买者在特定条件下的购买行为来预测未来需求的一门科学。很少有产品或服务能够容易预测。因此好的估计成为企业成功的关键。企业经常采用三个步骤来完成销售预测。首先，进行环境预测，然后是行业预测，最后是企业的销售预测。

环境预测包括通货膨胀率、失业率、利率、消费支出与储蓄、企业投资、政府支出、净出口，以及其他与企业有关的环境因素。由此产生关于国内总产值的预测，并与其他因素一起用于行业需求预测。然后，在获得一定市场份额的假设条件下，企业准备自己的需求预测。下面介绍两种估计方法。

（一）消费者意图调查法

消费者意图调查法是通过对消费者的不同需求进行了解，获得其购买欲望的程度。

一些调查公司会针对消费者购买意图进行阶段性调查，他们会问下面这类问题：

表3-1　购买可能性量表

在未来6个月里，您打算购买一部汽车吗？										
0	0.1	0.2	0.3	0.4	0.5	0.6	0.7	0.8	0.9	1.0
没有可能	一点可能		一般的可能		较可能			很可能		确定

除此之外，还要询问消费者当前或未来的财务情况，对某种品牌的感情和信任程度，以及他们对未来经济的预期。以便进一步掌握消费者购买意图及转移方向，从而对生产和营销计划做出调整。

（二）专家评价法

专家包括很多，如经销商、分销商、供应商、营销咨询人员和贸易协会等。我们这里主要讲社会集体经验判断法，又称特尔斐法（Delphi Method），这种方法是美国兰德公司（Rand Corporation）于20世纪40年代末首创的。开始用于技术发展预测，以后逐步推广到其他预测领域。它是定性预测方法中最有效的方法，应用广泛。

德尔菲法的预测程序

1. 准备阶段

确定预测目标、准备背景资料、选定专家和设计调查咨询表等四方面的工作。确定目标包括确定总目标（或称预测主题）和细目标。细目标是为得出预测目标，需要专家们回答的一系列具体问题（或称预测事件）。这是预测最基础的一步。背景资料是向专家们提供的，与此目标有关的国内外资料，供专家参考。选好专家是德尔菲预测方法取得准确预测结果的关键一步。

选择专家应注意的问题：

首先，要具有广泛性。一般而言，要实行“三三制”。本企业、本部门的专家人数要占到1/3，与本企业、本部门有业务联系的，关系密切的行业专家的人数要占到1/3，社会上有影响的知名人士、对市场问题有研究的专家人数也占到1/3。

其次，参加预测的专家要自愿。在选择专家时应当了解他们的时间、精力是否允许，他们是否乐于参加此次预测活动，这样做可以有效避免专家意见回收率低的问题，能够保证预测的质量。

第三，选择的专家人数要适度。选择的专家人数不能过少，也不能过多。过少会缺乏代表性，过多则出现组织困难、成本上升等问题。一般来说，每次在10~50人之间为宜，重大的项目预测时可以超过100人。调查表的设计主要是调查内容本身，同时也须在调查表中说明预测目的和对象。关于设计调查表一般要注意几个问题：

第一，问题应十分明确，以免产生歧义误解；

第二，问题不应该过多，20个左右最好；

第三，应注明调查表寄回的时间。

2．征询阶段

在这个阶段要反复向专家征询预测意见。第一轮：向专家们分别寄出调查表和背景资料，请他们独立填写。在固定时间后收回，对其整理、归纳和分析。第二轮：把第一次归纳出的结论寄给专家，专家通过得出的结论再一次估计预测。再寄回给预测组织者，组织者再归纳分析，如此往复，直到预测的结果基本一致。

3．最后预测阶段

这个阶段的任务主要是对最后一轮的专家征询意见，进行统计归纳，得出最后的预测结果。

德尔斐法的特点

1．匿名性

参与预测的专家之间没有横向的联系，只是在已取得预测结果时，如有必要才组织专家们进行讨论。这样就有效地避免了在征询意见时受权威意见的影响。

2．反馈性

每次预测组织者都把归纳分析的结果反馈给每个专家。这样可以帮助专家拓展思路，并且集思广益，增强了预测的准确性。

3. 收敛性

经过不断反馈，每个专家的意见不断调整、修正，预测组织者也不断进行归纳分析。如此往复，得出的结果很有可能趋于收敛。

第二节 饭店市场细分

一、现代市场营销

（一）战略营销

战略源自军事应用，关乎军事活动中力量的总体部署。战略决定涉及了高级军事目标的确定以及如何部署军事力量来实现这一目标。军事战略和营销战略之间的类比最早是由桑德斯在1994年提出的。她在军事类比中找到一些暗示并应用于营销领域。比如，军事战略中提到，军队不应正面攻击一个强大的、防护严密的敌人，如果正面攻击，那么损失是惨重的，这时应当采取的策略是从侧翼包围或游击。相对于市场营销来说，如果本企业的竞争对手是一个规模大，在市场竞争中处于领导地位的企业，这家企业如果从正面攻击，采取与这个强大的企业相类似的营销组合，那么成功的几率是很小的。而开发一代新产品或一个一个攻下立基市场则是不错的选择。但需要注意的是，市场和战场是不同的，市场竞争是在法律规范下有序进行的，战争则可以不受任何现有规则制约，完全从肉体上消灭对方，直至灭亡敌国。比如，一个企业在某个市场的竞争对手在另一个市场可能是他的合作者，或是在另一个市场的供应商或是消费者。竞争的主要目的是获得有利的市场地位，并不是消灭竞争对手，而且对手永远是消灭不完的。

英国特许营销学会认为，营销是有效地确定、估计并满足消费者需求的管理过程。而贝克在他的1992年著作中认为，营销是“关于建立双方都满意的交换关系，在这种关系中，对于满意的评价很大程度上依赖于双方对交换的理解”。

（二）战略营销的特点

1. 强调长期联系

战略营销和战术营销一个很显著的区别就在于他们各自时间上的长短。由于战略营销决策需要长期的观察，外部商业环境的变化更有可能影响这样的决策。这也是为什么对商业环境的监控是战略营销计划的一个重要的组成原因。

2. 企业的投入

日常战术营销决策的制定通常不用参考更为广泛的公司活动。战略营销决策有着更为广阔的含义，所以需要有一个公司全局的观点。在制定战略营销决策时，要综合考虑企业的文化、公司的股东和企业的资源。

3. 不同产品/市场的角色变化

战略营销是着眼于一个公司的所有产品和市场组合，并通过管理这些组合来实现公司的全面目标的过程。这就要求公司在制定战略营销决策时不是对某一特定的产品或市场投资，而是将资源投入到产品或市场的组合中去。这样从全局入手，机会将更大些。

（三）知觉图

知觉图，也称为认知图，是消费者对某种产品、品牌、公司或者其他事物在两个或多个维度上认知的形象描绘。是消费者对某一系列产品或品牌的知觉和偏好的形象化表述。产品被描述成坐标轴上的一些点；两种产品之间的距离可以解释成他们之间心理的相似性。

人们寻求的利益可以用知觉图中的一个理想点来表示。一个消费者的理想点在图上的位置，就是其理想产品所应占据的地方。人们更愿意选择那些与自己的理想点位置接近的产品。

知觉图在品牌形象研究、市场定位研究等方面有着非常广泛的应用，一些公司的品牌、产品，都是基于知觉图原理而开发出来的。

假设对于饭店而言，饭店的设施和服务质量是消费者最看重的两大特点，则饭店 A 就处于最佳的位置上，而饭店 C 就处于劣势。需要注意的是，我们要为每个细分市场绘制一张单独的知觉图，而不是为整个市场画一张知觉图，可使比较评估分析得到进一步改善，因为每个细分市场觉察得到的产品和利益的相关性会有所不同，见图3－2。

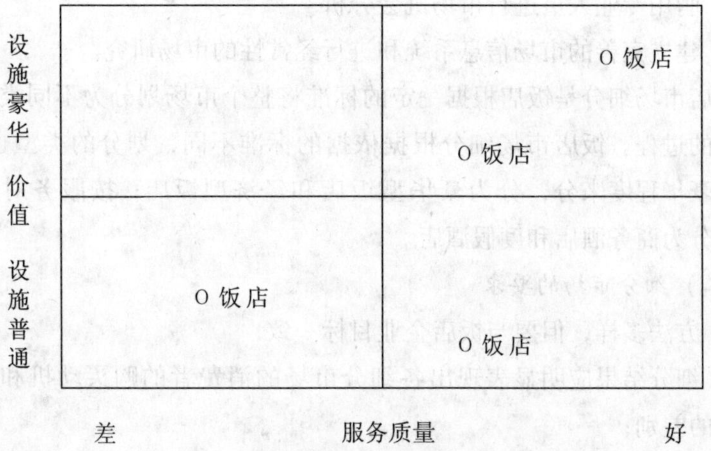

图3－2

二、细分市场的方法

（一）细分市场的概述

细分市场就是饭店市场营销管理人员根据旅游消费者对旅游产品需求的差异性，将旅游市场划分为若干具有不同需求特征的子市场的过程。在细分后的市场中，不同的市场之间顾客的需求特征表露出来，为饭店管理层决策做出准确依据。细分市场是分析旅游消费需求的一种手段，有利于企业寻找市场机会，市场客观存在着未被满足的或未被全部满足的消费需求，这些需求的存在便成为旅游企业的机会市场。通过细分市场，旅游企业可了解不同消费者群体的需求状况及满足程度，来迅速扩大市场占有率。细分市场可以帮助企业制定营销策略。企业从众多的细分市场中确定服务方向、产品战略等，及时顺应市场需求。

分析机会市场应注意以下事项：

1．最大范围地收集意见和建议。

2．从需求与供给关系中寻找和识别市场机会。

市场中存在许多的需求缺口。要在这些缺口中找到潜在的市场机会，发现和识别市场机会。

3. 从本饭店的相对优势中分析市场机会。

4. 聘用专业人员进行市场机会分析。

5. 建立完善的市场信息系统和进行经常性的市场研究。

饭店市场细分是饭店根据一定的标准将整个市场划分为不同类型的消费群体的过程。饭店市场细分根据依据的标准不同，划分的类型也不同。如，按豪华程度来分，分为豪华型饭店和经济型饭店；按服务对象来划分，可分为商务酒店和度假酒店。

（二）细分市场的要求

1. 方法多样，但要与饭店企业目标一致；

2. 细分结果应明显表现出各细分市场的消费者的购买动机和购买方式方面的差别；

3. 饭店根据细分市场之间的差别，采取必要的措施，调整营销因素组合。

（三）细分市场的程序

细分市场有助于集中人力、物力、财力资源，以较少和较合理的投入，取得较好的效益。营销工作做得好的公司，会竭尽全力去研究和理解其顾客的需求。他们研究顾客喜好什么和厌恶什么，观察顾客对待他们的产品和竞争者产品的态度。例如，比尔·马里奥特每年要亲自阅读8000封顾客来信的10%和75万份宾客意见卡的2%。理解顾客需求的细节，是制定市场营销策略的重要依据。因此应予以充分重视。以下是细分市场的程序：

1. 整体市场识别

整体市场识别就是在饭店进入市场之前，对庞大复杂的市场进行分析，选定产品和服务的市场范围。现在已不是产品营销时代，因此，饭店提供产品和服务的范围应当以顾客的需求而不是产品和服务本身的特性来决定。

2. 找出所选范围内所有的潜在消费者的全部需求

在选定产品市场范围的前提下，饭店企业可从人口、行为、地理等各种因素估计潜在消费者的需求。人的需求受多种因素的影响，性别、价值取向、生活地点等都会影响一个人。比如南方的人爱吃甜，北方的人爱吃咸。在饭店供给上就要予以考虑。

3. 分析可能存在的细分市场。

4. 暂时确定各个细分市场。依据以上划分市场并予以命名。

5. 进一步分析了解各个细分市场。深入细致地考察细分市场的特点，决定是否再细分或合并，仔细研究以适应不断变化的市场。

6. 评估各细分市场。此时市场细分已基本定型，接下来应估算各个细分市场潜在顾客的数量。这直接影响饭店企业的获利机会。

(四) 饭店市场细分的步骤

1. 选定饭店产品市场范围；

2. 列举潜在顾客的基本需求；

3. 分析潜在顾客的不同需求；

4. 排除潜在顾客的共同需求；

5. 划分相应细分市场群；

6. 进一步分析各细分市场的具体特点；

7. 暂时确定各细分市场。

(五) 细分市场的方法

1. 单变量细分法（一元细分法）

即选择那种影响最为显著的变量作为细分市场的唯一依据。如以饭店的豪华程度来分，可分为豪华型高档饭店和经济型饭店。目前这两个是投资热点。这里只把饭店消费群体的消费水平作为细分的依据。这种方法简单鲜明，但由于忽略其他变量，会影响细分质量。

饭店业在划分细分市场时采用许多变量，但是大部分变量可以分为四类：地理学或地理人口统计变量；人口统计变量；行为性统计变量；心理变量。在这里我们重点讲述行为性统计变量细分法。

行为性统计变量细分法 这种以行为为主要变量的细分方法主要建立在一系列行为学衡量标准的基础上，其中包括态度、知识、买主所寻求的利益、革新的愿望、忠诚度、使用率，以及对于某种产品的反应。

这当中，利益细分市场是最重要的，同时也是应用最为广泛的方法，它是猜测消费者购买某种产品希望获得的利益，以此为划分市场的基础。所以市场营销计划人员首先要设法衡量顾客的价值体系，以及顾客对特定产品各种品牌的感知程度。然后以搜集到的各种信息来制定相应的销售战略。利益细分有很多局限性：利益细分方法的最大困难在于选择强调哪些利益，特别是在消费品市场。当市场分析人员询问消费者，对一个特定的产品他们想要什么利益时，他们可能并不会提出什么新的产品利益信息。然而，如果分析消费者面临的问题，就可能获得新的视角。

利益细分的另一个困难在于这样一个事实：在我们获得关于消费者偏好的理解时，我们失去了对其社会人口特征的了解。因此，在市场分析时，营销者必须搜集更多的附加信息，以便能够用社会人口变量描述这些细分市场。

利益细分市场需要搜集第一手资料，成本较高。此外，需要采用复杂的多变量测量技术（如聚类分析）来识别不同的消费群体。

使用率市场细分法。这种方法是以顾客的状态作为划分市场的依据。如消费者是第一次使用本饭店产品还是经常使用，是从不购买本饭店产品还是潜在的有可能购买本饭店的产品。得出结果后，饭店就要使潜在的顾客成为实际的顾客，使不常购买的顾客变成经常购买的顾客。顾客的使用频率不同，其吸引的饭店类型也不同。比如，市场占有率高的饭店常常把潜在的顾客转化为实际顾客作为重点工作，而市场占有率低的饭店则侧重于竞争品牌的用户，并努力使他们改变品牌。

忠诚度市场细分法。这种方法是根据用户对某种品牌的忠诚度和深度来划分市场的。

2. 多变量细分法（综合变量细分法或交叉细分法）

即选择多个显著影响市场需求的变量作为细分市场的依据。

表 3－2　影响市场细分的变量表

地理变量	城市、农村
年龄变量	20～30，30～40，40～50，60 岁以上
性别变量	男、女
收入变量	高、中、低
学历变量	大专、本科、硕士及以上

多变量细分法就是将上述因素综合考虑，即：年龄＋性别＋收入＋教育＋地理。与单变量细分法相比，存在可以准确细分市场但费时费力的特

点。多变量细分法就要综合考虑一下因素，按影响程度予以权重，再将市场细分。

3．系列变量细分法

即将与旅游者需求差异相关的因素按照由大到小、由粗到细的顺序对一定的旅游产品进行系列细分的方法。此方法对于旅游者需求差异较大、竞争又较激烈的旅游市场细分较合适。要把握好各变量之间内涵的从属关系。如果一家饭店没有把需求差异相关的变量关系搞清楚，事情就会变得很糟糕。如果是把几个并列的因素当成系列变量来划分市场，就如同是用单变量来划分市场。而如果是把纵向的非从属关系的变量当作是系列变量来划分，那么就如同用多变量的方法来细分市场。而且有可能比用多变量细分法更糟糕。

4．顾客盈利能力细分法

这种方法是细分市场方法的一次重大突破，前面三种都是依据一定的变量来细分，而这种方法则是根据现金流来划分市场。衡量顾客盈利能力的指标是顾客终身价值。所谓顾客终身价值是指顾客作为企业顾客的周期内为企业利润的贡献的折现总和。影响顾客终身价值最重要的两个因素是计算周期和贴现率。一般而言，在贴现率不变的情况下，顾客成为企业顾客的周期越长，那么纳入计算的顾客价值就越多，顾客的终身价值就越大；周期在一定的情况下，贴现率越高，未来的收益就越不值钱，则顾客终身价值就越小。

顾客终身价值的计算需结合以下内容：

- 顾客作为企业顾客的时间周期
- 企业的贴现率（因为未来的收益要折现）
- 每个时间周期内顾客购买某产品品类的频数
- 顾客购买该企业产品的平均贡献
- 顾客购买该企业某产品的概率
- 其他的一些信息

第三节 消费市场细分

一、消费市场细分案例

在介绍完市场细分的方法后，在这里我们就应用上面介绍的方法设计消费者细分市场轮廓。先来看一下下面的表格：

表 3－3 目标细分市场的选择

选择标准	细分市场 1	细分市场 2	细分市场 3	细分市场 4
规模				
增长				
竞争力				
能力相容性				
任务相容性				

每个细分市场都可以根据每一个标准排列出等级。例如，细分市场 4 可能是规模最大的（等级 1），增长最慢的（等级 4），竞争力是倒数第二的（等级 3），和公司的能力最具相容性的（等级 1），和公司的任务相容性居于第二位的（等级 2）。这就产生了一个为 1＋4＋2＋1＋2＝10 的“等级之和”。细分市场的等级之和可以作为细分市场的吸引力的初始指标。具有最低等级之和的细分市场的吸引力最大。

下面我们举例来说明消费者细分的方法、步骤。

假设张先生欲投资一家饭店，选址在一个著名景区附近，依靠景区客观的客流量，张先生的生意十分红火，日进斗金。在这里我们可以看出，张先生在划分市场时用的是我们上面讲述的第一种细分方法，即单变量细分法。只是考虑了饭店的位置，根据游客数量作为依据。这种方法在竞争不激烈的市场中是可行的。然而事实上，现实的市场竞争是很激烈的。

随后，许多人也看好这里，纷纷在这里投资建饭店。张先生的顾客顿时被抢走大半。而此时，景区为了进一步吸引游客，又开发建设了温泉。这里进而成为一个旅游度假区。于是又出现了一个新的市场需求。张先生在分析了各个细分市场，发现来此泡温泉的游客规模不小，而且日渐增多，并且由于是新开发的温泉旅游，建设温泉度假屋的投资商不多，竞争相对来说也不是很激烈。张先生决定进入这个细分市场，抢夺众多游客中来此洗温泉的那部分客人。张先生就如我们上面所说的那样，从需求与供给关系中寻找和识别市场机会。找到了尚未满足的度假人士的需求缺口。张先生要在这些缺口中找到潜在的市场机会，发现并识别到市场机会。采取行动，转型成一个度假酒店。

按照细分方法中的顾客盈利能力细分法，张先生开始考虑自己的顾客盈利能力。

首先，来此洗温泉的多是中老年群体，其中，老年群体的顾客作为企业顾客的时间周期已经不多。因此，张先生决定拓展服务范围，来吸引年轻的消费群体。

其次，张先生考虑每个时间周期内顾客购买其产品的频数。来此度假的游客必定不能十分频繁。为此，张先生推出年卡，一年内来酒店入住 30 天者予以优惠。以此来增加顾客的购买频数。

下一个问题，顾客购买该企业产品的平均贡献。在这个问题上，张先生加强了酒店的装潢设计，提升酒店档次，提供高档的配套设施。如豪华套房、棋牌室、KTV 等。拉动顾客的消费水平。

通过一系列的措施，张先生成功了，又迎来了大批的游客。一个饭店不可能覆盖其市场的每一个区隔，但它可以在自己的强项与竞争对手的弱项上找到自己的立基市场。比如，为了吸引商务旅游者，速 8 饭店设计了一个自己的消费者细分轮廓，找到商务旅游者这个细分市场，并相应设立一个加工员（Work Processors）项目，其举措是为顾客提供其他廉价饭店所没有提供的设施与服务。包括：免费使用传真机（每客房每夜免费接收或发送 10 页传真文件）、免费协助准备文件，过夜的信件与包裹 24 小时协助寻找文秘。公司提供商务旅游者办公设备只是增加少量的一般管理费用，却可从全面服务的饭店引走商务旅游者。同样，阿拉斯加伯明翰的山泉宾馆（Mountain Brooks Inn）只是在客房里新增了化妆镜、洗涤灵、电熨斗、熨衣板和吹风机，以吸引越来越多的女性旅游者。速 8 饭店与山泉宾馆只用很低的成本，就增加了它们攫取某一特定市场的能力。企业只要找到市场客观存在的未被满足的或未被全部满足的消费需求，设计出消费者细分轮廓，稍作改善就可以获得巨大的利润。

二、消费市场细分的影响因素

任何营销计划的核心部分都是对可进入的细分市场进行分析，并选择正确的目标市场。并非所有的细分市场对接待业都是合适的，对于饭店业来讲主要受以下因素的影响。见表3-4：

表3-4

外部因素		自身因素	
区位	城市　农村等	公司现状	饭店规模　接待能力　服务水平等
人口	人口密度等		
心理	生活方式　性格等	公司目标	目标群体等
行为	偏好程度　行为特征等		

（一）有效细分饭店消费市场应遵循的原则

1. 差异性

在购买与消费上个人有很大的差异性。准确找出细分饭店消费市场的差异性是做好细分的前提和基础。

2. 可衡量性

可衡量性即细分市场的规模及购买力可衡量程度的高低。可以依此明晰市场范围大小，判断企业的盈利性。

3. 可接近性

是指企业的营销活动对顾客所能发生的影响。顾客能够在其范围内得知企业的营销活动，可接近性是判断企业营销活动的可行性。

4. 效益性

市场的细分并不是越细越好，越小越好。如果细分市场的容量不足以使企业保证一定的经济利益，则不应细分。

5. 稳定性

市场应具有一定的稳定性，如果变动过快，那么前期投入的成本就过高。造成营销资源分配重新调整的损失。

(二) 细分市场的数量

我们在强调市场细分过程的同时，也要避免将市场过度狭窄地分割。西方国家有些企业曾实行“超细分战略”，许多市场被过度的细分，导致产品不断增加，影响了销售数量和利润，于是又出现一种被称为“反细分”的战略。

我们强调，市场细分一定要有度，那么企业到底应该选择多少细分市场并对其实施不同的营销计划呢？这在一定程度上取决于企业规模。但并非绝对如此，大型企业也很难在多个目标市场上同时取得优势。很大的一个难题在于，当企业试图利用一种产品或一种品牌来满足两个或两个以上的目标市场时，可能造成公司形象的冲突。致使企业对外沟通不便，以及在顾客心目中缺乏清晰的定位。最好的解决办法是将产品线延伸或产品的更新换代。如果可能，开发一个全新的品牌。

美国假日集团继旅游业“巨子”希尔顿和喜莱登之后推出，之所以能在日益激烈的竞争中站稳脚跟并一跃成为最大的旅游企业集团，就在于其创始人凯芒斯·威尔逊（Kemmons Wilson）以大众化的汽车旅馆作为目标市场。

第四节 选择饭店目标市场

一、细分市场的评估

在整体消费市场内，企业先要发掘出潜在的市场，再找出有效的市场，在有效的市场内，消费者对该市场内的特定供应品感兴趣，并且具有购买力和渠道。

（一）评估细分市场的因素

在市场营销活动中，并不是所有的细分市场都是企业希望并能够进入的。企业目标固定，资源和能力有限，所以企业的营销活动会在一定范围内挑选评估出自己的目标市场。评估细分市场应考虑以下因素：

1. 细分市场规模和增长率

企业必须有能力预测和把握细分市场的规模和前景。在决定进入某个细分市场前，企业要提出的首要问题是：潜在的细分市场是否具备适度规模和发展前景。“适度”规模是个相对概念。一般而言，大公司一般重视销售量大的细分市场，避免进入销售量小的细分市场。因为需要太多的资源投入，小公司则避免进入规模较大的细分市场。企业应首先收集并分析各类细分市场的现行销售量、增长率和预期利润量，特别要关注有适当规模和增长潜力的市场。适当的规模和增长程度并不是一个绝对量。企业不应只把眼光放在那些销售量大、增长率和利润额高的市场板块，以免引起聚众效应。

2. 细分市场结构吸引力

有些细分市场虽然具备了企业所期望的规模和发展前景，但企业也未必能如期达到自己的目的。关键是可能受到来自五个方面的威胁：细分市场内竞争对手的威胁、新的竞争加入者的威胁、替代产品的威胁、购买者议价能力提高形成的威胁和供应商议价能力提高形成的威胁。细分市场结构的吸引力是其在利润方面的吸引力。如果一个细分市场内已经存在很多竞争者，那么无疑，它的吸引力就会下降。尤其当前市场情况为供大于求，买方占主导地位，继续竞争很可能导致价格战。

3. 企业营销目标与资源

在考虑评估细分市场时应从内外两个方面进行。就算外部的细分市场有很大的规模和很强的增长率，并且其吸引力也很强，如果不符合本企业自身的发展目标就要放弃。同时进入任何细分市场企业都需要一定的资源。如果公司缺乏这些必备的条件，就应该放弃这些细分市场。公司即使具备了必要的条件，也还需要认真考虑是否具有独特优势：只有当企业能够提供具有高价值的产品和服务时，它才可以进入这个细分市场。应当内外结合来看待细分市场。

（二）判断目标市场的标准

判断细分市场是否可以作为目标市场应遵循以下标准：

1. 有足够的销售量，即一定要有尚未满足的现实需求与潜在需求。

理想的目标市场应具有可观的潜在需求量和购买量，要看好市场未来发展的潜力。下面附我国星级饭店规模及经营状况统计表，供读者参考。

附：2001 年我国星级饭店规模及经营状况

	饭店数（家）	客房数（万间）	床位数（万张）	营业收入（亿元）	客房出租率（%）
合计	7358	81.63	153.31	763.32	58.45
按经济类型划分					
国有经济	4339	42.83	84.93	316.98	55.13
集体经济	790	6.38	11.77	42.19	59.25
股份合作企业	115	4.24	5.81	15.96	60.71
联营企业	97	1.02	1.93	10.85	57.44
有限责任公司	477	5	9.19	48.81	62.38
股份有限公司	276	3.84	6.98	46.14	64.73
私营企业	351	2.77	5.37	12.83	56.52
其他内资企业	321	2.95	5.54	20.68	59.42
港澳台商投资企业	324	6.78	11.7	135.91	64.65
外商投资企业	268	5.82	10.07	112.96	64.15
按规模划分					
客房数在 500 间以上	94	12.63	19.12	119.94	66.98
客房数在 300~499 间	283	10.27	17.88	148.66	63.64
客房数在 200~299 间	560	13.42	24.85	144.02	60.97
客房数在 100－199 间	1917	26.38	52.35	198.25	59.61
客房数在 99 间以下	4504	18.92	39.1	152.46	51.74
按饭店星级划分					
五星级	129	5.03	7.77	149.66	65.12
四星级	441	10.61	19.13	180.61	64.96
三星级	2287	32.74	60.56	282.96	60.34
二星级	3748	29.47	58.17	140.12	53.35
一星级	753	3.77	7.68	9.97	46.33

2. 企业自身的资源能够满足目标市场的需求。企业是否拥有很好的资源，如低廉的价格，方便的区位，美味佳肴，及时的佣金支付，公司折

扣项目或胜任的员工。

3. 企业有能力在未来的竞争中获得优势。一家饮料公司对饮料市场进行了一项大规模的细分市场研究，希望能够发现未得到满足的市场需求，并开发出几种新型的饮料产品。经过调查发现，大量的顾客希望获得更具刺激性、令人兴奋的饮料，而市场上现有的饮料产品不能完全满足这种需求。然而，这家公司并没有做出开发一种更具刺激性饮料的决策，因为公司很清楚地知道，如果开发该产品，将得不到任何利益。因为这将引起与可口可乐和百事可乐的竞争。

二、市场盈利二八律

帕累托定律

如果将人力、财力、时间、精力，用于对饭店而言最重要的20%的消费者，这优先的20%会销售饭店80%的产品，从而形成饭店利润的80%，这种排定优先和朝向明确目标迈进的能力，对领导者的成功是至关重要的。

这就是有名的帕累托原则，或20/80原则。20/80原则代表一个人或组织花费时间、精力、金钱和人事在最重要的优先顺序上。结果是生产力的四倍回报帕累托原则的例证。

时间：我们20%的时间会产生成果的80%

咨商：20%的人花了我们时间的80%

产品：产品的20%带来利润的80%

阅读：20%的书篇幅包括了内容的80%

工作：20%的工作给我们80%的满意

演讲：20%的演讲产生影响的80%

捐赠：20%的人捐出金钱的80%

领导：20%的人做出80%的决定

同样，20%的顾客给企业带来80%的利润，80%的企业经营利润来自于20%的顾客。所以，我们只要抓住这能给企业带来盈利的20%的顾客就足够了。

表 3-5

所处阶层	富裕阶层	小康阶层	温饱阶层
生活状况	消费高档化	追求舒适消费	满足基本需求
职业	主要为私营业主	主要为城市白领	中小城市的工作者
年收入	30 万元以上	10 万元以上	1 万元以上
恩格尔系数	30% 以下	40%~50%	50%~60%

不同的消费者所能给企业带来的利益是不同的，企业应明晰自身的资源与目标。找出能够为本企业带来利润的消费群体，针对特定的群体制定营销计划。目前，对于我国饭店业来讲，消费群体集中在富裕层和小康阶层。因此，饭店企业可以考虑优先采用豪华型或经济型饭店模式。

下面让我们来看一下不同消费者的购买风格：

买卖促成者　这类人群喜欢购物过程。该类人群受过良好的教育，年龄多为 32 岁上下，中等富裕程度的就业人员。买卖促成者在所有消费者中占 29%。

价格追求者　这类人群重视的是价格。退休人员居多，受教育程度较低，中等富裕程度。价格追求者在所有消费者中占的比例为 27%。对于这种类型的消费者，需考虑成本，饭店设计不要过于豪华，简洁为宜，除去一些不必要的免费供给，以此来压缩成本，降低价格。这样，才会把这部分价格追求者吸引过来。

品牌忠诚者　这类人群认为品牌是最重要的。该群体消费能力最弱，多为男性，年龄大概在 36 岁左右，受过中等教育程度的就业人员。占所有消费者的 23%。想要在这种类型的消费者中占有市场，就要在一开始树立品牌，使顾客想住店时头脑中首先想到本酒店。并且推出各种会员制度，使其享受优于别人的服务，增强其对品牌的忠诚。

奢华求新者　这类人群追求名牌和新奇的东西。最为富有，受教育程度也是最高的，同样也多为男性，年龄在 32 岁上下占消费者的 21%。像这类的消费者，就要为其提供豪华的总统套房，提供 VIP 服务以及各种新颖别致的套房和娱乐。这类人群不会讲价钱，所以，只要饭店提供的产品足够好，盈利不是问题。

我们来看下面的一个例子：

泰国的东方饭店堪称亚洲饭店之最，几乎天天客满，不提前一个月预定是很难有入住机会的，而且客人大都来自西方发达国家。泰国在亚洲算不上特别发达，但为什么会有如此诱人的饭店呢？因为东方饭店紧紧抓住了商旅顾客这个市场，并做足工夫，因为东方饭店清楚，作为不是很发达的亚洲饭店，最能给自己带来利润的就是那些商旅客人。而商旅客人不同于其他类型的游客，他们的入住频率会高些。那么就要在争取新顾客的同时，尽力保留老顾客。

他们是怎样留住老客户的呢？

于先生因公务经常出差泰国，并下榻在东方饭店，第一次入住时良好的饭店环境和服务就给他留下了深刻的印象，当他第二次入住时几个细节更使他对饭店的好感迅速升级。

那天早上，在他走出房门准备去餐厅的时候，楼层服务生恭敬地问道："于先生是要用早餐吗？"于先生很奇怪，反问："你怎么知道我姓于？"服务生说："我们饭店规定，晚上要背熟所有客人的姓名。"这令于先生大吃一惊，因为他频繁往返于世界各地，入住过无数高级酒店，但这种情况还是第一次碰到。

于先生高兴地乘电梯下到餐厅所在的楼层，刚刚走出电梯门，餐厅的服务生就说："于先生，里面请"，于先生更加疑惑，因为服务生并没有看到他的房卡，就问："你知道我姓于？"服务生答："上面的电话刚刚下来，说您已经下楼了。"如此高的效率让于先生再次大吃一惊。

后来，由于业务调整的原因，于先生有三年时间没有再到泰国去，在于先生生日的时候突然收到了一封东方饭店发来的生日贺卡，里面还附了一封短信，内容是：亲爱的于先生，您已经有三年没有来过我们这里了，我们全体人员都非常想念您，希望能再次见到您。今天是您的生日，祝您生日愉快。于先生当时激动得热泪盈眶，发誓如果再去泰国，绝对不会到任何其他的饭店，一定要住在东方，而且要说服所有的朋友也像他一样选择东方饭店。于先生看了一下信封，上面贴着一枚 6 铢的邮票。6 铢就这样留住了一个顾客。

东方饭店非常重视培养忠实的客户，使客户入住后可以得到无微不至的人性化服务，迄今为止，世界各国约20万人曾经入住过那里，用东方饭店的话说，只要每年有1/10的老顾客光顾饭店就会永远客满。这就是东方饭店成功的秘诀。

当然，饭店需要先审度自身的资源条件，看看能为哪种类型的消费者提供服务，是属于豪华饭店还是经济型饭店，是为奢华求新者服务还是为价格追求者服务。只有了解了自身条件，找准属于自己的消费群体，饭店才能得以长久发展。

三、饭店目标市场的确定

（一）目标市场的概述

目标市场是指旅游企业在市场细分的基础上，进行营销活动所要满足的市场需求。

饭店的目标市场：饭店用其产品与服务来充分满足一组或几组特定的消费者群体。在当代市场，个性化需求越来越强烈，所以今后饭店的发展也是要针对目标市场提供个性化服务。马里奥特饭店是以接待商务、娱乐和团队旅游者为主的高档饭店。但在今天，除马里奥特饭店外，目前尚有马里奥特套房、马里奥特公馆、马里奥特庭院饭店、静土客栈。每个品牌只服务某个细小的市场区隔，假日集团的所有品牌都是定位在中级市场，并采用统一的国际识别策略，但它的各个不同的饭店为不同的市场区隔提供不同的服务与产品。

（二）选择目标市场的流程

目标市场的选择分以下几步，如图3－3：

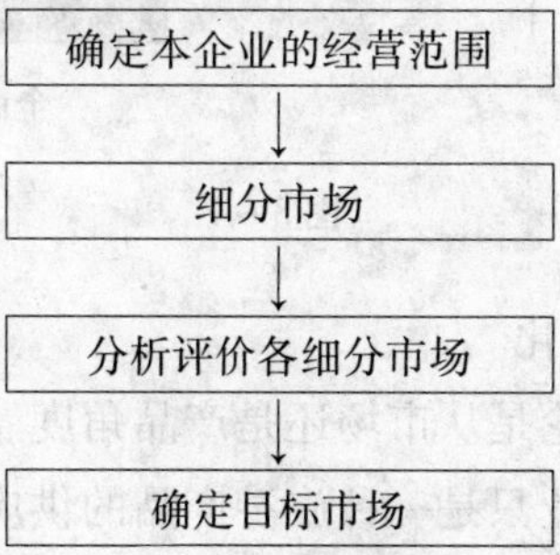

图3－3

目标市场的范围选择策略即集中化策略。集中化策略包括产品—市场集中化、产品专业化、市场专业化、选择性专业化，此外还有全面覆盖策略。以下会一一分析。集中化策略需满足以下几点要求：

1. 定位于细分市场的竞争者很难满足目标小市场的专业和特殊需求，如果满足这个市场的专业化需求的话，其代价往往极其昂贵；

2. 在相同的细化市场中，其他竞争对手不打算实行重点集中化战略；

3. 一家公司没有足够的资源和能力进入整个市场中更多的细分市场；

4. 行业中各细分市场在规模、成长率、获利能力方面存在很大差异，从而一个集中型的竞争者能够选择与自己的强势和能力相符的有吸引力的目标小市场。

（三）目标市场的范围选择策略

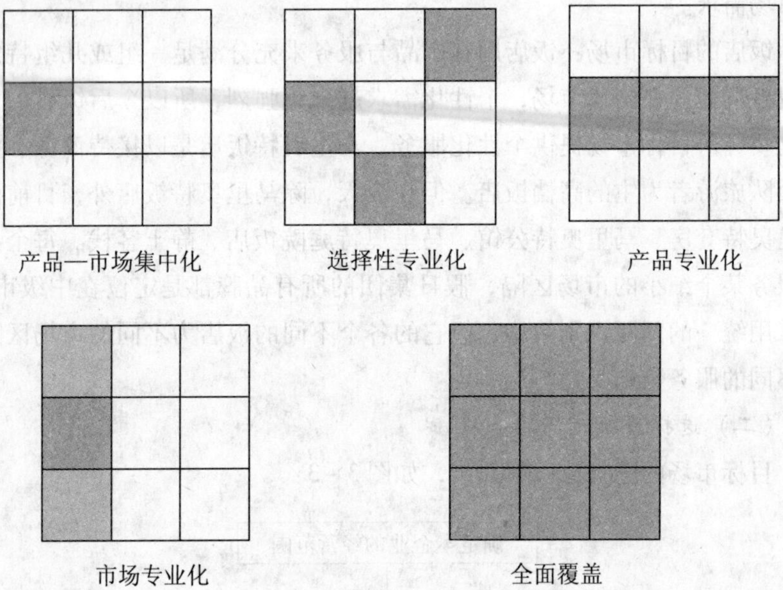

图3－4

1. 产品—市场集中化

企业的目标市场无论是从市场还是产品角度看，都集中于一个细分市场。这种策略意味着企业只是一种旅游产品的供应者。小型企业多采用这种策略选择目标市场。这种战略是指企业或事业部的经营活动集中于某一特定的购买者集团或产品线的某一部分或某一地域市场的战略。这种战略是围绕更好地为某一特定目标市场服务而建立的，而不是将力量均匀地投入整个市场。

2. 产品专业化

企业向各类消费者同时供应某种产品。但不是单纯的一种产品，根据不同的消费群，产品在档次、质量等方面会有所不同。该战略的前提是企业业务的专业化，便能以更高的效率、更好的效果为某一细分市场即特定的顾客群服务，从而超过在更广阔市场上的竞争对手。

3. 市场专业化

企业向同一消费群提供性能有所区别的同类产品。集中化是经营智慧的突出体现。企业无论大小强弱，能力、财力和精力都是有限的，在经济全球化和竞争激烈的形势下，为了向客户提供值价比（即价值与价格之比）较高的产品和服务，必须在各个方面善于集中、善于巩固和发展相对优势，才能站稳脚跟。集中永远意味着某种程度的舍弃，舍弃不重要的东西是成功的一个决定性的前提。

4. 选择性专业化

即企业根据不同的细分市场的吸引力选择几个进入。这种策略适合那种比较大的饭店集团，有能力划分不同的市场并选择进入。

5. 全面覆盖

即企业进入各个细分市场，当然其产品也各不相同。

有些企业简单地将走出原有地域或产品范围理解为市场细分。有些企业认为从产品单一到做更多的产品就是做细分市场。事实上，这些企业绝大部分的努力都是简单地跳出现有的“圈子”，或者是区域的圈子，或者是产品的圈子，去覆盖更大的区域，去满足更多的消费者，而不是为自己原有的区域，原有的消费者提供更多，更直接，更有针对性的选择。是外延扩展，而不是内涵开发；是进一步发散，而不是聚焦。

中国现在市场细分出现的问题就是忽视相关营销工作的创新。即使是在原有目标顾客分化的基础上进入细分市场，也意味着服务于新的顾客群体。而服务于不同顾客需要不同的销售渠道、不同的销售方式和不同的促销方式。

所有这些，都要求企业从零做起，重新打拼。甚至从某种意义上说，等于重建一个企业：面对需求更高的消费者，研发和推出更有价值的产品，开发覆盖新的消费群体的销售渠道，重新培育市场基础，使企业选择的目标市场能够发展壮大，为企业创造更大的利润。

（四）赢得竞争优势的市场定位

仅仅确定和选择目标细分市场是不够的，企业还要向目标市场中的顾客说明，本企业能给其带来其他企业不能带来的利益，也就是说顾客选择本企业而非其他企业的理由。这个问题是定位的实质。

定位是营销策划过程的一个基本要素，因为关于定位的任何决策都会直接影响到整个营销组合，影响到包括价格、分销方式、广告风格等一系列企业活动。对于相关市场已经确定了特定的定位战略和形象的企业，可以通过在新市场或新产品中采用相同的方法就可能取得相同的利益。而对于那些还没有在相关市场确定特定定位战略和企业形象的企业，定位便成了一件十分复杂和困难的问题。如果这种企业效仿其他企业，实行同样的定位战略，那么该市场内的竞争将大大加强。所以，营销者要按照市场实际差异来认真制定策略，企业必须确定自身具有可以吸引目标市场并有效传达信息的竞争优势。

德国汽车生产商梅赛德斯，其目标定在高消费顾客群，为这些顾客提供价格昂贵的，但同时设计精良、信誉卓著的汽车。韩国汽车生产商大宇的目标顾客则是那些对价格敏感的顾客，为其提供物美价廉的汽车。这两家生产商的目标定在不同的细分市场中，在市场中占据着不同的位置，所以也无从谈起彼此之间的竞争。而梅赛德斯和宝马及美洲虎这样的品牌之间就存在着严重的竞争关系。同样，那些汽车配件的供应商也存在这样的情况。为梅赛德斯和宝马、美洲虎这样的汽车公司提供配件的供应商要注意的是保持良好的质量和信誉，而为大宇这样的汽车公司要更注意配件的成本问题。而这两个汽车配件公司并不存在着竞争。需要注意的是，为梅赛德斯汽车公司提供配件的供应商同样也要考虑成本问题。

定位需要关注的主要问题包括：

1 从消费者的观点看，最重要的区别特征或利益是什么？

2. 根据这些特征或利益，主要竞争品牌在消费者心目中的定位是什么？

3．依据我们的品牌优势和劣势，以及竞争品牌已经存在的定位，采用何种定位是最佳的？

4．为实现这种定位，最合适的营销计划是什么？

并非所有的品牌或产品差别对消费者是有意义的。差别化对消费者来说应该是“独特的”和“重要的”，是“持续的”、“可沟通的”、“可提供的”。

（五）市场定位流程

1．确定企业或品牌的潜在竞争优势

波特在1985年讨论潜在的竞争优势时指出：竞争优势是从公司能够为它的产品购买者创造的价值高于公司生产这些产品的成本价值中成长起来的。价值就是购买者愿意支付金钱购买的东西，竞争优势来自于能以比竞争对手低的价格提供同样的利益，或只来自于能够提供抵消高价格的更大的利益。

2．确定着重强调的因素

因素有很多，包括企业的目标和资源、对风险的管理态度、市场的结构、竞争者的战略以及企业在市场中的位置。其中企业在市场中的位置是最重要的，它对战略的影响至关重要，一般来讲，竞争位置可分为：市场领导者（这种公司拥有最大的市场份额，并依靠其价格、广告强度、分销覆盖、技术领先和新产品导入速率确定竞争的性质、步伐和基础）、市场挑战者和跟踪者（这种公司市场份额稍微小一些，他们可以攻击也可以跟随保持现状）、市场立基者（这种公司的份额很小，他们在那些规模和潜在价值都很有限的市场部分进行专业化发展）。各个公司要根据自己的规模实力选择自己的位置。

3．实施定位理念

当那些能够带来最大发展潜力的竞争优势确定后。定位过程的最后一步就是要向市场传达这一信息。如果企业已经确定了潜在的、有价值的竞争优势，但是却未能有效的将这些优势传达出去，实施定位理念，就可能导致以下几种错误：一种情况是引起定位混乱，顾客无法确定企业的主张；二是定位过度，顾客认为企业的产品过于昂贵，并且无法全面地认识产品；三是定位不足，信息过于模糊，顾客没有能够真正理解企业的理念。对于这三种情况，企业可以根据属性、价格/品质、竞争者、用途、用户、产品种类六种依据来定位。沟通是很重要的，公司要适时适度地和外界沟通。所选择的定位方式应满足一系列条件：

• 营销者对品牌或公司目前在消费者心目中的定位应有很好的理解。这可通过品牌形象研究获得。

• 应了解竞争品牌目前的定位，特别是那些直接竞争的品牌。对于多属性的产品，可采用知觉图技术获得。

• 应有足够的、令人信服的证据来证明所选择的定位。

• 评估预期定位的可获利性。

• 仔细核实，品牌是否需要采用个性化的方式来达到消费者心目中的定位。

• 评估定位的抗攻击性。企业是否有资源来占据并防守这种定位。

• 确保定位与其他营销组合具有一致性，如价格、渠道、包装、服务等。

要想选择有效的市场定位，营销者必须确定当前竞争者的市场结构和地位，还要确定重新定位的新品牌或现有品牌的那些可能存在的营销机会的领域。同时，我们应当注意到，不同的定位战略会因不同的企业而不同。那些处于市场领导者的企业和处于市场跟随者、挑战者的定位战略是不同的。因为小公司要避免过于接近市场领导者的定位，不然代价必然很大。如果小公司能够在市场中确立自己的地位，并且开发自己的顾客基础，则是很好的定位。

案例：

为每家宾馆锁定独特的目标顾客群

勒瑞蒙特基连锁饭店在西好莱坞－贝弗利山地区拥有8家豪华的全套房宾馆，此外，在圣芭芭拉地区也有一家分店。

这9家宾馆开业之时，正值1984年夏季奥运会在洛杉矶举行，因此，其中的大多数顾客都是前来观摩奥运会的大量旅行者。但是随后，由于普遍的地区暴力、恐怖主义的威胁以及对地震的惧怕，预期中大规模的奥运会观摩客流并未出现。不论是在比赛期间或是在比赛结束之后，连锁饭店大发一笔横财的愿望都未能实现。

同时，洛杉矶也陷于已经失控的暴力冲突中，从而严重影响了西部宾馆的入住水平。而且，还不仅仅是环境与自然的力量对生意起到了消极的影响，这9家姊妹宾馆之间为了生存，相互之间还展开了竞争。

为了防止预计收入出现更进一步的减少，必须要采取一些措施，而且要尽快行动。SMART公司被选中参与这一过程，以摆脱混乱的状况，恢复正常的秩序。而勒瑞蒙特基连锁饭店则将被证明是SMART所倡导的目标营销原则的一个有意义的试点。

SMART公司很快就得出结论，要制止这样一个目标市场当中的内部纷争，最好的办法就是对这9家宾馆进行重组，使它们成为一个单一、特殊且非常具有排他性的目标市场。这样做可以迅速制止在奥运会闭幕以后长期折磨这一连锁店的资源重复浪费。

以下是SMART公司对各宾馆客流的重新分配：

1. 为蒙德里安宾馆锁定了摇滚音乐界；

2. 派克宾馆的目标是蓝调音乐、舞蹈、拉丁以及说唱音乐艺术家；

3. 列维宾馆与杜菲宾馆，由于它们接近洛杉矶设计展览中心，所以定位为针对时装设计与内部装饰行业；

4. 同名的勒瑞蒙特基宾馆，目标顾客为世纪城的“法律界雄鹰”以及财务旅行者，他们比较偏好贝弗利山区；

5. 贝尔艾吉宾馆则被定位为针对广告制作认识及其名列《财富》500强的客户；

6. 瓦拉东宾馆的目标是那些不为预算担忧的旅行者，他们来到贝弗利山区，更多的是为了消遣而非商务；

7. 泽扎尼宾馆定位为音乐与动画技术专业人员与管理人员的长住地；

8. 毗邻旗舰宾馆的小勒瑞蒙特基宾馆，则是接受了外科手术或是其他渗透性治疗的顾客们的理想康复场所；

9. 位于圣芭芭拉的埃斯科里尔宾馆，则可以为其他8家宾馆的客人们提供一个理想的周末隐居之地，且不论这些客人们最初是因为何种商务目的而来到洛杉矶的。

就上面所描述的目标市场而言，广告制作人员肯定是最难接近的。他们毕竟是“同道中人”，因此大概对那些措辞巧妙的语句以及那些极具说服力的意象具有免疫能力，或者至少是接受过接种预防的。此外，由于我们的目标顾客中的大多数人都是大规模营销的实践者，因此，这恰恰正是验证目标营销技术与原则的一场硬仗。

第一步

正如通常所做的一样，第一步是尽可能详细地确认、定义并描述我们的目标客户，然后以更加精细的工作，了解他们经常造访的宾馆满足了他们哪些需求，又未能满足他们的哪些需求。

做过多套营销方案后，SMART 公司第一步的工作是对自己进行“核心顾客群划分”。当一个营销顾问自己就是某一目标顾客群中的一员时，自省并不是一个坏的而且经常可能是一个好的起点。但这并不是全部。

为了将针对贝尔艾吉宾馆目标顾客的研究继续深入进行下去，SMART 公司从一个客人名单资料库中挑出了一些客人作为研究对象，他们都是目前仍住在宾馆里的广告代理商。为了能够形成一个核心顾客群，SMART 向其中的 20 位客人对此给予了积极的响应，研究也随之开始。

第二步

通过这 9 顿免费提供的早餐，SMART 公司发现自己对同道中的其他人所知甚少，特别是对他们在旅行中的需求以及更重要的——他们没有获得更满足的那些需求的了解。

研究已经揭示了目标顾客——广告专业人员非常讨厌宾馆人员的傲慢态度，他们之所以会入住宾馆，不过是因为宾馆内的多房间套房提供了足够的空间，可以作为办公室外的办公室而已。

此外，我们的目标顾客对电话应答时间过慢与信息不畅日益不满。对于任何足够明智、知道如何满足贝尔艾吉宾馆的客人们未能得到满足需求的竞争者而言，这都是一个成熟的市场。而要意识到这一点，并不需要某个希尔顿家族成员才能办到。

很清楚，需要说服客户，让其相信对下属人员的态度加以调整是非常必要的。通过早期的免费早餐调查，公司重新认识到了对目标顾客的需求即同情又移情的重要性。必须让客户认识到，由此开始，才能搞清楚目前的服务当中未能满足客人那些需求的原因。

这一点说起来容易做起来难，因为很多部门经理和职员都认为目前的态度对于宾馆的氛围而言是必不可少的，他们还以溢价房价格与服务费用结构来证明自己观点的正确。

和其他许多发现自己陷于销售额直线下降与运营费用急剧上升这样的困境之中的客户一样，要想说服勒瑞蒙特基连锁饭店放弃这些东西，转而推行一种为顾客服务的政策，唯一的办法就是让它注意到其竞争者所使用的战术，正是这些战术的成功运用，导致了其原有市场份额的丧失。

首先，SMART公司对处于竞争位置的其他宾馆的每日入住率进行了记录。说服竞争者属下的职员提供信息及每周样本，以说明长期入住的顾客是如何被其他宾馆吸引走的。

举个例子，勒瑞蒙特基宾馆的职员“太忙了”，以致没有时间为客人熨裤子，而这条裤子是客人准备在赴一个晚餐约会时穿的。不知何故，这个消息被远在3个街区以外的四季宾馆知道了，这样，四季宾馆的老板就用以下方法成功地将勒瑞蒙特基宾馆的客人挖走了：提供一顿免费的晚餐，更大的套间、更廉价的房价，用豪华轿车帮助客人搬家，以及理所应当地，在客人入住在四季宾馆后30分钟内，将裤子熨好并送到客人所在的房间。

勒瑞蒙特基宾馆的那些虎视眈眈的竞争对手们，积极满足甚至超越勒瑞蒙特基宾馆的客人们没有得到满足的希望、需求以及愿望。有关这些情况的几份报告，让勒瑞蒙特基宾馆的管理层开始意识到，必须要让他们的客人满意并留住客人。

宾馆高级主管赛维瑞恩·阿什科纳兹与阿诺德·阿什科纳兹站在了SMART公司一边。他们非常通情达理，在宾馆内务管理方面执行新的制度，并让为客人服务的职员对客人改变过去的态度。

第三步

阿什科纳兹兄弟曾将自家所有的公寓建筑改建成豪华的全套房宾馆，从而建立起了他们的宾馆帝国。在发展适合于商务旅行者的全套房宾馆方面，他们可谓是领潮流之先，而SMART公司的发现则鞭策着这些革新者立刻付诸行动。

职员们被告之，要将自己也视为这一行业中的一员。从那以后，给予这一行业中成员的每一条信息、每一个电话或者是每一个包裹，都将被视为万分火急的，不容耽搁的。同时，他们也对这样一个事实有所警醒，那就是同一地区内新建的宾馆都将与贝尔艾吉宾馆争夺顾客。

在确定需要给予深刻印象的目标顾客和了解到贝尔艾吉宾馆所欠缺的东西之后，SMART 公司做了卓有成效的广告攻势。如针对每家宾馆设计了专门行业的时事通讯，在《广告周刊》、《品牌周刊》、《后台》等杂志中做广告。在两年的时间内，我们以每个月两次的频率对我们的目标读者进行了轰炸，使用了 14 种不同的场景，这些场景与所有的广告专业人员都密切相关。由此宾馆的入住率开始上升，贝尔艾吉宾馆名声大噪。

还有一件事情要提一下：很不幸的是勒瑞蒙特基连锁饭店的财政问题没有得到解决，由此，洲际饭店——向其提供资金的管理公司——获得了连锁饭店的控制权。但是，目标营销的价值并不因所有者的变换而丝毫贬损，他们依然使用了 SMART 公司的广告。贝尔艾吉宾馆继续进行着其成为广告界制定宾馆的定位过程。

细分营销经验谈：

在今日复杂的市场当中，大的规模不再能确保在成本方面有较为明显的收益。更为常见的情况是，目标营销使得运用者获得了这些收益。这个案例研究告诉我们，目标营销甚至可以运用于某一公司内部，目标营销可以在一个特定的市场当中找到不同的市场部分，从而使新的市场成为可能，并同时为接近这些市场提供巨大的潜在可能。

第四章 饭店营销战略

饭店市场营销过程中，“营”，是要实现饭店外部环境与内部条件的动态平衡，通过调整饭店内部的各类资源去适应外部不可控因素的变化，这个过程是战略过程。而“销”，则是对饭店内可控因素的调整、整合，实现满足消费者需求，获取经济利益目的的具体手段，属于服务于战略的战术手段。饭店营销战略的正确与否，将直接影响到企业的发展方向和市场竞争结果，甚至决定企业的生死存亡。

第一节 饭店营销战略概述

一、什么是饭店营销战略

竞争是市场经济的基本属性。在现代市场经济条件下，任何企业的经营活动都是一个以赢利为目的的整体性和竞争性的活动。这种活动与战争有许多相似之处，比如战争的参与者为了取得战争胜利，在战前一定要进行部署谋划，亦即战略决策，以避免可能出现的危险，使战争朝着事先预定的目标发展。饭店的市场营销活动也一样，为了确保自己的组织目标得以实现，就必须在事前根据饭店外部环境的变化趋势，对其发展方向、市场定位、业务范围和内部资源利用等给予其切合实际的统筹规划，使饭店的发展与外部环境相适应。这种思路，就是战略的思路。

“战略”一词起源于古希腊，原意为行政长官或军事首领。此后的两千年里，战略一词始终是军事、战争术语。直到19世纪末20世纪初的第二次工业革命期间，战略一词以及战略思想的应用，才开始进入工商企业，进入市场竞争领域。第二次世界大战不仅极大地丰富了军事战略思想，而且也为以后战略在工商领域中的应用提供了许多新的工具和新技术，如线性规划、运筹学等。

在20世纪50年代初，美国哈佛大学研究企业商业政策的两位教授，乔治·史密斯（George Smith）和罗兰·克里斯滕森（Roland Christensen）就开始鼓励学生将战略与竞争环境结合起来加以考虑。50年代后期，哈佛大学的另一位商业政策教授肯尼思·安德鲁斯（Kenneth Andrews）提出：每个商业组织甚至每个个人，都应该设立起一组清晰的目标，使他们有明确的前进方向，防止在发展中左右摇摆，飘浮不定。到了60年代，战略讨论开始集中在企业的强势或弱势，外部环境的机会或威胁上来，并逐步形成了SWOT分析的分析框架。将战略的思路引入市场营销，是20世纪70年代以后的事情。将战略引入饭店经营过程，在我国则要晚得多。迄今为止，对于饭店市场营销的理解和应用，绝大多数饭店和企业经营者还停留在静态的、片面的和战术的层面上。长期以来，饭店经营者们如此多地在关注市场营销“技术”：有人迷信一个天才的创意能救活一个企业；有人迷信变革一定能为组织带来绩效；有人迷信市场营销“4P”的魔法能帮助饭店带来更多的客人，将企业救出水深火热的苦海。更有甚者，有人将营销完全等同于传统的销售或简单地将广告、包装和品牌等战术手段等同于营销。

其实，市场营销的关键在于“营”，而不在于“销”。营是战略，销是战术；营是手段，销是结果。如果单纯为了销，只要价格足够低，那么天下没有卖不出去的东西。取得利润的销才是所有企业的主要目标。经营效益和战略是实现这一目标的两个关键因素，但人们往往混淆或忽略这两个最基本的概念。在竞争和变化的市场环境中，经营效益是一个比较的概念，意味着能比竞争对手做得成本更低，利润更多。战略则意味着能够迎合趋势，未雨绸缪，使经营活动有别于竞争对手，或者虽然类似，但是其实施方式有别于竞争对手。饭店的营销战略，就是要针对饭店外部环境的变化趋势，通过确定企业的发展方向和业务范围，使饭店的经营目标与环境机会及资源相一致，借以避开环境风险，以充分利用机会，取得竞争的主动权。

正确、全面、深刻理解饭店营销战略的含义，要注意把握以下几点：

1. 饭店营销战略的根本目的是保证企业持续、健康地发展。在饭店的经营过程中，随着外部环境的变化，有些盈利的服务项目可能会成为企业的负担，甚至造成负面的影响。营销战略就是要及时扫描外部环境，发现机会，避开危险，维持企业健康持续地发展。

2. 饭店营销战略不可随心所欲，要注意决定战略形成的制约因素。制定饭店营销战略的前提是要明确在企业经营时，面临着两类因素：一类是可控因素；另一类是不可控因素。饭店的可控因素，是指影响饭店的营销活动，企业自身能够控制和运用的各种营销手段，如服务项目的选择、价格制定、品牌、服务流程设计、人员推销、营业推广等等；不可控因素，是指影响饭店营销活动且企业所不能够控制的各种属于饭店外部的环境因素，包括经济发展水平、法律体系、国家政策、人口状况、社会文化、风俗习惯、宗教信仰、市场竞争和气候地理环境等等。对于饭店来说，外部环境既可能带来机会，也可能造成威胁。所以要通过战略研究随时发现环境机会，避免环境威胁，使饭店的内部条件与环境之间实现动态平衡。

3. 饭店营销战略是一种竞争战略。战略不仅要使企业目标与环境机会及资源保持一致，还要随时关注竞争对手的情况，不断提升本饭店的竞争优势，塑造核心竞争力。战略一方面要努力使企业开创新服务、开辟新市场，减少与竞争对手的正面冲突；另一方面还要考虑当正面冲突无法避免时，如何在竞争中获得胜利。

二、为什么要制定营销战略

许多饭店都将营销简单地等同于营销策略组合，重视眼前销售额的增加，轻视饭店长久竞争力的提高。而事实上，几乎没有一家企业能一直凭借销售的优势立于不败之地。过去凭借好的地理位置或行政力量进行市场垄断的饭店，大都明日黄花，风光不再。用销售代替营销战略的最终结果必然是零和竞争、一成不变或不断下跌的价格，以及不断上升的成本压力。一家没有战略的企业，就如同池塘中的浮萍，随波逐流、左右摇摆。

饭店营销战略对于饭店经营者而言，具有以下作用：

1. 有助于饭店明确自己的市场定位，选择适合自己的目标市场

营销的核心是战略定位。波特认为，所谓的竞争战略就是创造差异性，即有目的地选择一整套不同的经营活动以创造一种独特的价值组合。

战略定位有三种：一是基于多样性的定位；二是基于需求的定位；三是基于接触途径的定位。这三类定位共同的出发点是：选择目标市场。

在现实的市场竞争中，选择一个独特的定位并不能保证获得持久优势。一个有价值的定位会引起他人的争相仿效。除非公司做出一定的取舍，否则，任何一种战略定位都不可能持久。因此，战略就是在竞争中做出取舍，其实质就是选择不做哪些事情。在饭店经营实践中，几乎看不到有同时开展豪华奢侈客房服务和经济型实惠房间服务的饭店存在。凡是一只手同时想抓几条泥鳅的人，最终会一事无成。

2. 饭店市场营销战略可以帮助饭店实现持续盈利性增长

饭店的盈利性，取决于它的市场容量和市场质量。毫无疑问，要想获得持续的赢利性增长，企业就必须开创一个没有竞争的市场空间。这种市场空间不仅容量大，而且质量好。开创这种市场空间有两种方式，一种是创造出全新的行业，就像 eBay 开创了在线拍卖行业、携程卡开创了在线饭店预订系统一样；另一种更常见的形式是，通过拓展现有行业的边界，在竞争激烈的市场内部开辟没有竞争的市场空间。要实现这一目标，仅仅依靠销售显然是不够的。必须摒弃传统战略的根本宗旨，打破价值与成本之间的平衡，既降低自身成本，又为顾客提供更高的价值。

3. 饭店市场营销有利于增强企业的应变能力，有助于提高企业的管理水平

营销的定位选择不仅决定企业应该开展哪些经营活动、如何设计各项活动，而且还决定各项活动之间如何衔接配合。根据定位，企业可以设计建立一个环环相扣、紧密联接的工作流程，建立起市场进入壁垒，将模仿者拒之门外。一旦树立了较高的进入壁垒，阻止了竞争者的模仿，其开创者通常可以在 10～15 年里坐享收益，而不会遇到任何有威胁的挑战。

正确的战略和明确的市场定位，可以使饭店未雨绸缪，顺应外部环境的变化趋势，及早动手，抢先行动，从而更好地适应消费者不断变化的需求。明确的市场定位，可以使企业有明确的，而不是含糊不清的管理目标，可以围绕目标建立起一系列监督检查、考核、评价体系，强化基础管理。

可见，营销的战略定位，重要性大过于围绕眼前市场的营销策略

组合。

在饭店业的经营实践中，早期的战略都是内部驱动形成的战略。简单地讲，促成重大公司战略的驱动力是饭店的职业经理人，是期望看到自己经营管理的饭店成长壮大的意愿和新的经营思想。在我国改革开放初期，由于市场竞争比较弱，市场需求旺盛，饭店的经理们所关心的只是扩大规模和开设新店。随着饭店市场的日益饱和，竞争日益加剧，加上市场营销知识的传播与普及，饭店经理们开始致力于市场和产品的细分。很显然，内部驱使是饭店业最早的战略推动力。

随着我国社会经济文化的发展，饭店经营的外部环境发生了天翻地覆的变化。按英国战略管理学家比尔·瑞查森的说法，今天的环境已由过去的“4S”模型转变为“4D”模型（见下图4-1）。它要求战略管理者对将要发生的变化进行了解、预测和制定完善有效的适应战略。在“4D”环境中，战略管理是企业成功的关键因素。

过去状态 （4S 环境）	转变为	当前状态 （4D 环境）
静态（static）	⟶	动态（dynamic）
单一（single）	⟶	多样（diverse）
简单（simple）	⟶	困难（difficult）
安全（safe）	⟶	危险（dangerous）

图4-1

有些环境变化，足以对饭店的战略产生持续性的影响，决定市场、产品、质量、服务水平以及定价策略等一系列战略因素。那些能够跟得上潮流、与外部变化趋势同步的饭店在与外资饭店的竞争中凤凰涅槃，浴火重生，成为了当地享有盛誉的知名饭店，并实现了规模性成长。而那些固步自封，因循守旧，不求变化的饭店，则举步维艰，危机四伏。

饭店市场营销战略的外部驱动因素，大致可归纳如下：

人口增长率、性别、年龄结构和流动情况；

收入水平的变化；

社会出现分层（低收入层、中等收入层、中上收入层、高收入层）；

交通体系和公路路网的发展；

国际化过程中价值观的变化；

商务活动的频繁程度。

这些饭店战略形成的内外部因素，说明饭店营销战略的形成，既具有主观性，又具有客观性，是在饭店经营活动中必不可少的。

三、营销战略的类型

纵观20世纪全球饭店业的发展历史，市场细分战略、产品多样化战略和扩张战略培育了旅游服务业的成长。这三大战略乃是当今饭店营销战略的基础。然而，没有人可以说使用一种营销战略就可以使一家大型饭店或饭店集团健康发展。小型的单体饭店或许一种发展战略就可以涵盖企业战略的全部内容，但大型的饭店集团则需要多种战略的配合。就整个公司而言，需要公司战略的指导。对公司的各个职能部门而言，需要人事、财务、生产等方面的战略。营销战略，则侧重于市场竞争，是一种饭店的竞争战略。

尽管饭店在经营活动中可能遇到的战略问题很多，但可以将公司战略归纳为以下四类：

1．稳定战略。这种战略思想的核心是寻求企业的渐变，而不是突变。稳定战略所谋求的是在若干年内饭店的规模、业务量和业务范围保持在原有的水平，不出现大起大落。它强调饭店资源在现有的各部门之间合理分配，各部门的关系协调相处，营销计划相对稳定，不轻易改变饭店的定位、价格政策和服务项目。稳定战略一般有三种形式：不变战略、利润战略和暂停战略。不变战略是在饭店的外部环境相对稳定的前提下，始终维持原有的经营方针，使饭店长期保持在一种令人满意的经营目标水平上。

利润战略是针对饭店内赢利能力比较强的服务项目，维持它的稳定性，使之在一定的时间期内使饭店有较多的盈利。暂停战略是指饭店经过一段高速发展后，由于资金、人才、资源等各方面的原因，必须放慢发展的步伐，需经过一段休整期，才可能再加速发展。这种战略是发展过程中的一个休止符，不适合长期采用。

2. 成长战略。这种战略思想的核心是通过扩大饭店的规模和地域分布，发挥规模经济效应，扩大市场占有率，实现企业的快速成长。在饭店的经营管理过程中，这类战略的具体表现形式有：

横向扩张：饭店服务除住宿服务外，还包括餐饮、旅游、康乐等等。所谓横向扩张，就是指饭店就某一类服务，比如旅游，进行扩张性经营，加大投入，提高它在整个饭店收入中所占的比例。目前，进行横向扩张的饭店很多，有的在经营住宿服务的同时，积极开展旅游服务，专门成立旅游公司，有的扩大餐饮服务，使之与社会餐饮竞争。

地域扩张：这种战略的做法是，通过打造品牌，在一定地域范围内形成知名度和美誉度，然后以特许连锁的方式，实现跨地域扩张。假日饭店、阳光饭店等都是业内比较知名的特许经营权出让者。这是当前饭店扩张比较流行的战略，也是饭店迅速扩大规模，占领市场的有效手段。实施这种战略的前提条件是，饭店必须是一家经营成功的饭店，有较好的市场声誉、较成熟且可以移植的管理体系和过硬的人才队伍。

纵向扩张：这种战略的构想是通过与其他有直接业务相关性企业的联合，求得自身的快速增长。采用这一战略的前提是，饭店的某项基本业务发展潜力很大。企业通过产、供、销三方面的联合能提高效率，扩大销售，增加盈利。纵向扩张有三种形式：后向、前向、水平。后向是指饭店通过收购或兼并本企业供应系统中的相关企业，实行产供一体化。例如大型连锁饭店可以收购床上用品生产企业，使之产供一体化，从而提高其经营效益。前向是指饭店收购或兼并其销售系统中的若干商业企业，实行产销一体化。如饭店的餐饮部门收购一些商业餐饮网点，以扩大餐饮产品的销售额。水平扩张是指饭店收购或兼并与自己有竞争关系的同类饭店，以扩大规模，提高竞争力的做法。

3. 紧缩战略。它指当饭店在行业内一旦处于不利地位时，为改变这种状况，通过紧缩自身的业务范围，收回资金，或者干脆退出这一领域，转向其他行业。紧缩战略通常有三种形式：削减战略，放弃战略，清算战略。削减战略指企业尽可能压缩各项费用开支，提高各部门的工作效率。它一般适用于企业外部环境突变之时。饭店为适应这种突变，不得不实行这种紧缩战略。放弃战略是当饭店的某项服务出现持续性销量下降和利润减少的现象，并且没有扭转的趋势，或者某项服务和产品已经到了生命周期的衰退期，饭店决定放弃该项服务，以便使资金等资源用于相对有利的服务项目上去。清算战略是指大型集团公司将某个下属饭店关闭掉，变卖其资产，清还债务。它适应于濒临倒闭的饭店。

4. 定位战略。定位战略主要有三种情况，即企业的竞争定位、市场定位和产品定位。竞争定位指饭店根据同行业的竞争情况和饭店自身优势情况，给自己的近期和远期发展确定一个合适的竞争地位。比如企业当前是出于领导者地位还是挑战者地位，或者是附和者地位。市场定位是指饭店确定什么样的市场或顾客群作为自己的目标市场。产品定位指饭店准备使自己的产品在目标市场上处于什么样的位置。定位战略的三种情况之间有着密切的内在关系。竞争定位是前提，企业只有确定了自己在同行业中的地位才能有根据地去选择目标市场，而目标市场又决定饭店的产品定位。因为饭店只有找到了目标市场才能明确直接竞争对手的分布和竞争产品的位置，从而寻求到自己服务产品的准确位置。

上述四类战略是饭店经营中经常遇到的，它们之间并不相互矛盾、相互排斥。相反，对于规模大、经验范围广的饭店而言，这些战略往往混合使用，对不同的战略事业单位使用不同的战略。

除公司战略外，竞争战略是饭店营销战略中必不可少的内容。

美国哈佛大学著名的战略研究教授迈克尔·波特提出：成功的竞争战略至少要包含下列战略要素之一。

成本领先战略——来自于组织运行的超级高效率，或者来自于特别的、高效的生产方法，或者来自于规模经济效益。

差异化战略——使公司的品牌形象在竞争者之中凸现出来，使之与它们有明显的区别。

集中化或专业化战略——专门为一个有利可图的细分市场服务，而不是为全部市场服务。

波特指出，这三个基本的战略选择相互之间是排斥的。实施成本领先战略的公司一般不会在品牌差异化方面大量投资。同样，由于在细分市场上无法实现规模经济效益，所以也不会在某一专门的细分市场上实施成本领先战略。

第二节　总成本领先战略

一、总成本领先的目的

随着我国改革开放的不断深入，饭店业已经日趋成熟。根据产业经济学的一般原理，饭店业作为一种成熟产业的标志及对竞争战略的影响有：①成熟产业需求平稳，不会有市场需求大幅度增长的机会，增速放缓；②随着需求下降，饭店更加注重市场份额和市场占有率的竞争。随着饭店仅仅靠保持市场份额而保持其历史上的增长速度，竞争的注意力转向产业内部，去争夺其他企业的市场份额，从而产业向成熟转化时，价格、服务以及其他形式的商战爆发是常见现象；③消费者变得日益成熟和有经验，消费选择余地大；④供给相对平稳，不易产生新产品与新的服务，竞争已转向成本和服务。

饭店作为成熟型产业，必然要注重成本、客户服务和真正的营销活动（不仅仅是销售），在成熟产业中可能要求更紧缩的预算、更严格的控制和新的以绩效为基础的激励机制。

尽管每一个饭店企业都在力争避免价格战，同时认为价格不应是饭店主要的竞争手段，但饭店服务产品的不可贮存性，饭店经营固定成本比例高，变动成本比例低的费用结构，以及饭店业退出壁垒，资源转换成本较高，如果同档次饭店不能够有效地建立起品牌差异或形象、感知差异，产品、服务质量的差异，从而不能形成强有力的移动壁垒，则价格往往成为饭店企业常见的最后的竞争手段。因此，对饭店企业来说，仍需寻求高质量的服务过程，努力发展和优化现有的产品和服务，进行内部资源的有效使用，从而建立在成本控制，质量、效率控制基础上的低成本，无疑能将饭店企业取得有利的竞争地位。

成本领先战略对指导饭店降低成本有着非常现实的意义。在这种战略指导下，饭店可以明确地将自己的目标定成为所在地区中实行低成本的企业。

目前的饭店经营范围已经变得十分广泛。除住宿业务外，可能会经营许多属于其他有关产业的业务。企业的经营面往往对其成本优势举足轻重。成本优势的来源因产业结构不同而异。它们可以包括追求规模经济、专利技术、原材料的优惠待遇和其他因素。例如，对电视机制造业而言，取得成本上的领先地位需要有足够规模的显像管生产设施、低成本的设计、自动化组装和有利于分摊研制费用的全球性销售规模。在安全保卫服务业，成本优势要求极低的管理费用、源源不断的廉价劳动力和因人员流动性大而需要的高效率培训程序、追求低成本的生产等等。在饭店业，除规模经济效益外，稳定的顾客群和与旅行社长期的客户关系，也是成本优势的来源。低成本优势的获得，不仅仅需要向下移动学习曲线，而且必须寻找和探索成本优势的一切来源。典型的低成本饭店销售适用的或实惠的产品，并且要在强调从一切来源中获得规模经济的成本优势或绝对成本优势上大做文章。

如果一个企业能够取得并保持全面的成本领先地位，那么，它只要能使价格相等或接近于该产业的平均价格水平，就会成为所在产业中收益远高于平均水平的超群之辈。当成本领先企业的价格相当于或低于其竞争厂商时，它的低成本地位就会转化为高收益。然而，一个在成本上处于领先地位的企业不能忽视使产品更具特点的基础，也即饭店的低成本不能与低服务相一致。一旦成本领先企业的产品在客户眼里不被看做是与其他竞争企业的产品不相上下或可被接受时，它就不得不被迫削减价格以增加销售额，使收益大大低于竞争对手的水平。这就可能抵消了它有利的成本地位所带来的好处。在我国有许多经营成本远远低于饭店业平均成本的小型旅社，由于它们所提供的服务在消费者的眼中属于低档、低值和低价的服务产品，以致这类饭店的收益率反而低于成本要高得多的大型高档饭店，使它们在竞争中处于劣势地位。

尽管一个成本领先的企业是依赖其成本上的领先地位来取得竞争优势

的，而它要成为经济效益高于平均水平的超群者，则必须与其竞争企业相比在产品别具一格的基础上取得价值相等或价值近似的有利地位。产品别具一格基础上的价值相等使成本领先的企业得以将其成本优势直接转化为高于竞争厂商的利润；产品别具一格基础上的价值近似意味着为取得令人满意的市场占有率所必需的降低幅度还不至于冲销成本领先企业的成本优势，因此，成本领先企业能赚取高于平均水平的收益。

成本领先地位的战略一般必然地要求一个企业就是成本领先者，而不只是争夺这个位置的若干企业中的一员。许多企业未能认识到这一点，从而在战略上铸成大错。当渴望成为成本领先者的饭店不止一家时，他们之间的竞争通常是非常残酷的。因为市场占有率的每一个百分点都至关重要。除非一个企业能够在成本上领先，并"说服"其他饭店放弃这一战略，否则，对盈利能力以及长期产业结构所产生的后果就可能像一些化工行业中出现的情况那样，是灾难性的。所以，除非重大的技术变革使一个企业得以彻底改变其成本地位，否则小成本领先就是特别依赖于先发制人策略的一种战略。

成本领先战略的成功取决于企业日复一日地实际实施该战略的技能。成本不会自动下降，但会偶然下降。它是艰苦工作和持之以恒地重视成本工作的结果。企业降低成本的能力有所不同，甚至当它们具有相似的规模、相似的经营经历或由相似的政策指导时也是如此。要改善相对成本地位，与其说需要在战略上做出重大转变，还不如说需要管理人员更多的重视和在具体管理工作中有适用、有效的方法。

二、实施总成本领先战略时常见的错误

许多企业没有从战略的角度充分理解它们的成本行为，从而不能利用改善其相对成本地位的机会。企业在按照成本地位采取行动时会犯的一些最常见的错误有：

1. 将注意力集中在主营业务活动的成本上，对其他方面的成本有所忽略

一提起"成本"，大多数管理人员都会自然而然地想到主营业务活动。然而，总成本中即使不是绝大部分，也是相当大一部分产生于管理、人

事、财务和营销等非经营性活动，而它们在成本分析中却常常很少受到重视。审查一下整个价值链，常常会得出能大幅度降低成本的相对简单的步骤。例如，近年来的管理业务流程再造对整个企业的总成本有着令人难以置信的影响。

2. 忽视采购

许多企业在降低劳动力成本上斤斤计较，而对外购投入却几乎全然不顾。它们往往把采购看成是一种次要的辅助职能，在管理方面几乎不予重视；采购部门的分析也往往过于集中在关键原材料的买价上。企业常常让那些对降低成本既无专门知识又无积极性的人去采购许多东西；外购投入和其他价值活动成本之间的联系又不为人们所认识。对于许多企业来说采购方法稍加改变便会产生成本上的重大效益。

3. 忽视间接的或规模小的活动

降低成本的规划通常集中在规模大的成本活动和（或）直接的活动上，如客房电气、卫浴和装配等等，占总成本较小部分的活动，如餐厅的佐料、辅料等没有得到足够的审查。间接活动如维修和常规性费用常常不被人们重视。

4. 忽视了不同经营活动之间的成本分摊

企业很少能认识到影响成本的所有联系。比如，饭店中的水如何二次利用，淘汰的各类纺织品如何再利用等等。

5. 没有利用战略联盟可以有效降低成本

即便是竞争对手，也不妨碍彼此之间在降低成本方面的战略联盟。比如通过联合采购和运输，可以形成规模经济效益，有效地降低成本。

6. 成本降低中的相互矛盾

企业常常企图以相互矛盾的种种方式来降低成本。它们试图增加市场的占有率，从规模经济中获益，而又通过服务和产品的多样化来抵消规模经济。一些饭店一面将自己定位为经济型饭店，一面又努力扩大前厅的面积。成本驱动因素有时是背道而驰的，企业必须认真对待它们之间的权衡取舍问题。

7. 无意之中的交叉补贴

当企业在不能认识到成本表现各有不同的部分市场的存在时，就常常不知不觉地卷入交叉补贴之中。传统的会计制度很少计量上述产品、客户、销售渠道或地理区域之间所有的成本差异。因此，企业可能对一大类产品中的某些产品或对某些客户定价过高，而对其他产品或客户却给予了价格补贴。例如，在餐厅的经营中，时令蔬菜的成本比较低，而海鲜、肉制品的成本比较高。在定价过程中，有些餐厅用海鲜等菜品的打折来吸引顾客，而将蔬菜的价格定得过高，无意之中的交叉补贴又常常使那些懂得成本，利用成本来削价抢生意以改善自身市场地位的竞争企业有机可乘。

8. 只着眼于个别环节增值的改善，不考虑重新配置价值链

减低成本要寻求重新配置价值链的途径，从投入到产出的每个环节和基本活动到辅助活动的每个活动。目前饭店为降低成本所做的努力常常是在现有的价值链里争取增值改善，而不是寻求重新配置价值链的途径。通过量本利分析等方法进行的增值改善，可能会达到边际收益为零的点，也即在当前的规模水平下收益最大的点，而重新配置价值链却能通往一个全新的成本阶段，使饭店的整个成本模式发生革命性的变化。

9. 损害饭店的经营特色

企业在降低成本中一旦抹杀了它对客户所形成的经营特色，就可能损害其与众不同的形象。虽然这样做可能在战略上是合乎需要的，但这应该是一个有意识选择的结果。降低成本的努力主要侧重在对饭店的经营特色不会产生负面效果的活动方面。此外，成本领先的企业只要在任何不花大钱就能创造别具一格的形象活动方面下工夫去做，也会提高效益。

第三节　差异化战略

饭店市场营销的第二种通用战略是差异化战略。在差异化战略指导下，饭店要在客户广泛重视的某些方面力求在本企业中独树一帜。它从其广泛的经营活动中挑选出为许多顾客所重视的一个或数个特征，把自己置于别出心裁的地位上以满足这些需求，从而得到溢价的报偿。

差异化的手段因产业不同而异。它可以建立在产品本身的基础上，也可以以产品销售的交货系统、营销手段及其范围广泛的其他种种因素为基础。例如，在化妆品行业，差异化的战略往往更多地建立在产品外观和商

店里柜台位置的基础上；在建筑设备业，美国的履带拖拉机公司（Cater-Pillar Tractors）的差异化战略，是以其产品的耐用性、服务、零部件货源和出色的销售网为基础的。

一个能够取得和保持差异化形象的企业，如果其溢价超过了为做到差异化而发生的额外成本，就会成为其产业中高于平均水平的佼佼者。因此，差异化的企业必须始终寻求使自己与众不同的方式，使其由此而得的溢价大于为做到与众不同而付出的成本。它不能忽视自己的成本地位，因为其溢价会被一定程度的成本劣势地位所冲销。所以，它必须着眼于取得相对于竞争厂商而言的成本等价或近似价，在一切不影响树立别具一格形象的领域中降低成本。

饭店实施差异化战略，往往从三方面入手：1. 服务差异化；2. 形象差异化；3. 产品差异化。

一、饭店差异化的来源

从饭店建筑物的外观到内部装修风格、档次，从原材料采购到人员招聘等其他能够影响最终服务质量的一切因素，都会产生并影响差异化战略的形成。差异化的来源与产业特征有密切关系。例如，假日饭店在高速公路出口的选址，导致了它在发展初期与众不同的战略定位，形成了差异化。石家庄的国际大酒店在行政客房和商务客房推出的管家式服务，实现了服务的差异化。我国内蒙古赤峰市的草原兴发，则是通过在草原上散养绿鸟鸡，声称这种饿了吃虫子，渴了喝泉水，从而使它的产品别具一格。而在电子产品行业，产品所具有的特有专利技术，会使这类产品具有特有的品质，从而区别于其他产品。

迈克尔·波特提出的价值链中的任何一种活动都能够为饭店实现与众不同发挥作用。即使是生产同质商品，其他活动也常常可以导致重大差别。同样，像维修或进度安排等非辅助性活动也可以像人员服务或订餐服务等直接性活动一样对差异化发挥作用。例如，经营着完全相同菜品的餐厅，会因服务的速度、地理位置和店堂环境的不同而产生较大的经营业绩差异。

差异化的形成需要成本支出。然而，只占总成本一小部分的价值活动可能对差异化有重大影响。例如，饭店客房的门锁在客房的总成本中占的比例很小，但是如果出现有问题的门锁，哪怕是一把门锁，也会对饭店的形象产生很大的消极影响。因此，差异化战略并不是在任何时候都需要大量增加成本支出。

饭店的服务、形象、产品是差异化的主要三大来源。然而，这三者之间是相互联系、密不可分的。服务和产品的差异化是构成形象差异化的基础，形象差异化是饭店的市场定位，是服务和产品差异化的结果。

1. 服务差异化：要形成服务的差异化，一定要从消费者的角度，弄清楚顾客是怎样看待服务的。

在饭店业，特定的产品或服务的质量是顾客所感知的质量。服务或多或少是一种主观体验过程。在这个过程中，生产后消费是同步的。顾客和服务人员之间存在着互动关系——即所谓的买者—卖者互动或服务接触。它对感知服务质量的形成具有非常重要的意义。

顾客感知服务质量包括两部分：技术/结果要素，功能/过程要素。在饭店里投宿者可以得到房间和床。在餐厅里就餐者将得到他所要的饭菜。这些都是服务的结果。结果质量是顾客在服务过程结束后的“所得”。通常，顾客对结果的好坏评价是比较客观的，因为结果质量涉及到的主要是技术方面的有形内容。如房间的面积、卫生、灯光、温度等等；餐厅的饭菜品种、数量、味道、价格等等。但是，顾客与服务人员之间存在着一系列的互动关系，包括不同的关键时刻。所以，技术质量只是顾客感知服务质量的一部分，而不是全部。服务结果传递给顾客的方式，对于顾客感知服务质量也起到很重要的作用。比如在饭店里打听事情是否容易，服务人员的行为、外貌和言谈方式，这些都会对顾客的服务体验产生关键性的影响。这是服务质量的另外一个组成部分，与服务接触的关键时刻密切相关。它所说明的是服务人员是如何提供服务的。

饭店服务差异化的形成，要紧紧围绕服务质量的构成要素进行考虑。除了顾客“接受什么服务”、“怎样接受服务”外，还要考虑“在何处接受服务”这一要素。当然，也可以将“在何处接受服务”作为“怎样接受服务”的一个组成部分。因为二者之间存在着逻辑上的关联。比如，简陋装修的饭店客房和前厅，肯定会对顾客感知服务过程产生影响。但为了使对服务差异化的来源分析得更加清晰，我们还是将它单列为环境要素。在技术、过程和环境这三方面设法与竞争者产生明显区别，是形成服务差异化的基本思路。

贝里等人通过对服务质量的决定因素和顾客如何对服务质量进行感知等问题进行研究后，提出了10个决定性的因素：

①可靠性——涉及绩效与可靠性的一致。如服务是否及时、准确地完成；顾客的数据记录准确度；在制定的时间内完成任务。

②响应性——员工提供服务的意愿。如及时服务；迅速回复顾客打的电话。

③能力——掌握所需的知识与技能。

④可接近性——易于接触和方便联系。如服务设施安置地点便利；通过电话很容易联系到服务。

⑤礼貌——包括客气、尊重、周到和友善。如考虑顾客的利益；服务人员的外表整洁、干净。

⑥沟通——用顾客听得懂的语言表达和耐心倾听顾客的陈述。包括介绍服务的内容、服务与费用的性价比、向顾客确认能解决的问题。

⑦可信度——信任、诚实。包括公司的名称、声誉，服务人员的个人特征等等。

⑧安全性——安全、没有风险和疑虑。如顾客的人身安全，财产安全等等。

⑨理解——尽力去理解顾客的要求。如了解顾客的特殊要求，提供个性化的关心。

⑩有形性——服务的环境特征。如服务设施、员工的着装、服务时的工具等等。

后来，他们又将上述10项因素合并为5项：

①有形性。与饭店的服务设施、装修、原材料和员工的外表等因素相关。

②可靠性。准确、及时地提供服务，尤其是第一次服务。

③响应性。服务人员具有帮助顾客的愿望，并能够迅速地解决顾客所面临的问题。

④真实性。员工的行为能够增强顾客对企业的信心，同时让顾客感到

安全，这也意味着员工要有诚意，以及具有解决顾客问题必须具备的知识和能力。

⑤移情性。设身处地为顾客着想，并对顾客给予特殊的关注。

无论从10因素的角度，还是从5因素的角度，饭店是否能够将每个因素都予以充分的关注是十分令人怀疑的。但是，结合自身的实际，对其中的若干个因素重点关注，则一定可以做到。这样便形成了服务差异化的基础。

2. 形象差异化：饭店的形象，代表着现有顾客、潜在顾客、流失顾客和其他相关组织对饭店价值的评价。形象差异化，除了指饭店的整体形象要具有特色外，也包括饭店组织内部各部门的形象。比如餐饮连锁店，既具有整体的企业形象，也具有个别门店的独立形象。这里所讨论的形象差异化，主要是指品牌形象的差异化，它以服务和产品的差异化为基础，但也必须通过饭店的品牌化过程加以考虑。

品牌与品牌形象是两个既有联系又有区别的概念。品牌是营销人员试图创造的某种产品或服务的特性，而品牌形象则是在顾客脑海中形成的对产品或服务的印象。在现实生活中，顾客不断收到关于各种品牌的信息，不自觉地观察这些信息并对其做出反应，从而在脑海里形成对产品或服务的印象。这种过程对服务和有形产品都适用。我们也可以这样说，某种品牌并不是在建立后才受到顾客关注的，而是在品牌化的每一步和每一个品牌信息都独立地受到顾客的关注，它们整合起来构成了品牌形象。

良好而广为人知的品牌形象是饭店的主要资产，它在许多方面影响着顾客对饭店经营情况和服务水准的感知。对饭店而言，独特的、良好的形象至少有四方面的作用：

形象表达了顾客的期望；

形象是影响人们感知的“过滤器”；

形象是体验和期望共同作用的结果；

形象对员工有内在的影响力，对顾客有外在的影响力。

在饭店市场营销中，饭店品牌形象的实质是一种关系。顾客的参与——主要是不遗余力地赞扬某种服务，并加以传播是形成服务品牌的关键。如果品牌关系的建立、发展使得顾客感到与某种服务紧密地联系在一起，并且感觉到该服务有别于其他竞争者的服务，那么就会产生对饭店有利的口碑。顾客受到鼓舞并乐意称赞这种服务，使饭店赢得了顾客的参与。强有力的顾客品牌参与是饭店形象差异化的主要特征之一。这会使得顾客成为饭店有力的营销人员，将饭店好的形象传遍千里之外。

从饭店服务的角度看，由于服务具有过程性的特点，管理服务过程即成为饭店形象差异化的核心。美国学者伦纳德·贝里提出了系统化的观点。他的这些观点是建立在对许多提供优质服务的企业进行深入调查的基础之上的。以下是他的4个战略性观点，见表4-1：

表4-1

观　点	评　价
差异化	具有良好品牌的企业从不将其服务作为一般商品出售，它们总是创新而不是模仿，即创建与其他竞争者相区别的品牌关系。因此顾客心目中的品牌印象非常清晰。
提升企业声誉	具有良好品牌的企业为顾客开发出重要并具有价值的服务。仅仅将自己的服务和竞争者的服务区别开来是不够的。提供给市场的服务必须有价值。宣传品牌是表明企业在市场上的目标。因此，这种企业的服务业绩要比竞争者好，在此过程中也会获得好的口碑。
建立感情联系	服务通常和情感相连。因此，有良好品牌的企业总是试图超越服务的逻辑和经济层面。它们给顾客带来信任感、热情和亲近感。品牌应该反映顾客的核心价值，这些核心价值往往是超越常规逻辑的。
将品牌内部化	品牌关系很大程度上是在服务接触中产生的，在这里，和顾客接触的员工占据非常重要的地位，在服务过程中他们可以支持或破坏塑造品牌的过程。具有良好服务品牌的企业往往将品牌内部化。对这种公司来说，内部营销是一个很重要的工具。

形象差异化要与企业形象改善计划相结合。有句名言："形象就是现实。"如果企业的形象不为人知而经营业绩良好，那就需要进行计划性的有效营销传播活动。如果饭店的形象不佳而且业绩不良，问题就不同了。

这时饭店面临的是困境，而不仅仅是营销传播问题。

3. 产品差异化：产品差异化是指产品的特征、工作性能、一致性、耐用性、可靠性、易修理性、式样和设计等方面的差异。也就是说某一企业生产的产品，在质量、性能上明显优于同类产品的生产厂家，从而形成独自的市场。对于同一行业的竞争对手来说，产品的核心价值是基本相同的，所不同的是在性能和质量上，在满足顾客基本需要的情况下，为顾客提供独特的产品是产品差异化战略追求的目标。在一般情形下，企业实施差异化营销从两个方面着手：一是产品特征。产品特征是指对产品基本功能给予补充和扩展，使其具备新的功能。具体做法是先保持产品的基本功能，然后企业通过增加新的特征来推出新产品。在此方面成功的例子有宝洁公司的系列产品。以其洗发水产品为例，除清洁头发外，消费者的购买目的无非是去头屑、柔顺、营养、护发、黑发，与其相适应，宝洁推出相应的品牌海飞丝、飘柔、潘婷、沙宣、润妍，分别满足消费者不同的要求。二是式样。式样是指产品给予购买者的视觉效果和感受。以海尔集团的冰箱产品为例，海尔冰箱的款式就有欧洲、亚洲和美洲三种不同的风格。欧洲风格是以严谨、方门、白色表现；亚洲风格以淡雅为主，用圆弧门、圆角门、彩色花纹、钢板来体现；美洲风格则突出华贵，以宽体流线造型出现。

饭店业的产品以服务形式为主。虽然服务是一种无形的产品，但这种无形的产品是以有形的设施、过程和用品等为载体的，所以饭店也同样要思考服务产品的差异化问题。

饭店业产品的差异化，是基于消费过程的差异化战略。事实上，波特教授在定义差异化时，就已经做了这样的论述：如果一个企业能为顾客提供一些具有独特性的东西，并且这些独特性的价值为买方所发现和接受，那么这个企业就获得了差异化竞争优势。如果企业获得的产品溢价超出为差异化而追加的费用，那么差异化就会使企业获得出色的业绩。对波特教授的定义加以认真分析，就会发现，差异化不仅局限于产品差异化，它还应该包含过程差异化的内容。

①差异化的内容包括过程差异化。波特教授在定义差异化时，不用产品，而用意义极其广泛的具有独特性的“东西”来代替“产品”加以描

述，其真正目的，就是避免人们将差异化理解为狭隘意义上的产品差异化，而忽视了过程差异化的突出贡献。

②差异化优势的实现途径包括过程差异化。波特教授在《竞争优势》一书中多次强调“价值链上的任何一种价值活动都是差异化优势的潜在来源”，其目的就是开拓管理人员的思路，使他们寻求差异化竞争优势的努力不仅针对产品本身，而且要针对与顾客的整个消费过程相联系的一切活动来进行，如服务响应速度、咨询、微笑、语气语调等。

二、过程差异化战略的实施

实施过程差异化战略，首先要认识顾客消费过程，即对组成消费过程的消费活动予以鉴别；其次要对消费过程进行系统分析，即不仅要对每项消费活动发生的时间、地点、人员构成和活动现状进行分析，而且要深入理解顾客是否具有改变活动现状的需求和改变活动现状的趋势方向；最后要通过积极调整企业内部的价值活动，帮助顾客改善消费活动，使其在时间、地点、价格和方式等方面更为适合顾客的需要。

认识顾客消费过程

顾客对饭店产品的消费过程表现为一系列先后有序的消费活动，认识消费过程的实质就是鉴别组成消费过程的各项消费活动。不同饭店产品涉及的消费活动有所差别，即使是相同的饭店产品，也会因不同的顾客和不同的时机而可能呈现出不同的消费活动。所以，列举出所有的普遍适用的消费活动是不现实的，但有些消费活动是顾客在消费大多数产品时所不可避免的，我们将这些有代表性的消费活动罗列如下：

1. 识别和确认需求。在内外刺激要素的作用下，顾客会意识到现实与期望的差距，进而产生不满足感和改变现状的需要。

2. 获取产品信息。顾客确认自身具有某种需求以后，就会千方百计地搜寻相关的信息。如在饭店订房网上查询。

3. 备选产品评估。顾客根据所获得的信息和已有的知识与经验，对相关饭店产品进行分析、比较、评价和选择。

4. 确认。经过双方协商，顾客以网络或电话口头的形式做出特定条件下订房或预定其他服务的要求。

5. 付款。顾客以现金或支票等形式支付饭店产品消费所需要的费用。

6. 投诉。对不满意的饭店服务，顾客提出投诉并要求赔偿。

系统分析顾客消费过程

顾客在完成饭店消费过程中的任何一项消费活动时，都可能会遇到这样或那样的障碍，分析顾客消费过程的目的就是发现这些障碍，并提出帮助顾客改善消费活动的设想。

分析消费过程的结果是集体智慧的结晶，通常采取“头脑风暴法”的形式来进行。其具体做法是把一些发散性思维能力较强的人集合在一起，用讨论激发他们的灵感与想象力，以事先设计好的问题来保证活动的目的性和效率。饭店顾客随时与人、地点、场合和活动发生着联系，这些联系决定着顾客对产品和服务水平的评价与感觉，所以提问也围绕着这些联系来展开。提问的对象是消费过程中的每一项消费活动和它们之间的联系：

①关于产品的提问。顾客在进行各项消费活动时，受产品的哪些特性影响？顾客对这些影响重视吗？如果是负面影响，应如何改进？

②关于行为的提问。顾客在从事该项消费活动时，他们都做哪些工作？他们还希望做哪些工作？他们不希望做哪些工作？他们会遇到障碍（包括那些与本公司产品无直接关联的问题）吗？如果有，企业做哪些工作才能帮助他们？

③关于地点的提问。顾客在从事该项消费活动时，他们所处的地理位置如何？除了现在的地点之外，他们还可能在哪里？他们最希望在哪里？企业能协助他们使其处于自己喜欢的地点吗？

④关于人员的提问。顾客在从事该项消费活动时，他们都和哪些人在一起？那些人对顾客有影响吗？他们的影响重要吗？如果企业能控制的话，应该安排哪些人和顾客在一起？应该让哪些人采取何种举措来促销企业的产品呢？

⑤关于时间的提问。顾客在从事该项消费活动的时间（时间要力求具体）如何？这种时间安排会对顾客带来一些麻烦吗？他们希望在何时进行该项消费活动呢？企业能采取帮助他们的举措吗？

⑥关于活动之间联系的提问。顾客对现在的活动顺序满意吗？顾客希望的活动顺序如何呢？顾客有希望避免或希望增加的消费活动吗？如果

有，企业能助他们一臂之力吗？

通过对顾客消费过程的系统分析，企业对顾客在消费过程中所遇到的障碍和表现出的需求有了一个全面的理解。下一步的工作就是通过调整自身价值活动来改善顾客的消费活动。

差异化的误区

1. 无意义的独特性。一个饭店在某些方面具有独特性并不意味着独特的东西就是差异化。一般的独特性如果不能按买方意图使买方成本降低或提高买方价值，这种独特性就不可能形成差异化。大部分有意义的差异化通常来自买方追求和可以衡量的价值来源，或来自不能衡量但得到广泛了解的价值来源。一种独特性是否具有价值，很好的检验方法就是看一家饭店是否能够从了解其独特性顾客那里收取较高的价格。

2. 过分的差异化。如果一家饭店不懂得作用于买方价值和期望价值的机制，那么饭店可能会搞出太过分的差异化来。例如，产品质量或服务水平超过了用户的需要，那么这个饭店相对产品质量适当、价格便宜的竞争对手的竞争地位就很脆弱。不必要的差异化产生的原因是饭店对自身行为分析失策或对顾客真实需要分析失败。

3. 溢价太高。从差异化获得的溢价是差异化的价值和持久性的函数。如果溢价太高，顾客将摒弃已形成差异化的饭店。除非饭店能以一种合理的价格方式出台，与顾客共同分享一些价值。恰当的溢价不仅是饭店差异化程度的函数，而且是饭店全部相关成本的函数。如果一家饭店不能把其成本保持在近似竞争对手的水平，即使饭店能够维持差异化，溢价的成本可能会增加而超过需维持的水平。

第四节 集中化战略

波特教授提出的第三种竞争战略是集中化战略。这种战略与其他战略截然不同，因为它是以产业内的一个较小的目标市场作为竞争范围进行战略选择的。所谓集中化就是将企业的资源集中到关键经营环节或主业上，集中去做企业最专长的事。采用集中化战略的企业，往往选择产业里的一个部分或一些细分市场，使其战略适合于为这部分市场服务而不顾及其他。企业通过完善适合其目标市场的战略，谋求在它并不拥有全面竞争优势的目标市场上取得竞争优势。

集中化战略有两种不同形式：企业着眼于在其目标市场上取得成本优势的叫成本集中；而着眼于在其目标市场上取得差异化形象的叫差异化集中。集中化战略的这两种形式都是以企业在某一产业中的目标市场和其他市场的差异为基础的。

一、集中化战略的类型

具体来说，集中化战略可以分为产品线集中化战略，顾客集中化战略，地区集中化战略。

1. 产品线集中化战略。产品线集中化战略是指企业对现有产品的长度和宽度进行审视，放弃没有优势的产品项目。这种战略适用于产品开发和工艺成本偏高的行业，在饭店业也多有应用。比如北方的一些酒店维持游泳池的成本较高，而且赢利性不强，于是就放弃在酒店里经营游泳池这一产品项目。

2. 顾客集中化战略。顾客集中化战略是指企业根据自己的实力，用年龄、性别、收入水平等方法，对市场进行细分，然后结合自己的长处，选择其中一个或数个作为企业集中力量服务的目标市场。高档饭店和经济型酒店都是顾客集中化战略的产物。

3. 地区集中化战略。地区集中化战略是指企业将资源集中在某个特定的区域，在该区域上做到最好。

二、集中化战略的适用条件

具备下列四种条件，采用集中化战略是适宜的：

1. 具有完全不同的用户群，这些用户或有不同的需求，或以不同的方式使用产品；

2. 在相同的目标细分市场中，其他竞争对手不打算实行重点集中战略；

3. 企业的资源不允许其追求广泛的细分市场；

4. 行业中各细分部门在规模、成长率、获利能力方面存在很大差异，致使某些细分部门比其他部门更有吸引力。

三、集中化战略的收益

1. 集中化战略便于集中使用整个企业的力量和资源，更好地服务于某一特定的目标；

2. 将目标集中于特定的部分市场，企业可以更好地调查研究与产品有关的技术、市场、顾客以及竞争对手等各方面的情况，做到“知彼”；

3. 战略目标集中明确，经济效果易于评价，战略管理过程也容易控制，从而带来管理上的简便。

四、集中化战略的风险

1. 由于企业全部力量和资源都投入了一种产品或服务或一个特定的市场，当顾客偏好发生变化，技术出现创新或有新的替代品出现时，就会发现这部分市场对产品或服务需求下降，企业就会受到很大的冲击；

2. 竞争者打入了企业选定的目标市场，并且采取了优于企业的更集中化的战略；

3. 产品销量可能变小，产品要求不断更新，造成生产费用的增加，使得采取集中化战略的企业成本优势得以削弱。

案例：

从“游客之家”到“阳光度假村”

案例背景：“游客之家”是一个旅店，它位于一个著名旅游风景区的边缘，紧邻国道，每年有大批旅游者来到这个坐落于两个大城市之间的风景名胜区游览。投资人杨先生决定投资建设旅店时信心十足。作为一个经验丰富的旅游者，他认为自己明白游客需要朴实方便的住宿条件：舒适的床、标准的盥洗设备、免费有线电视等，但是像公共游泳池这样花哨的设施是不必要的。然而实际经营状况并不理想。两年来入住率都在55%左右，当地旅游局统计数字表明，这一带旅店平均入住率是68%。这里旅游市场竞争很激烈，除了许多高档饭店宾馆外，还有很多家居式的小旅社参与竞争。

是市场定位有问题吗？其实杨先生事先也考虑过市场定位选择问题，但他觉得高档宾馆太昂贵，家庭式旅社很不正规，像“游客之家”这样既具有规范化服务特点，又价格低廉的旅店应该很有市场。从一开始杨先生就避免与提供全套服务的度假酒店直接竞争，他采取的方式是削减“不必要的服务项目”，这使得“游客之家”的房价比高档度假酒店要低40%，住过的客人都觉得物有所值，但是很多游客还是进来看一圈后就去别家投宿了。

他现在感觉到事情并不是他想的那么简单。最近又传来旅游局决定在本地兴建更多大型宾馆的消息，杨先生越来越发觉自己的处境不利，甚至萌发了退出市场的念头。然而，这时他得到一大笔亲属赠予的遗产。他想到这笔资金也许能让“游客之家”起死回生。是退出市场？还是改变策略继续经营呢？杨先生反复思量，并邀请几个在咨询行业工作的朋友，认真研究当地市场的环境，为他出谋划策。

调查分析：通过研究本地旅游局提供的旅游市场统计数字，杨先生和他的朋友们首先肯定了在本地建设特色旅馆是正确的决策。随着人民生活水平的提高，特别是各单位放“五一”、“十一”长假以来，越来越多的人把外出旅游作为放松身心的方法。统计数字表明，近年来本地旅游人数每年以26.5%的速度增长，而本地旅馆数量增长幅度较慢，大旅馆入住率较高。该地处于两大城市之间，交通状况良好，又是著名风景区，旅游市场存在上升趋势。另外，该区域旅店平均入住率为68%，“游客之家”这两年入住率仅为55%，也说明有潜力通过改进经营策略获得较大增长。

仔细考察当地旅游部门提供的市场统计结果，对他们形成改进经营策略具体思路提供了重要帮助。第一，调查数据显示，前来本地的68%游客是不带孩子的年轻或年老夫妇，说明顾客大部分是城市白领和退休夫妇。他们的共同点在于寻找适合自己情趣的地方休闲，对多花一点钱不是特别在意。第二，40%的游客两个月前就预定好了房间和旅行计划，说明旅行社团体旅游和广告宣传的重要性。第三，66%的游客在当地停留超过三天，并且通常住同一旅店，这说明顾客的花费的确不少，他们对旅店的第一选择非常重要。第四，78%的游客认为旅馆的休闲娱乐设施对他们的选择很重要，由于游客一般要逗留三个晚上，尤其需要增加一些夜晚娱乐项目。第五，38%的游客是第一次来此地游览，另外较大比例的游客是旧地重游，这说明本地旅游环境被顾客认可，回头客生意相当重要。

总之，游客来此地主要以度假休闲为目的：借风景名胜和良好的空气，舒缓大城市的压抑；度假时间较长，准备较早，比较悠闲，并且回头客较多。这与杨先生自己过去经历的看风景、长见识式的旅游目的有所不同。这样的顾客群体一般经济情况较好，为享受生活、放松心身而来，虽然都尽量节约开支，但同时对舒适服务、娱乐设施有基本要求。

应对策略和效果：依据上述分析，杨先生调整了经营策略和措施。

第一，市场定位：仍定位于高档宾馆与家庭式旅社之间。以个人财力，无法与高档酒店争夺高端客户，但也不宜与小作坊经营式的家庭旅社比价格，以“游客之家”的财力和经营理念，应定位于中档休闲客栈，提供轻松、洁净的居住条件，以休闲概念吸引游客。

第二，调整价格：房价高低是一个相对的概念，风景区房价定在中上等比较适合，将房价分为多个级别，并通过分析实际比较受欢迎的价格，作为大部分房间的价格。适当拉开客房的价格，增加设施，满足不同层次的需求：保留1/3原房价，2/3房价上调，但要比度假酒店低20%，淡季打折。对于连续三天以上入住旅客提供更优惠的价格，对老客户提供折扣和一些免费服务。

第三，增加服务项目：在提高价格的前提下，增加一些健身和娱乐设施，提供特色服务项目，以绿色、宁静和新奇满足旅游者们休闲的要求。旅馆业是服务行业，很好地满足顾客需求是最核心的竞争力。客栈增加了一些简单实用的服务项目，如免费早餐、价廉物美的中饭和晚饭、导游、篝火晚会等。另外还增加了一些针对目标客户的特色服务，如对夫妇两人入住的游客提供“情侣房”等。

第四，加强市场宣传：与当地几家大旅行社合作，扩大客栈的知名度；增加旅馆外观装修，使其更加醒目；在旅游景区内设立一些宣传招牌，以吸引散客和新客；加入著名旅游网站，结合本地风景对旅店进行网页宣传，并利用先进通讯手段进行宣传及住宿预订。

第五，扩大横向经营合作：加入阳光度假集团，并将“旅客之家”改名为“阳光度假村”；与两大城市一些媒体的生活或旅游性栏目合作举办节目和其他活动，同时承接一些休闲型的会议。拓宽经营渠道，与旅行社合作，加大对团体旅游的开发力度。

经过调整，虽然成本有较大增加，但经营一年后发现，“阳光度假村”入住率达到79%，旅游旺季达到87%，超过当年本地入住率68%的平均水平，利润也随之有较大增长，成为该景区知名度较高的旅馆。

分析：旅店经营初期业绩不佳的关键原因，在于经营者没有足够重视“旅游顾客”和“度假顾客”的区别。人们出门在外，会对住宿饮食产生市场需求。撇开公务、商务旅行情况，居民娱乐休闲式的外出住宿需求至少可以分为两类，一是旅游，二是度假。简单地说，旅游是在旅行中游玩，度假则是到某个休闲去处，住下来通过各种娱乐游玩活动放松心身。虽然两种休闲方式存在交叉内容，如度假者也要旅行，旅游者也是在度假，但在具体需求内容上，却有对商家而言很重要的差异性。一般来说，收入较低阶层旅游者居多，收入较高阶层度假者为众；同一游览景点的初次到访人群中旅游者较多，回头客中度假者较多。我国居民消费方式改变过程中，早期旅游者较多，目前则有越来越多的度假者。有理由相信，随着我国居民收入的不断增长，旅游者和度假者相对消长关系可望进一步发展。

旅游者与度假者对住宿服务在需求方面存在明显差异。杨先生最初对旅客住宿需求的判断是“朴实方便的住宿条件”，这一点从中低收入阶层或年轻人结伴外出的旅游者角度看，应当是有道理的。因而在很多旅游热点地区，把市场定位在为这一目标顾客群提供服务也是正确的。然而，从案例提供情况看，该地区在两大城市之间，主要顾客不是上述旅游群体，而是收入大体属于中产阶层的城市居民。他们出游或者因为“五一”、“国庆”长假需要离家小住，或者为了暂时摆脱城市生活常态和压力而换个环境，主要动机不再是“旅行中游玩”，而是希望在舒适宜人的环境中放松身心，出游目的是“花钱买安逸”，而不是“花钱买见识”。对于这类顾客，过于简朴的服务供给显然不能很好地满足其需求。这一案例提示我们：经营者在进行市场定位时，不可随心所欲，要注意决定战略形成的制约因素。要明确在企业经营时，面临着两类因素：一类是可控因素；另一类是不可控因素。饭店的可控因素，是指影响饭店的营销活动，企业自身能够控制和运用的各种营销手段，如服务项目的选择、价格制定、品牌、服务流程设计、人员推销、营业推广等等；不可控因素，是指影响饭店营销活动且企业所不能够控制的各种属于饭店外部的环境因素，包括经济发展水平、法律体系、国家政策、人口状况、社会文化、风俗习惯、宗教信仰、市场竞争和气候地理环境等等。在此案例中，消费者的消费偏好，属不可控因素，经营者只能设法适应它，而不能改变它。

（原始案例作者：卫东。转引自：卢峰主编，《商业世界的经济学观察》，北京大学出版社，2003 年，第 33～37 页）

第五章　饭店市场营销计划

计划是一个商业过程，它包含对最近一段时间内取得的成果的肯定，对未来的改进及如何实现目标的思考。在饭店业中有一种倾向，认为营销计划只适合用于大饭店，为一个仅有少数员工的饭店制定书面营销计划是浪费时间。但是，由于小饭店的工作不像大饭店那样分工明确，制定书面营销计划对小饭店而言则更加至关重要。小饭店的高失败率可以直接归咎于资金不足者是经营者未能制定商业计划。只有很小一部分饭店的失败是由于坏运气或外部因素。

市场营销计划的制定需要详细分析你的产品、你的市场以及你的竞争者。一份精心制定的营销计划是引导饭店走向成功的桥梁。饭店市场营销计划是饭店用以争取市场份额和经营成功的蓝图。

第一节　单体饭店营销计划

一、营销计划纲要

饭店营销计划的纲要主要由饭店经营使命、饭店经营目标、饭店经营策略、饭店 SWOT 分析、确定各种策略并形成书面营销计划等部分构成。制定营销计划第一步的工作是提出所需要的全部数据和信息资料。在下面的内容中，我们复制了一份真实的营销计划纲要（Ronald A. Nykiel，罗纳德 · A. 尼基尔），并对其中所要完成的工作分步骤地加以说明和解释。

（一）饭店经营使命

该部分的内容是间接而明确地陈述本饭店在计划期内所要实现的总体目标，主要包括：

1. 本饭店的市场定位及其对市场信息的搜寻能力；

2. 拟实现的目标业务组合（散客业务与团体业务的比重）；

3. 总体性创收指标，例如平均客房收入、平均日房价、出租率、营业利润总额，以及其他一些对本饭店意义重大的测量指标。

例如2005年间，假日饭店在经营使命书中将自己定位于“努力成为一家在世界上受顾客和旅行社首选的旅馆公司和旅馆特许权经营公司”。一家饭店可以从三个不同的角度对其经营使命进行定义说明：

1. 从饭店所提供的产品角度来进行定义；

2. 从饭店所提供的产品使用的技术角度来进行定义；

3. 从酒店所要解决的顾客需求问题角度来进行定义。

按照哈佛商学院李维特的观点，从市场需求角度对公司经营使命下定义，要比从技术或产品角度下定义好得多。原因在于：产品和技术最终要过时，而顾客或市场需求的基本问题可能会长期存在。

（二）饭店经营目标

在计划第二阶段列出并简要阐述营销工作的重点目标即你想要实现的目标，根据具体情况以金额或百分率进行量化表示。所谓重点目标主要是指这些目标的实现将保证总体目标任务的完成。对于每一项经营目标，要列出为实现这一目标而拟采取的战略和行动步骤，下面列举某一饭店各层次目标的分解与连接：

层次1：公司目标

（1）使今年的营业收入比去年增加8%；

（2）使营业收入利润率由去年的19%提高到今年的25%。

层次2：酒店目标

（1）使今年的客房销售额增加2%；

（2）使今年的宴会销售额增加9%；

（3）将员工工资费用由目前占营业收入的20%降到15%。

层次3：部门目标

（1）销售部：制定一项公司销售计划，招徕公司常住客、会议客、宴会客，给予折扣或回扣优惠；

（2）销售部和前厅部：制定一项推销高价房的计划；

（3）人事部：重新定岗、定编、定员，辞退多余员工，尽量用临时工代替固定工。

层次 4：员工目标

前厅部：掌握向顾客推销高价房的技术。

培训全体员工掌握相近岗位技术和指导临时工技术，以便于他们在忙闲不均时可以互相帮助，并能指导临时工工作。

下层目标是更加具体化和手段化的目标。下层管理者在确立自己的目标时，需要有整个公司目标和上层目标的知识。每一层管理者包括员工的责任是通过实现自己的目标来完成整个公司目标的一个有机整体。

上层特别是最高管理层，要检查各层目标之间的相容性，以使各种计划目标互相协调，形成一个齐力奋进的有机整体。

一般来说，每一管理层分解的目标必须十分具体，特别对位于最底层的营销计划或策略来说，营销计划或策略要包括下列 6 个方面的内容：

（1）可以衡量的数量化的营销目标；

（2）实现营销目标的具体措施；

（3）每一措施完成的具体时间；

（4）完成每一个措施的负责人；

（5）每一措施或整个营销计划的预算，即收入、支出与净收入；

（6）随时根据现实情况对营销计划进行调整的负责人。请参阅下面一个宴会销售样例。

经营目标与战略文本样例

目标 1：业务组合

使团体业务从占本饭店业务组合的 35% 提高到 40%。

战略：

• 将星期一至星期四的团体房间分配量增加到 250 间；

• 提高销售人员的销售指标；

• 增加去上海和广州开展推销的次数；

• 增加广告以及面向公司集团会议筹组人开展直接邮寄推销的力度。

目标2：定价指标

成为本市饭店业中的价格领袖，保持房价比竞争者高50元。实现平均房价132元。

表5-1　宴会销售计划

目标	措施	实施时间	负责人	预算（元）	评估控制
使12月份的地方宴会收入比去年同期提高12%，即增加21.6万元。	1. 从电话号码簿上找出有关大公司、大机构和商会的名称与联系地址	6月1日到6月15日	销售部经理	收入； 12 桌/天 × 600/桌 ×30 天/月 216000	总经理
	2. 从历年地方报纸和上述公司机构商会的资料中了解它们的规律与计划，并做成档案	6月1日到6月25日	宴会部经理	支出： 按营业收入5%提 216000×5% 10800	总经理
	3. 设立奖励员工推销宴会的计划	8月1日前完成	宴会部经理助理	差旅交际费 500	总经理
	4. 与大公司、大机构和商会联系	7月1日开始	销售部经理	电台广告费300	
	5. 与公共关系人员一起，将旅馆推销为冬季商务、公务、家庭宴会的胜地	9月1日开始	宴会部经理	报纸广告费3375 电视广告费2100 17075 净收入： 198925	总经理 总经理

战略：

- 每两个月提高房价20元，或者根据保持最高价位的需要进行提价
- 开展每月一度的房价调查
- 6~9月份周末组合产品的平均价格保持为100元，10~12月份为120元
- 将1月份的套房价格提高10%
- 未经总经理批准，不得接受低于100元平均价的团体周末订房

表 5－2　房价调查表样例（单位：元）

	本饭店	东方大酒店	飞天酒店饭店	锦江阳光酒店	世纪饭店
明码价	205/215/225	195/205/215	179/189	185/195/105	189/199
公司价	单 195/双 205	单 185/双 195	单 169 双 179	单 175/双 185	单 179/双 189
公司批量价	单 185/双 195	单 185/双 195	单 175/双 185	单 170/双 180	单 174/双 184
秘书人员	单 185/双 195	单 185/双 195	单 175/双 185	单 170/双 180	单 174/双 184
俱乐部等级					
行政房					
技术房					
政府房					
周末房					
周末包价					
房/早餐/2 人					
套房价幅度	275/475	260/480	225/250	250/275	225/275

（三）SWOT 分析

在这一阶段，饭店营销计划要对营销环境进行系统的、有目的的诊断，以便清楚地明确本饭店的优势、劣势、营销机会和威胁（Threat）。

对饭店的 SWOT 分析，主要通过对市场状况进行调研，分析竞争对手和营销环境，然后确定本饭店在市场中所处的地位。主要分析以下几个方面：

1. 经济状况。阐明当地经济发展状况将会如何影响你的散客业务和团体业务（如果可以得到的话）。应将当地饭店业过去 12 个月期间的平均出租率资料列入附录。

2. 机会/不利因素。列出将会给本饭店计划期内的业务带来有利或不利影响的当地情况变化，包括已知将会出现的变化和预料将会发生的变化。

3. 业务趋势。简述过去两年半以来在散客需求（平日和周末）、业务组合和需求低谷期等方面所呈现出来的变化趋势。根据这一期间的情况，填写团体用房市场组合表，并将其列入附录。

4. 产品和竞争分析。阐述并分析本饭店以及三个主要竞争者饭店的产品情况，推销你的优势产品并取消或修改本饭店产品弱项的战略。

5. 竞争/市场定位方格图。利用图 5－2（见 153 页）所示的表格，在其中最适合的方格中画“×”表示本饭店的定位。利用同样的方法，分别在另外的方格图上画出三个主要竞争者饭店的定位（关于此表的说明，本章将在稍后部分讨论）。

（四）确定各种策略，形成书面计划

饭店营销计划的实施，要考虑与市场有关的各种策略。主要有市场增长/占有率策略和饭店发展策略。

1. 市场增长/占有率矩阵

市场增长/占有率策略是美国波士顿咨询公司采用的一种分析方法（如下图）：

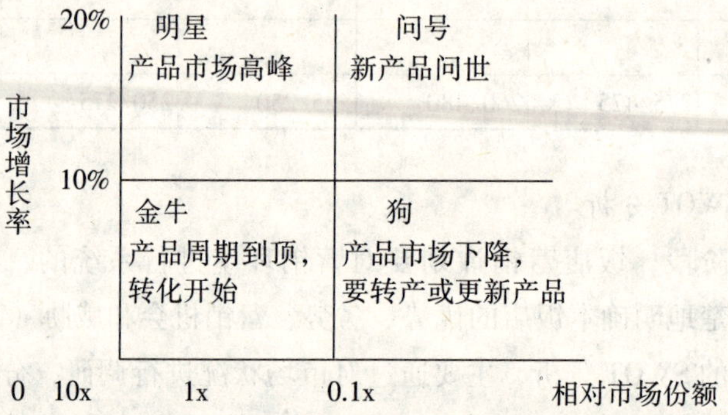

图 5－1

图中的纵坐标表示年市场增长率，发展快的市场（超过 10%）在纵坐标轴的上半部，发展慢的市场在下半部。横坐标轴表示各饭店市场份额与本地区最大竞争对手市场份额之比：对市场份额小于 1.0（最大竞争对手的市场份额大于对比饭店的份额），表明对比饭店的相对市场份额低。饭店位置在矩阵右侧；相对市场份额高的饭店（其市场份额大于最大竞争对手）则位居矩阵的左侧。由此，饭店的地位可以分为 4 种类型：

（1）问号

位于这个区域的饭店有以下特点：

——饭店产品在初次投入此类市场时，多为问号；

——产品位于高速发展市场中，但是市场份额却很小；

——需要大量投资，以便与迅速发展的市场保持同步；

——“问号”的进一步发展会使其转化为“明星”。

饭店所应采取的策略：

市场份额相对较小，意味着成本费用高于竞争对手，因此应该采取以下策略：

——加强促销活动，增加市场份额；

——寻找保险细分市场；

——视情况决定是否退出竞争。

（2）明星

“明星”的特点是：

——在快速发展的市场中占有较高的市场份额；

——拥有主要市场份额需要大量资金；

——“明星”的发展速度最终会减缓，转化为“金牛”。

“明星”常采用以下策略：继续投资以便

——保持现有市场领袖的地位；

——提高接待能力；

——加强营销促销活动。

（3）金牛

“金牛”的特点有：

——相对市场份额虽高，却处在增长率较低的市场中；

——能创造较高效益；

——由于市场增长较慢，需要较少资金。

“金牛”需要采取以下策略：

——维持市场份额。

（4）狗

位于此区域的饭店具有以下特点：

——“狗”是“明星”的反面：市场增长率低，相对市场份额低；

——获利少，甚至发生亏损。

此类饭店应采取的策略是：

——分析细分市场，发现可以获利的机会；

——实施成本控制计划，以加大短期现金流量。

以上各种方法有利于饭店确立自己的市场位置，挖掘自身潜力，重新组合资源，制定出切合本饭店实际的经营策略。除此之外，饭店还可分析店内经营区域，找出盈利区域和问题区域，以决定哪些区域应当发展，哪些区域应当维持，又有哪些区域应当收获或放弃。下面模拟一家饭店的市场地位分析：

本地区的总房间天数需求量：	2 年前	1 年前
	219624	230480

本地区各饭店的市场份额是：

	2 年前	1 年前	细分市场
本饭店	23.2%	22.9%	?
饭店 A	41.8%	42%	高档
饭店 B	16%	15.4%	中档
饭店 C	8.5%	8.6%	低档
饭店 D	10.5%	11.1%	中档

问题：如果本饭店定位于高档市场，在市场份额/增长率矩阵中的位置何在?

答案：将前后两年的总房间天数需求量相比，增长率为 4.7%，表明市场增长缓慢。

本饭店与饭店 A 之间的市场份额之比是 0.55（22.9/42），小于 1.0，表明相对市场份额低。

结论：本饭店应位于坐标图的右下侧，即“狗”产品下降的位置。

问题：如果本饭店寻求“中档阶层市场”，那么饭店在矩阵图中将占何种位置?

答案：已知市场增长率为 4.7%，相对市场份额是相同划分市场中本饭店与最大竞争对手之比（与饭店 B 之比），22.9/15.4 = 1.48 可列在矩阵左下侧，即“金牛”的位置。

结论：本饭店在这一缓慢增长的市场中将占有较大的市场份额。

饭店随后可据此确定应当采取的策略。

2. 产品/市场发展战略

管理人员不仅要恰当的确定饭店的市场位置，还要根据饭店的实际确定饭店的发展战略。帮助管理人员确定发展机会的方法可采用产品/市场开发矩阵模式。

表 5－2

	现有产品　新产品	
现有市场	市场渗透	产品开发
市场	市场开发	多种经营

（产品/市场开发矩阵模式）

饭店需要对下列问题做出决策：进一步挖掘现有产品的潜力还是开发新产品；进一步向现有市场纵深发展还是开发新市场；还是同时考虑几种可能性。可能的发展策略有 4 种：

（1）市场渗透策略：饭店力求在现有市场中进一步利用现有产品扩大市场份额，可以采用的手段有：

——进一步提高产品/服务质量，提高现有客人的回头率；

——增强促销效果，吸引竞争对手的同类客人转向本饭店的产品。

典型例子：

a. 大力促销更赚钱的客房；

b. 店内促销、食品饮料/特菜的广告以及折扣广告；

c. 在特别周末，至少安排两至三夜的活动（使客人多停留 2～3 天）。

（2）市场扩展策略：饭店力求开发新市场以扩大现有产品的销量。常有的策略有：

——设法进入新的细分市场；

——着力开辟新的销售渠道；

——努力扩大销售区域。

a. 在旅游团的基础上开发公司生意，通过有选择的广告、推销访问、折扣和其他有目的的促销活动吸引这类客人；

b. 在本地报纸上刊登附送赠品的产品推销广告，以增加地区晚宴生意；

c. 参与社区事务——在饭店召开商会、举办公益性活动等。

（3）产品开发策略：饭店的产品开发策略指向现有市场、推出新产品，以增加销量。具体做法是：

——将现有产品分档定级，更新改进，强化他们的产品属性；

——增加现有产品的特色；

——对产品进行细分，把同种产品未能满足的需求分出来，在原有产品系列中增加新品种，以满足现有市场的需要。

例如：a. 增加套间客房和豪华单间；

b. 在餐厅架设冷餐或沙拉台，用新鲜菜点取代不赚钱的老菜项；

c. 推销具有地区特色的酒水。

（4）多种经营策略：向新市场推销新产品，即兼营与饭店业务无关的行业产品。该策略的优点是通过增加市场容量扩大知名度和影响力，当然，其策略也具有一定的风险性。

例如：福建厦门悦华酒店在建店之初就着眼未来，制定出以客房、餐饮为龙头，带动商场、车队、娱乐、养殖和园林等项目共同发展的综合经营性方针，此后，悦华酒店的业务进一步扩大——其副业充实发展，还增加了服装厂、糕点厂、印刷厂等业务。

（五）附录

1. 营销预算概算表

利用表 5 - 3 所示的汇总表，列出本饭店去年的实际费用、今年的预计费用以及下一年度的预测数额。

a. 房价调查表。利用表 5 - 2 所示的样表形式，填写有关竞争者的房价调查结果。

b. 目标业务组合附件。将所计划的全年每个月份拟实现的散客用房市场组合与团体用房市场组合记录下来，供将来对照实际业绩进行测量。

c. 散客市场排序表。列出计划年度内将针对其开展经营的所有各散客细分市场，并按其对本饭店利润贡献能力的大小进行排序。

d. 团体市场排序表。列出计划年度内将针对其开展经营的所有各团体细分市场，并按其对饭店利润贡献能力的大小进行排序。

e. 销售人员推销任务分派单。列出争取市场的目标责任在销售部内是如何分配的。

2. 初步预算和广告计划

初步预算和广告计划工作应在所计划的时间内完成。

3. 最终的详细预算和广告计划此时应得到认可，以便能够有适量的时间去制作广告和购买广告媒体。

4. 按目标市场列出纲要式工作计划

采用简要陈述方式，针对每一个目标市场按工作类别列出具体的计划行动。

这些工作类别包括：

促销活动（邀请考察、参加展销等等）

直接邮寄（只限当地和本地范围内）工作

广告工作

公共关系工作

所有这些工作活动都应按月份进行安排，并分派给具体的销售人员。日常性的活动无须在工作计划中列出。所有的工作计划文件都要按样例格式打印。

5. 分季度制定序时工作

第一季度序时工作计划的制定任务应在×年×月×日到期完成。工作内容应按日期顺序列出。第二季度序时工作计划的制定任务应在×月×日到期完成（参考下面样例）。

序时工作计划样例

北京××饭店

2005 年 10 月

第一周：9 月 26 日，星期一至 10 月 1 日，星期五

海淀区特区社团推销性访问（2 天）	工作人员 A
朝阳地区寄发夏季政府价推销材料	工作人员 B
到丰台区 A 汽车公司作推销性拜访	工作人员 C
开始准备 8 月份面向公司企业开展的电话推销活动	工作人员 D

第二周：10 月 3 日，星期一至 10 月 7 日，星期五

出席在北京举办的“B”交易会	工作人员 A

向经常性公司客户寄送《××季度业务通讯》 工作人员C
从退伍军人杂志上寻找恳亲会线索 工作人员B
更新直接邮寄对象的名单 工作人员D

第三周：10月10日，星期一至10月14日，星期五

对本地区的社团组织进行推销性拜访（2天） 工作人员D
关于营销计划的小组讨论会 全体人员
向当地的乡村俱乐部邮寄关于婚礼客房的推销材料 工作人员C
去休斯顿出席推销工作讲座 工作人员B

第四周：10月17日，星期一至10月21日，星期五

去当地开展推销性拜访 工作人员C
对夏季政府价推销材料的信息反馈者进行电话跟踪 工作人员D
最后敲定8月份集中电话推销的对象名单 工作人员A

表5-3 营销费用预算表

项目与概算 （单位：元）

饭店＿＿＿＿＿＿ 编号＿＿＿＿＿＿

年份 / 费用 / 项目	去年	今年	计划年度
直接销售（包括差旅费、电话费、应付/预定费、业务费）			
公共关系			
销售促进			
印刷品			
工资			
办公用品			
杂项			
广告			
小计			

二、市场/竞争方格图

市场/竞争方格图如5－2：

		强	中	弱
竞争定位	强	1 强势市场 强势产品	2 中势市场 强势产品	3 弱势市场 强势产品
	中	4 强势市场 中势产品	5 中势市场 中势产品	6 弱势市场 中势产品
	弱	7 强势市场 弱势产品	8 中势市场 弱势产品	9 弱势市场 弱势产品

图5－2 市场定位

一个企业经营的成功程度是决定其未来行动计划的一项重大考虑问题。一个企业经营的成功程度是所处市场的潜力及其该市场中的竞争定位这两项因素的函数。

制定行动计划时，可使用竞争/市场定位图四方格图，将所处市场的潜力同对有关企业竞争地位的估测联系起来。方格图的横轴表示该市场的潜力，纵轴则代表该市场中某特定企业所提供的产品在市场的竞争位置。两条轴上的排列顺序都是从强到弱。竞争位置的确定既需要考虑定量因素，也需要考虑定性分析的结果，例如：

- 竞争者的数量与品质；
- 有关坐落地点、交通、形象、设计、规模、价格等方面的竞争优势；
- 满足现有目标市场需要的能力。

将每一个同行企业的方格图全部填出。如果你的企业或任何你的竞争者正在经历某些变革，从而将会影响你在计划年度内的定位，则需另外填制方格图进行未来定位。当然，方格图中的位置都有其具体含义。一个处在1号、2号或3号位置的饭店都可能是该市表现最好的饭店，或者说处在1号位的竞争者与处在2号位的竞争者并无明显的差别。一个处在4号、

5号或6号位的饭店不会是该市数一或数二的饭店，而只是品质一般的饭店。一个处在7号、8号或9号位的饭店同其竞争者相比较则是品质较差的饭店。这种饭店在竞争中处于明显不利的地位。

对每一饭店来说，需要填制4份定位方格图，分别针对下列4个主要市场：

- 商务旅行——团体；
- 商务旅行——散客；
- 消遣旅行——周末；
- 消遣旅行——度假。

你应考虑来本饭店在以上每一目标消费者市场中占据的位置。例如，处在1号位意味着你在一个强劲的市场中拥有最好的饭店，也就是说，你在一个（例如）出租率为80%的市场中拥有最好的饭店。处在3号位则意味着你处在一个弱势市场——不如一个出租率仅为40%的市场。

使用方格图时，选择在最恰当的方格内划“×”表示本饭店的位置。然后以同样的方法分别另外标出三个主要竞争者所处的位置。这样做完之后，你便可以制定和使用最恰当的定位战略了。

三、工作计划样例

下面是一个关于从公司商务市场争取团体业务的工作计划样例。

表5－4　行动计划

项目	负责人	完成日期
直接推销	负责人A	
1. 前往下列城市拜访主要客户的旅行安排		1月
2. 出席全国有关会议		2月
3. 开展闪电式推销活动		3月
直接邮寄	负责人B	
1. 面向所有公司客户邮寄材料，宣传本饭店的会议组合包价产品		4月

（续表）

项目	负责人	完成日期
2. 编印一本会议宣传册并寄给那些目前尚未提出预定要求的公司客户		5月
广告	负责人C	
重点放在面向公司团体市场广告上		6月
公共关系	负责人D	
1. 向传媒投发本公司关于特色活动的新闻稿件		7月
2. 向行业出版物投发介绍本饭店会议组合产品的稿件		8月
3. 就本饭店接待公司会议中具有新闻价值的活动撰发稿件		9月

第二节　饭店集团市场营销计划

一、年度计划控制

任何企业都要制定年度计划，然而，年度市场营销计划的执行能否取得理想的成效，还需要看控制工作进行得如何。所谓年度计划控制，是指饭店在本年度内采取控制步骤，检查实际绩效与计划之间是否有偏差，并采取改进措施，以确保该饭店市场营销计划的实现与完成。许多饭店每年都制定有相当周密的计划，但执行的结果却往往与之有一定的差距。事实上，计划的结果不仅取决于计划制定得是否正确，还有赖于计划执行与控制的效率如何。可见，年度计划制定并付诸执行之后，搞好控制工作也是一项极其重要的任务。

年度计划控制的主要目的在于：（1）促使年度计划产生连续不断的推动力；（2）控制的结果可以作为年终绩效评估的依据；（3）发现企业潜在问题并及时予以妥善解决；（4）高层管理人员可借此有效地监督各部门的

工作。年度计划控制系统包括4个主要步骤：(1) 制定标准，即确定本年度各个季度（或月）的目标，如销售目标、利润目标等；(2) 绩效测量，即将实际成果与预期成果相比较；(3) 因果分析，即研究发生偏差的原因；(4) 改正行动，即采取最佳的改正措施，努力使成果与计划相一致。饭店经理人员可运用5种绩效工具以核对年度计划目标的实现程度，即销售分析、市场占有率分析、市场营销费用与销售额比率分析、财务分析、顾客态度追踪。

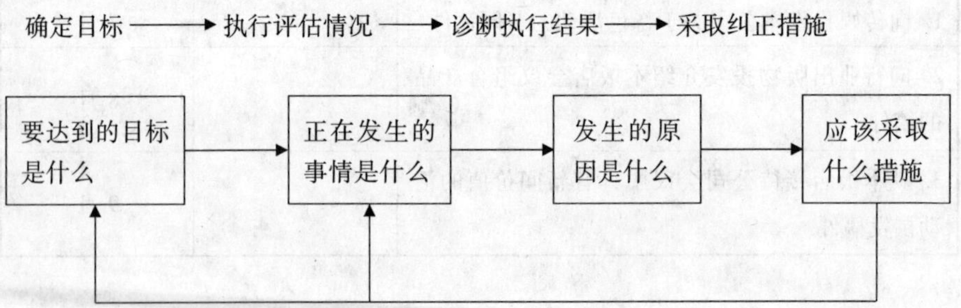

图5-3

二、赢利能力控制

除了年度计划控制之外，饭店还需要运用赢利能力控制来测定饭店提供的不同产品、不同营销区域、不同顾客群体、不同渠道以及不同订货规模的赢利能力。由赢利能力控制所获取的信息，有助于管理人员决定饭店推行的营销活动是扩展、减少还是取消。对饭店进行赢利能力的控制，主要要考虑市场营销成本和衡量赢利能力的指标。市场营销成本主要指直接推销费用、促销费用、其他市场营销费用，包括市场营销管理人员工资、办公费用等。赢利能力的考察指标主要指销售利润率、资产收益率、净资产收益率、资产管理效率、存货周转率、资产收益率。

三、市场营销审计

所谓市场营销审计，是对一个企业市场营销环境、目标、战略、组织、方法、程序和业务等做综合的、系统的、独立的和定期性的核查，以便确定困难所在和各项机会，并提出行动计划的建议，改进市场营销管理效果。市场营销审计实际上是在一定时期对企业全部市场营销业务进行总的效果评价，其主要特点是，不限于评价某一些问题，而是对全部活动进行评价。第二次世界大战以后，发达国家经济缓慢地增长，产品翻新加快，需求趋向个性化、多样化，市场竞争日益激烈，企业市场营销呈现危机。工业企业为提高经济效益，对市场营销活动加强核查、分析和控制，逐渐展开市场营销审计。进入20世纪70年代，美国许多工商企业，尤其是一些跨国公司，日益从单纯关注利润和效率发展到全面核查经营战略、年度计划和市场营销组织，高瞻远瞩地改善企业经营管理和更有效地扩大经济效果。他们对市场营销活动的核查范围逐步扩大。包括用户导向、市场营销组织、市场营销信息、战略控制以及作业效率等，同时制定了核查的具体要求，确立了核查标准并采用计分办法加以评估。从那时起，市场营销审计开始成熟，并逐步发展。工商企业把它当作加强市场营销管理的一个有效工具，从而为市场营销理论增添了新的篇章。

市场营销审计的基本内容包括市场营销环境审计、市场营销战略审计、市场营销组织审计、市场营销系统审计、市场营销赢利能力审计和市场营销功能审计。

（1）市场营销环境审计。市场营销必须审时度势，必须对市场营销环境进行分析，并在分析人口、经济、生态、技术、政治、文化等环境因素的基础上，制定企业的市场营销战略。这种分析是否正确，需要经过市场营销审计的检验。由于市场营销环境的不断变化，原来制定的市场营销战略也必须相应地改变，也需要经过市场营销审计来进行修订。目前，我国许多企业重复投资、重复建设、盲目上马，不能适应市场需要，不利于形成适度的市场规模，因而难以取得理想的经济效益，原因就在于缺乏充分的市场营销环境的调查与分析。即使有些企业在这方面做了一些工作，但是，绝大多数企业还远没有进行市场营销环境审计。审计内容包括市场规模，市场增长率，顾客与潜在顾客对企业的评价，竞争者的目标、战略、优势、劣势、规模、市场占有率，供应商的推销方式，经销商的贸易渠道等。

（2）市场营销战略审计。企业是否能按照市场导向确定自己的任务、目标并设计企业形象，是否能选择与企业任务、目标相一致的竞争地位，是否能制定与产品生命周期、竞争者战略相适应的市场营销战略，是否能进行科学的市场细分并选择最佳的目标市场，是否能合理地配置市场营销资源并确定合适的市场营销组合，企业在市场定位、企业形象、公共关系等方面的战略是否卓有成效，所有这些都需要经过市场营销战略审计的检验。

(3) 市场营销组织审计。市场营销组织审计，主要是评价企业的市场营销组织在执行市场营销战略方面的组织保证程度和对市场营销环境的应变能力，包括：企业是否有坚强有力的市场营销主管人员及其明确的职责与权利，是否能按产品、用户、地区等有效地组织各项市场营销活动，是否有一支训练有素的销售队伍，对销售人员是否有健全的激励、监督机制和评价体系，市场营销部门与采购部门、生产部门、研究开发部门、财务部门以及其他部门的沟通情况以及是否有密切的合作关系等。

(4) 市场营销系统审计。企业市场营销系统包括市场营销信息系统、市场营销计划系统、市场营销控制系统和新产品开发系统。对市场营销信息系统的审计，主要是审计企业是否有足够的有关市场发展变化的信息来源，是否有畅通的信息渠道，是否进行了充分的市场营销研究，是否恰当地运用市场营销信息进行科学的市场预测等。对市场营销计划系统的审计，主要是审计企业是否有周密的市场营销计划，计划的可行性、有效性以及执行情况如何，是否进行了销售潜量和市场潜量的科学预测，是否有长期的市场占有率增长计划，是否有适当的销售定额及其完成情况如何等。对市场营销控制系统的审计，主要是审计企业对年度计划目标、赢利能力、市场营销成本等是否有准确的考核和有效的控制。对新产品开发系统的审计，主要是审计企业开发新产品的系统是否健全，是否组织了新产品创意的收集与筛选，新产品开发的成功率如何，新产品开发的程序是否健全，包括开发前的充分调查研究、开发过程中的测试以及投放市场的准备及效果等。

(5) 市场营销赢利能力审计。市场营销赢利能力审计，是在企业赢利能力分析和成本效益分析的基础上，审核企业的不同产品、不同市场、不同地区以及不同分销渠道的赢利能力，审核进入或退出、扩大或缩小某一具体业务对赢利能力的影响，审核市场营销费用支出情况及其效益，进行市场营销费用销售分析，包括销售队伍与销售额之比、广告费用与销售额之比、促销费用与销售额之比、市场营销研究费用额之比、销售管理费用与销售额之比，以及进行资本净值报酬率分析和资产报酬率分析等。

（6）市场营销职能审计。市场营销职能审计，是对企业的市场营销组合因素（即产品、价格、地点、促销）效率的审计。主要是审计企业的产品质量、特色、式样、品牌的顾客欢迎程度，企业定价目标和战略的有效性，市场覆盖率，企业分销商、经销商、代理商、供应商等渠道成员的效率，广告预算、媒体选择及广告效果，销售队伍的规模、素质以及能动性等。

案例：

胜利宾馆的“软性经营，公关先行”战略计划

胜利宾馆在20世纪90年代初期由于合资方破产，债台高筑，被迫清盘退股，职工纷纷跳槽。眼看宾馆就要关门，在这样的形势下，新上任的总经理在反复考虑了宾馆所处的环境、内部条件等因素后，制定了“软性经营，公关先行”的战略计划。这一战略计划的制定是由多种因素综合而得出的：

宾馆当时有一批保龄球设备，但基本处于闲置状态，既占场地，又浪费资金。经调查，保龄球在本地的市场前景很大，只是未经开发，而且宾馆的知名度较低也是导致保龄球设备利用率低的原因之一。

修改战略计划的目的就是通过大量的公关活动树立宾馆的形象，用优惠的措施申办保龄球赛，加强与新闻媒体的联系，以求宾馆知名度的提高和使保龄球备受青睐，最终达到宾馆实际效益的提高。

实践证明他们的做法是对的，制定的战略是成功的。

尝到了公关的甜头，于是宾馆组建了公关部，公关部的5名成员都具有大专以上文化程度，且掌握一门外语。在专业公关人员的策划和参与下，胜利宾馆的“球”越打越活，干脆把“保龄球公关”拓展到整个体育界。几年来，宾馆有意识地与体育界各种活动挂钩，对体坛明星更是独垂青眼，体坛盛事成了宾馆的盛事，胜利宾馆先后接待并支持了第六届全运会、第八届亚乒赛、中国首届特奥运动会、全国健美精英赛、太平洋国家体操协会联盟锦标赛等。由此，胜利与体坛建立了特殊的感情。1991 年 11 月，胜利举行 8 周年馆庆活动，国家跳水队总教练带领一批世界冠军绕道赶来致贺。

在制定战略的过程中，宾馆还注意收集多方面的资料和统计数据，如：这个项目与预期目标的差距等。宾馆为适应新的环境，还不断修改计划，以适应宾馆经营的良性循环。

第六章　饭店业产品开发

第一节　饭店服务项目的开发

任何一家饭店在持续经营了一段时间之后，都会面临如何进行新产品开发的问题。竞争的压力、替代产品的涌现、消费者需求趋势的变化以及饭店内部革新、分散风险和利润的驱动，都是饭店新服务项目开发的动力。

一、饭店业产品

饭店业产品是以设备设施为基础的服务和以人为基础的服务的组合，即是有形产品与无形产品的结合。饭店业产品可以分解为三个层次：

产品实体本身是核心层：产品实体本身是产品的核心层，代表消费者或用户在获得和使用产品过程中得到的基本利益。如饭店提供住宿，它是饭店产品可以进入市场的原因，它体现了饭店最基本的功能，它是消费者或用户购买饭店产品的本质所在。

产品有形附加物层：这是附加在产品外部，消费者或用户可以直接感觉到的那些有形物，它们给消费者或用户在使用消费中提供附加利益。产品有形附加物非常重要，它与产品实体本身的结合，形成了产品有形硬件整体。如饭店客房内供客人洗澡用的毛巾、洗发液、肥皂、牙膏，供住客旅游用的地图、旅游手册、住店指南、安全疏散图。它们的作用并不仅仅是便于产品实体的使用，还帮助增加产品实体的价值或者使饭店的客房产品同其他竞争者的产品区别开来，所以产品有形附加层常常被饭店作为差异化战略而使用，例如有的高星级饭店在客房内增加棉签、浴盐、护发素等。

产品无形附加物层：这是在产品有形硬件外附加的软件。它包括了饭店产品销售和消费过程中伴随提供的各种服务。产品无形附加物或服务能使消费者或用户获得附加利益，消费者或用户的需要会得到更多的满足。这些服务也是必需的，比如饭店有专门的接站、送站服务，订票服务，销售方式，各种优惠等。在产品功能及技术性能相近、产品有形硬件独具一格的优势不明显时，竞争往往表现在产品无形附加物层上。

饭店业产品策略主要指饭店企业如何根据自己的优势和特点，在激烈的市场竞争中适时地生产出自己的餐饮产品和服务。同时，根据产品的生命周期积极研制和开发新的产品和服务，真正做到"人无我有，人有我特，人特我新"，从而在市场竞争中永远处于主动地位。

每种产品都包括一系列阶段性的生命周期：

产品开发期是进行产品构思与研究、市场分析、目标市场选择、产品测试、可行性研究并在产品通过所有测试标准后准备付诸销售的阶段。

产品介绍期是把产品推向顾客，进行促销以扩大知名度，并且辅助销售过程的阶段。

以上两个过程又可以统称为产品引进期，在产品引进期阶段，饭店是全新的，在经过初期的市场分析和可行性分析的评估之后，开始投入运营并通过促销手段引起目标顾客组合的注意。如果饭店和它的产品是可以接受的，那么它就会成长，而且有希望能得到一定程度的认可，最终获得成功。

产品成长期是顾客接受产品之后销售额开始对产品开发的努力做出回报的阶段。

产品成熟期是产品已达到销售顶峰并带来巨大利润的阶段，也是出现来自其他饭店巨大竞争的阶段。这一阶段饭店达到其最高增长点并稳定下来，此时应该以在收回投资的基础上有一定的盈余利润。

产品衰退期是产品开始变得乏味，销售额呈持续下滑的阶段。一旦其他饭店进入市场、自己的设施开始老化并需要翻新、市场的需求出现变化或饭店周围的环境发生了变化，此时就是所说的衰退期了。

产品结束或复元期是经营者必须决定是让产品自然消失还是以某种方式为其注入活力的阶段。

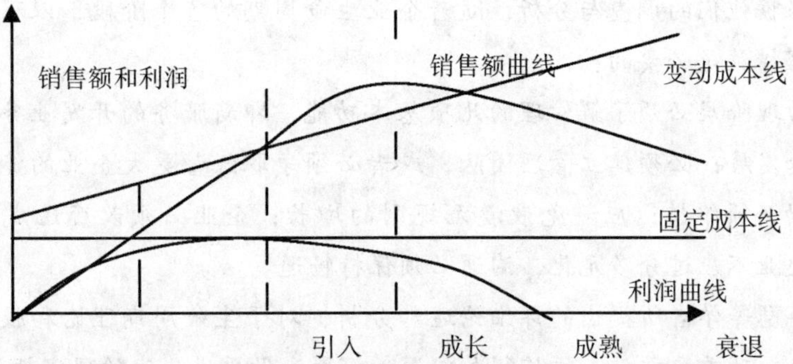

图6－1　产品生命周期

对于一个具体的饭店产品品牌来说，其生命周期多数情况下被描述成一条S形曲线（如图）。从图可看出，在不同的生命周期阶段上，饭店产品或服务呈现不同的市场特征。

由于企业经销战略和能力的差异，不同品牌的饭店可能拥有差异很大的生命，对于一个具体的饭店产品品牌来说，其生命周期多数情况下被描述成一条S形曲线（如图）。有人研究，在美国，过去一种新产品的饭店生命周期平均大约三年，并且有迹象表明其生长期更短。但有些产品会比别的产品更有生命力，比如伦敦的克拉里基斯饭店、新加坡的拉菲尔饭店、苏格兰的格兰依哥斯饭店、巴黎的乔治五世饭店，它们一直没有改变自己的基本经营方式，但随着时间的推移会适应顾客的需要做些细微的调整。

阅读材料：麦当劳、假日集团代表的连锁服务饭店的五阶段周期

萨瑟等人把生命周期理论应用到多地点服务企业（Multisite Service Firm），他们通过对麦当劳、假日饭店等多地点企业的考察，认为这些企业的增长经历了生命周期的五个阶段：创业阶段、多地点合理化阶段、增长阶段、成熟阶段，以及衰落或再生阶段。在每个阶段，他们都从服务企业的五个主要职能即财务或控制职能、经营职能、市场营销职能、开发职能和行政管理职能等进行详细地分析和解剖，从而提示服务企业在生命周期的不同阶段上，其各个职能所表现出来的特点以及企业所面临的目标、决策、问题和组织转移任务。

根据他们的调查与分析，随着企业生命周期的各个阶段，以下的一系列管理措施是必要的：

管理阶层必须了解管理的几项基本功能，即新服务的开发业务、营销和观念发展；必须建立管理团队，或者必须争取经营更大企业的能力；管理激励必须维持；应避免散漫无规则的增长；企业必须改变已成熟的观念；企业不应过分多元化，沟通必须保持畅通。

萨瑟等学者所提出的详细论述和分析，对于生命周期理论和服务营销可说是一项重要贡献，并值得加以深入探讨和做更进一步的现实评估。

美国通用电气公司总裁兼首席执行官杰克·韦尔奇认为："在激烈的商战中，赢家往往是那些不断寻找并积极投身于具有良好前景行业的公司，不仅如此，赢家还必须是那些在每一个所涉及的领域，都能够成为市场数一数二的业界领导者。"显然，在不同的饭店之间，很多产品和服务都是相同的，即使存在某些不同之处，也是很容易被模仿的。因而一个企业所拥有的竞争优势很难长期维持下去，那么创新、差异化就是企业所要注重的。

为了研究饭店业产品的开发，我们还必须得了解饭店产品的一些性质。从概念上说，饭店是一个以提供服务为主的综合性服务企业。饭店产品既有一般所说的有形产品，同时更主要的是无形产品——服务。

二、饭店产品的商品属性

1. 饭店产品具有不可贮存性

饭店产品不存在独立的"生产"过程，是通过服务或劳务来直接满足客人需要，只有当客人购买它并在现场消费时，饭店产品才实现其价值。例如未出租的客房对饭店来说是无法弥补的损失，因为昨天没有租出的客房，今日即使租出，那也是今天的产品售出了。同样，餐饮部门的产品，无论是原料还是成品都容易变质而无法销售。因此，饭店产品的这种特点造成了它的不可贮存性，即一天无人购买，该产品的价值将随之消失。

2. 饭店产品生产、交换与消费的同步性

饭店产品的生产与消费是同步进行的，生产者（饭店工作人员）与消费者（客人）之间是直接的、面对面进行的当面服务与当面消费，这是一个过程的两个方面。一般物质产品价值的实现需经历三个阶段：生产——流通——消费，饭店服务的生产与消费却是同步进行的，饭店的生产（提供服务）根据顾客的即时需要而定时、定量进行，即生产者（饭店工作人员）与消费者（客人）之间是直接的、面对面进行的，饭店工作人员当面服务，客人当面消费。饭店提供服务的好坏，必须接受客人的当面检验，并对饭店产生直接影响。饭店服务的这一特点，对饭店的服务与管理提出了更高的要求。

3. 产品的地域不可流动性

饭店业的竞争具有明显的地域性特征。这主要是由饭店的两大特征决定的：一方面饭店产品供应的就地性，饭店产品无法输出，它具有地域不可流动性；另一方面饭店产品消费的就地性，饭店消费者必须亲临饭店才能消费。

三、饭店产品的服务属性

1. 饭店服务的无形性

饭店服务是看不见、摸不到、非物化、非量化的产品。饭店服务的无形性，致使饭店企业很难向客人描述、展示服务项目，而客人也不可能在购买某一项服务前对其进行检验或试用，因此造成饭店产品推销上的困难。客人在选择饭店和餐厅时，往往只凭他所知道的该饭店的声誉为选择标准，而不像在购买其他商品时，有产品说明书和产品规格作为依据。因此，饭店必须十分重视树声誉、创牌子、立形象的工作。

2. 饭店服务的差异性

一家饭店提供的同一产品不可避免地存在着质量和水平的差异，具体表现在一家饭店的不同职工甚至同一职工在不同的时间、不同的场合或对不同的对象所提供的服务往往水平不一、质量不同。造成饭店服务差异性的直接原因在于手工劳动是饭店的主要生产手段。要克服饭店服务差异性的关键在于制定严格的质量标准，坚持每次服务都符合标准，其途径在于加强职工教育培训，提高从业人员的文化修养，讲究服务道德，改善行业素质和职业技能。

3. 饭店服务信息反馈的直接性

工业产品被生产出来后，要拿到商场（市场）上，由商业部门组织销售，产品的生产者不直接与顾客见面，客人对产品的意见、投诉，要经由商业部门或销售部门反馈到生产者那里，生产者有足够的时间对客人的意见和投诉做出反应。服务产品则是由其生产者（饭店工作人员）当面向客人提供的，客人对产品的意见和投诉会立即反馈给服务的提供者——饭店工作人员。因此，饭店工作人员必须机智灵活，训练有素，善于接受客人的意见和投诉，能灵活应付和妥善处理各种情况。

4. 饭店服务的不可贮藏性

饭店服务的这一特点是由服务的直接性决定的。饭店向客人提供的各种设施和服务无法储存和搬运，只有当客人光顾或住进饭店时才能进行；当客人结账离店时，饭店的服务也随之终止。

在买方市场下，那些只能提供趋同性产品的饭店发现他们在激烈的竞争中变得越来越不利，只有那些能够捕捉住客户的需求，开发出差异化产品和服务的饭店才能获得盈利并在竞争中胜出。

四、饭店业与旅游业结合

饭店和旅行社是旅游业中边界清晰的两个行业，既是旅游业的主要组成部分，支柱产业，又是旅游活动顺利实现的基础条件。从古到今，饭店一直承担着为外来人员（包括游客）解决饮食与住宿的职责。所以旅行社所接待的游客也是饭店重要的客源之一。旅行社的接待水平和接待能力，在很大程度上反映了相对应的接待饭店的接待水平。

（一）饭店与旅行社的业务往来

旅行社已成为饭店市场最重要的中间商之一。按旅行社服务性质和范围来划分，可以将其分为旅游零售商和旅游批发商。

旅游零售商的性质和特点。旅游零售商是直接向消费者出售各种线路的团队旅游、包价旅游、散客旅游等形式的最终旅游产品。他们可独立经营，也可是某个批发商的下属机构，代为出售该批发商的旅游线路和旅游项目，由此构成饭店销售网的一个环节。旅游零售商也可受饭店委托，以合同规定的价格向顾客出售其产品，并按售出总额的一定比例提取佣金报酬。

旅游批发商的性质和特点。旅游批发商是重要的中间商，专门从事团队旅游的组织和销售活动。他们通过与航空公司、客轮及铁路公司、饭店等直接谈判，安排和组织各种时间、线路和价格的包价旅游。他们往往事先向饭店预订一批客户并将其分配给组织的系列团；批发商名下往往有很多旅行社，拥有重要的销售网。旅游批发商的营业收入主要包括从各种交通公司得到的代理佣金和饭店订房差价所得的收益。

（二）饭店业如何与旅行社建立良好的合作关系

饭店要想使旅行社成为自己的合作伙伴，为饭店进行大力推销，必须做好 7 个方面的工作：

1. 挑选合适的旅行社作为饭店的销售代理。

一方面，饭店的各种设施及接待能力，能够接待所选旅行社带来的住店客人。另一方面，所选择的旅行社能够为饭店带来稳定、持续的客源。再者，合作的旅行社能够在顺利的合作中为饭店带来其他的合作者。

2. 做好对旅行社的服务和沟通工作，提供各种促销住处以帮助他们销售。

这样既能够使旅行社感到饭店与其合作的诚意与前景，也在提高旅行社服务质量的同时提高饭店的接待率。

3. 采用各种激励措施，提高旅行社代理销售的积极性。

4. 加强预订受理工作，方便旅行社订房。

5. 搞好旅游团队的接待工作使旅行团成员和旅行社双方满意，这是维持饭店与旅行社关系的重要方面。在这种情况下，饭店所针对的客人既包括旅游团队中的游客，同时也包括旅行社。只有使自己的客人满意才能够保证企业的顺利发展。

6. 加强售后工作，保持与旅行社的密切联系。

7. 重视账款清算工作，维护饭店的经济利益。

旅行社将向宾馆输送客源，而宾馆将为旅行社预留客房，提供优惠价。二者的合作可以说是既使自己在支出成本上有一定的减少，又使自己的业务经营找到了一个固定、客观的客源来源。

五、餐饮服务开发

餐饮部作为饭店的一个主要对客服务部门和创收部门，正发挥着越来越重要的作用。中国饭店协会公布的资料显示，2001 年全国餐饮业营业额实现4368 亿元，占社会消费品零售总额的11.2%，比上年同期增长 16.1%，成为国内消费需求中发展速度最快、增长幅度最高的行业。据统计，餐饮部门收入在饭店总收入中所占的比例因饭店而异，一般而言，在总量上可占全部营业收入的 40% 左右，并且有提高的趋势。

十几年前，当麦当劳在北京王府井开出第一家店时，人们用新奇、怀疑和敬畏的目光注视着麦当劳竖起的巨大招牌，那时的舆论还把声势夺人的麦当劳视为颇有居心的“洪水猛兽”。时至今日，人们早以平常之心待之。为了生存和发展，中国本土的饭店与餐饮企业被激发起了主动应对、积极参与竞争的意识，他们开始模仿、学习，并凭借本土优势从原来的处于劣势或几乎是在生存竞争的边缘而转为主动的竞争。

餐饮产品的创新要在继承和发扬传统的基础上，从菜肴、服务、经营方式等方面寻求新的突破，以符合现代人对餐饮的需求。

1. 菜肴创新

许多饭店虽然经营很多中餐品种，但多年来都是老面孔，质量品种都没有变化，停留在满足顾客基本需求的水平上，与顾客变化了的消费需求相脱节。要想留住顾客，就要开发、创新餐饮产品。

我国餐饮有几千年的文明史，从民间到宫廷，从城市到乡间，餐饮史料浩如大海。很多饭店都努力从中挖掘、开拓出有价值的菜肴，例如：南京金陵饭店早在开业初，就根据曾居住在南京的清代诗人袁牧的《随园食单》开发出“随园菜”。

无锡京山楼饭店地处无锡惠泉山麓，距闻名中外的天下第二泉景点咫尺之远，他们凭着一曲《二泉映月》开发出充满文化气息的无锡传统特色菜肴“江南二泉宴”，成为无锡餐饮文化的一大亮点。

案例：

川菜的第二次革命

20世纪末，一个菜系内部革新成果——“新派川菜”脱颖而出，为川菜增添了强劲活力，为中国菜品增添了新的光彩。

所谓“新派川菜”，实际上是川菜在新的历史条件下受内外因素影响，为更好地生存、更大地发展，广大厨师全行业创新的阶段性成果的概念总称。要认识新派川菜的由来得让历史回复到20世纪下半叶。川菜经长期演变进化，已经成熟为一菜一格，百菜百味，它立足于四川本土一亿多基本食众，直接辐射到周边的云南、贵州、西藏、湖南、湖北、陕西等省，渗透到了全国市县级城市，甚至乡镇。除华中、华南地区影响力相对较弱外，基本上全国都在吃川菜。在国际上1979年5月中国川菜四川省代表团在香港的成功表演引起轰动效应，从此川菜一枝独秀立足香港，大踏步进军国际市场。

在这种内红外紫的条件下，川菜再庞大的技术力量也不足以应付省内外、国内外的强大需求。于是川内外一大批精与不精、会与不会的“川菜大师”，懂与不懂的经营者都涌进了弘扬川菜的行列。鱼目混珠的背后，川菜一方面更加走红，另一方面隐患四伏，很多不了解底细的人误认为“川菜除了麻就是辣”，到处都是川菜，到处也都有“冒牌川菜”的奇观“轰”极一时。从刚开始，冒牌川菜并没对正宗川菜构成实质性影响，除了正宗川菜就是冒牌川菜，反正是川菜一统天下。

到了20世纪90年代中末期，我国经济总量膨胀，国内消费结构发生了有史以来的巨大变化，人们进餐再不是单纯为了果腹，而是在充饥的基础上讲究美的享受，仅就菜肴讲，人们对色泽、形状、清爽度都有新的要求。在这方面具有优势的粤菜菜系，以及各个优秀地方风味大举向四川本土和原川菜市场抢滩，轮番轰炸。对此情况，川菜界不管愿意不愿意都面临着“路在何方”的问题。

曾记得，当年面对冲击大江南北的“生猛海鲜”，川菜界推出了一款汤鲜色白、鱼片鲜嫩白净、风味浓郁的“酸菜鱼”，同样红遍了大江南北，为稳住川菜阵脚着实立下了汗马功劳，同时，也反映了川菜的功底和生命力。然而川菜界并没有就此停住脚步，而是开始了更深层次的沉思，一场关于川菜出路的大讨论在川内外展开了。当时一种意见认为，要使川菜在各菜系竞争中立于不败之地，应存良去杂，如严格厨师考核、控制等级证防止滥发，甚至有人主张对已发出的厨师证进行复审认定，总体说来是“正本清源”，维护和提高川菜声誉。另一种意见认为，庞而杂的川菜技术市场根本没办法清理，只能任其“适者生存”，技术上大胆开放创新，以“模糊技术”概念开辟川菜新天地，只要不脱离原川菜技法，味、形范畴，好看、好吃，符合卫生营养要求就是好川菜，甚至提出对川菜技法、味、形进行再创造。这场“大鸣大放”没有结果的结果，却实实在在理清了广大川厨的思路，拓宽了视野，大批川菜新菜式如雨后春笋应运而生。在四川本土产生了“四川江湖菜”、“重庆江湖菜”，川外出现了大批“迷宗川菜”。所谓“江湖菜”，实际上就是广大专业和非专业行业人士创制的群众喜闻乐见并具极强生命力，但行业权威职能部门尚未或来不及认证的大批川菜优秀菜式。在川内掀起的这场大改革大创新热潮中，“泡椒系列”、“山椒系列”、“霸王系列”、“老坛系列”不断涌现并定型。

如果说中国20世纪初对川菜三蒸九扣老菜式进行改革充实，以及对清代中期沿袭的繁杂而不实用的川菜筵席格调进行去杂存秀是川菜近代第一次革命的话，那么，这次大创新完全可以说是川菜的第二次革命！这就是“新派川菜”的含义。

“新派川菜”除了对川菜传统菜式的大突破外，还具有如下新潮特点。

（一）川菜风味融会贯通

纵观历史，川菜实际上就是北方技法与宫廷技术传入四川，结合当地特色和气候发展成的一个优秀菜系，兼收并蓄是其历史性的传家宝。在这次“革命”中，粤菜的优秀技法被川菜吸收是一个明显的特征。由于地球越变越“小”，远洋澳洲龙虾、亚洲鲜鲍等名贵及经济海鲜进入川菜筵席再不是新鲜事。新派川菜既接纳海鲜入自己的菜系，更用川味彻底改造海鲜，这是这场改革成功的亮点。川菜“平民气息浓烈”的主要特征正在降为次要特征。

（二）“左”“右”两板斧，“鱼”和“熊掌”兼得

所谓左，是指川菜充分发挥兼用麻辣的特点，采用大投放量和超大投

放使用干辣椒、花椒制作山野家禽和海鲜菜肴，如“霸王基围虾”、“霸王青蟹”、“蟹王林蛙”等等，这些菜肴看似猛张飞，食之麻辣鲜香、宜人可口、解馋除腻。所谓“右”，这类菜式的“泡椒系列”、“山椒系列”、“老坛系列”，它们或“明修栈道”，将鲜红泡辣椒（红椒、朝天椒）加西芹等脆嫩绿蔬，得体配伍制肴，得到鲜艳欲滴的效果（如泡椒墨鱼仔、泡椒仔鳗、泡椒龙虾球、泡椒红团等），更是人人爱吃的万灵菜式；或“暗渡陈仓”，将干辣椒、泡辣椒、泡生姜、花椒等经热油炝炸后熬汁去渣烧、炒等（如家常鹿胎、五味人生、双笋肚花等等），这类菜看似冬夏浮云，食之则五味俱全，层次万千，造就了“此处无椒胜有椒，于无椒处品川味”的艺术效果。

（三）调味汁的集中调制

传统川菜烧、炒菜大多是现兑现用，但川菜在与鲁菜交流中，认识到调味汁的预置标准化调制是一大优点，便将川菜的鱼香味、怪味、麻椒味、家常味等优秀味型，根据当月当旬用量，预先兑、熬成成品汁，既节约了时间，保证了出菜速度，又保证了味型稳定统一。对于需在干煸、焖制菜中加入香料的菜肴，则先用香砂、白蔻、甘松、桂皮等名贵或常用香料微火熬成香料色拉油供其使用，既增加了味觉层次，又提高了香料的实际使用率。

（四）工艺化普遍提高

传统川菜的盘饰造型大多靠炒菜厨师直接完成，这就完全依附于炒菜厨师把握火候、味道、装盘审美和时间的综合能力。川菜这方面新的进步是将装盘等工作由训练有素的“打荷”工完成。其他兄弟菜系的这一优点已成为川菜新的亮点。

（五）川菜航母已乘风启航

川菜的上述进化，较之传统川菜更具标准性、可操作性，技术和工艺含量更高，对各阶层人士适应性更广。精明的川内外企业家更是慧眼识真珠，抓住川菜革新成功的历史机遇，将之转化成巨大财富。一大批川菜企业走向高档化、规模化、连锁化、品牌化，如全国著名的“谭鱼头”、“魏火锅”、“巴国布衣”、“菜根香”等，众多省内连锁、市内连锁企业更是数不胜数。

（六）川菜的展望

川菜的走向很明显。传统的优秀名菜继续吃香走红，川菜将继续革新：与历史文化相结合；与兄弟菜系相结合；与优秀地方风味相结合；与国际优秀技法相结合。更多的“集团军”将诞生，更亮更响的品牌还会出现。

（易渲承）

2. 服务上的创新

有人预言，21世纪将是一个由新型的服务性经济唱主角的世纪。一个崭新的、具有重大革命意义的新型服务性经济时代，一个新型的服务性社会正在迎面而来。这是人类历史上的第三次大革命，也是发生在高科技、信息时代的大革命。“谁做得好，谁就是赢家！”

企业服务的制胜法宝在于创新，更在于在新的服务领域里的创新。在传统服务业领域里进行投资成功的机遇增多的同时，风险也随之增多。在传统的服务业里要想获得成功，关键在于：

企业能否创造新的服务方式，创造新的服务理念，是否有创新精神；服务质量是否在同行业中有高出别人的地方，服务质量的提高将成为传统服务业的制胜法宝。

“顾客就是上帝！”这是许多饭店的经营准则。饭店经营者也一直以此为座右铭，不断地创新。从标准化服务到个性化服务，从个性化服务到追求顾客的满意，从顾客满意到提供超值服务等，饭店都在不断地创新。

顾客满意是指顾客通过对一个产品的可感知效果（或结果）与他期望值相比较后，愉悦或失望的感觉状态。

顾客满意的基本指导思想是：饭店的整个经营活动要以顾客满意度为指针，要从顾客的角度，用顾客的观点而非饭店的观点来分析考虑顾客的需求，尽可能全面地尊重和维护顾客的利益。

超值服务，就是所提供的服务除了满足顾客的正常需求外，还有部分超出了正常需求以外的服务，从而使服务质量超过了顾客的正常水平。从根本上讲，提供超值服务既是一种“价格战”，又是一种“心理战”。“价格战”就是在不提高服务价格的同时，多提供一些额外的服务，实质上就是变相降价；对顾客来讲，同样的价格可以多享受一些服务。“心理战”就是变相降价是饭店主动提出的，可以充分地显示服务方面的诚意，也可以借此拉进顾客的关系，满足其心理需求，使顾客获得较好的贵宾身份感。

服务的创新就应该围绕着标准化、个性化、顾客满意、超值服务四个方面来逐步提升。

点厨掌勺

广州胜利宾馆推出“点厨掌勺”的服务新招，顾客可以随意选择厨师为自己烹制菜肴，共有23位厨师可供食客挑选。点厨掌勺服务旨在提高酒店服务的水平，它把酒店餐饮的规范化、标准化服务和客人的个性化服务有机地结合起来。与“点厨掌勺”相似的还有上海福建路上的大房饭店推出的“自己买菜厨师烧”，顾客将在市场上买来的龙虾、河鳗等鲜活货交给指定的厨师，根据自己的口味要求或清蒸或红烧。每道菜收费在15~50元之间，比饭店同类菜肴便宜20%左右。

餐厅氛围（背景音乐）

最近，南京一家快餐店里的背景音乐被成语故事代替，此创新之举马上得到了年轻妈妈的支持。

钟点厨师上门为您做年夜饭

春节，家人团聚、朋友相聚，吃喝是免不了的，但在家里自己做着吃，一是费事、麻烦，二是厨艺大都有限，难免浪费材料，做不出水平；而上饭店，又没有家里聚会来得亲切。请个厨师在家里做“年饭”是不少人心里正盘算的一件事。

“让市民过年时从厨房解放出来”，这是西安不少饭店近年来为推广“钟点厨师服务”提出的口号。前两年，很多人还因找不到厨师做“年夜饭”而犯愁，而近来西安已经有不少饭店推出了此项服务。现在已经有不少西安市民开始预约了。

据了解，目前饭店的“年夜饭”服务一般分为两种服务模式，一是顾客自备原料，厨师上门服务，这种情况收费较低，50~100元不等；另一种是由饭店先期制定好菜谱和价格，顾客进行选择，可以调菜，收费最少100元，四五百元、七八百元档次都有。业内人士介绍说，目前不少城市的大饭店开始提供此项服务，极受市民的欢迎。

3. 经营方式

餐饮创新，除了要从产品上创新、服务上创新，为了适应消费者越来越高的要求，饭店还应该从经营方式上进行创新。

在传统的酒店餐饮中加入创新的要素，我们应该考虑：

第一，我们要在考虑人们就餐需求的同时考虑人们的精神需求；

第二，这种精神需求要从多样化、个性化来研究；

第三，要重视把文化和知识转化为生产力，知识就是利润。

在美国丹佛市的旧南珍珠街，有一家名为“静一下”的餐厅。从外表看，这家餐厅并无特殊之处，不同的是有两个并排挂在门上的金属牌子，一块写着“儿童部”，另一块写着“成人部”。凡带孩子来这里用餐的顾客大多都先走进挂着“儿童部”牌子的门内。这里的装修和摆设都是根据孩子的特点布置的，墙壁涂成鲜黄色，一排一米多高的架子上放满了布娃娃、积木、飞机、坦克等儿童玩具和卡通画册，靠墙还放着多台电脑游戏机和一台大屏幕彩电。父母将孩子交给餐厅专门雇用来的“儿童部”工作的保姆后，便由原来的门出去，再走进“成人部”门内。在“成人部”与“儿童部”相连的那面墙上装着一面大玻璃窗，父母进餐时就可以观察自己的孩子在“儿童部”吃喝玩耍的情况。这些玻璃都是单面镜，因此父母可以看见孩子，孩子却不能看见父母。这样，父母和孩子在各自的天地中各得其所，特别是父母可以在宁静而充满浪漫的气氛中品味美食佳肴，再也不用发愁孩子没人照顾了。

还有一个比较典型的例子，就是以四合院文化为卖点的北京肯德基前门店。洋快餐给人们的印象就是统一的装饰风格，统一的管理，标准化的食品。而经过重新装修开张的北京肯德基前门店让我们有了新的认识，新装修的餐厅在保留肯德基原创风格的基础上，以长城、四合院等中国传统建筑风格为基调，配以天津彩塑泥人、山东潍坊风筝、陕西皮影、民俗剪纸和民间布制手工艺品装点各层就餐区，将中国经典文化与现代西方文化融为一体。这是他们本着顾客至上的思想，以及对中国市场的了解，首次打破惯例，依据各地区消费者的不同需求设计不同的店堂模版的一次尝试。听业主介绍，如果此次尝试效果好，可能会在中国其他地区建一些融入中国文化的肯德基店。

4. 让消费者参与

洞庭湖边的风月酒楼以湖鱼为经营主题，在酒楼的后面有一个面积近100平方米的鱼池。客人到酒楼后可在接待处租一套钓鱼器具，如果是新手，有懂行的服务员为您讲授垂钓技巧，然后你亲手往钓钩上挂一块饵儿，静立于池边体验一下垂钓之乐。依法渔猎，您可将所获送到过称台，按照餐厅标明的当日农贸市场的最新牌价过秤付款。付款后，将鱼交给服务员，详细说明您的烹制要求，餐厅按照您的要求进行烹制，只收鱼款20%的加工费，吃着自己亲手钓上来的鱼，真有一种“自食其力”的乐趣。

北京凯莱大酒店的“运动城餐厅”，每一个角落都蕴藏着动感十足的魅力。一圈真人大小的NBA“飞人”正飞檐走壁于餐厅的四周，餐厅的四周垂挂着几百幅运动主体的镜框，从酒吧、沙拉区到四周的栏杆，均点缀着各种球类的造型。最吸引眼球的还是餐厅中围出的一块篮球场，两个健硕的球星正在比试投篮。当你找到位子坐下后，身着运动服的服务员脸上挂着明灿灿的笑容，拿着两个乒乓球形状的菜单让你点菜。同时该餐厅还配有台球、模拟滑雪、赛车等项目供你餐后娱乐。

六、娱乐项目开发

饭店娱乐项目虽然只是作为饭店经营的一个辅助产品而存在，但是它可以有力地提高饭店的竞争力。那么，饭店对于娱乐项目的选择应该注意哪些方面呢?

1. 选择具有民族风格和时代精神的文化娱乐活动

- 娱乐项目的设计应与饭店的档次、类型相适应。
- 娱乐项目设计要反映时代特色及流行趋势。
- 娱乐项目设计应具有民族和地方特色。

2. 要符合娱乐场所管理条例的规定

禁止含有以下内容的活动：

- 反对宪法确定的基本原则的。
- 危害国家统一、主权或者领土完整的。
- 危害国家安全、利益或者社会稳定的。

- 煽动民族分裂、侵害民族风俗习惯、破坏民族团结的。
- 宣扬淫秽、色情、迷信或者渲染暴力，有害消费者身心健康的。
- 违背社会公德或者诽谤、侮辱他人的。

表6－1　饭店常见的娱乐项目

类型	项目
音乐演奏	爵士（Jazz）
	轻音乐（Light Music）
	摇滚乐（Rock&Roll）
音乐演奏	民乐（Folk）
	乡村音乐（Country Music）
	蓝调（Blues）
戏曲表演	说唱
	相声
	歌剧
	话剧
	舞台剧
	爵士舞
歌舞表演	现代舞
	民族舞蹈
	土风舞
	时装表演

饭店娱乐项目与饭店康乐项目，不论是在开发、管理还是经营上常常都合为一体，所以，饭店娱乐项目的开发将与康乐项目的开发一起进行阐述。

七、康乐服务开发

饭店是以提供住宿产品为主，并经营餐饮和其他相应服务，将住宿、餐饮和康乐等各种辅助服务融于一体，满足客人的食、住、行，康乐要求。康乐活动是人类物质文明和精神文明高度发展的结果，是人类精神文化不断提高的必然要求，它涉及体育、娱乐、艺术、卫生、心理、审美等领域。

1. 康乐的定义

康乐是指人们为达到调节身心、恢复体力和振作精神的目的，在闲暇时间，在一定场所和设施条件下参与的休闲性和消遣性的活动，是人类健康娱乐活动的简称。

现代康乐活动已成为人们生活中不可缺少的重要内容。旅游活动的普及化与旅游需求的多样化给饭店业务的发展带来了新的内容，饭店康乐管理成为饭店管理活动的重要组成部分。

2. 康乐项目在饭店中的作用

①康乐项目是现代饭店的重要组成部分

饭店康乐部是随着饭店业的发展和康乐业的发展而产生的部门。康乐项目开始出现在饭店时，只是作为附属项目或者归属于饭店前厅部，或者归属于饭店客房部，有的还归属饭店餐饮部。现代饭店的等级和声誉是招徕客人的重要条件，随着生活水平的提高，客人住店期间的需求也不断增加。为满足客人生活需求，各国对不同等级的饭店关于康乐服务项目都有明确规定，只提供食宿的饭店，不论服务质量如何，永远不能成为高星级饭店。我国《旅游涉外饭店星级评定标准》中规定，高星级饭店必须具备歌舞厅、健身房、按摩室、桑拿浴、游泳池、网球场及多功能娱乐厅等娱乐场所，因此，康乐设施的设置与档次已成为高星级饭店的重要标志，也是饭店经营活动不可缺少的重要组成部分。

随着客人对康乐需求的加大，康乐设施和康乐项目不断增加，康乐部的盈利也越来越多，康乐部在饭店经营中的地位和作用也越来越重要。康乐部门逐步从其隶属的部门中独立出来，形成一个进行专业化的管理并与客房、餐饮等部门平行的重要部门，而且有的已发展成为脱离饭店独立经营、独立管理的康乐公司，或已发展成为以康乐项目为主、以住宿为辅的康乐公司。

②康乐项目已成为饭店完善服务功能、吸引顾客、增加收益的主要手段之一

康乐设施的经济效益是从两方面取得的：一方面是直接经济效益，另

一方面是间接经济效益。康乐项目能为饭店带来良好的经济效益。在饭店的经济收入中，客房、餐饮是重要的方面，但是，在饭店规模和房租既定的条件下，客房收入是一定的。我国客房收入比重大，其原因正是服务项目单调的原因造成的。康乐设施的增加，加之用人少、成本低、利润大，使之已成为饭店获得经济效益的重要保证。国外饭店管理在确保客房出租率的条件下，已将经营重点逐渐转移到康乐设施的管理与康乐项目的开发方面上来。康乐项目在直接经济效益的同时，也成为吸引客人的主要手段，从而提高客房出租率。

③康乐项目是饭店特色经营的需要

饭店要想在现在的微利环境中生存，就必须不断创新，推出符合时尚的特色经营项目，树立新的形象，以满足顾客的需要。饭店经营关键在于推出不同于竞争对手的特色产品和创新产品，而特色产品和创新产品必须基于对目标市场需求的了解和对市场趋势的把握，将资源优势转化为市场优势，形成具有特色的饭店品牌，并最终赢得市场的认可。

④康乐项目是饭店文化的体现

在现代企业中，企业文化渗透到企业的各个角落，饭店企业也是如此。文化氛围渗透到饭店的方方面面，因此更加要求饭店张扬个性和突出风格。而康乐项目则是体现饭店的专业性和独特性的重要方面。

⑤康乐项目能延长顾客停留时间，提高饭店接待能力

按照客观规律和市场需求，饭店应积极开发休闲、度假及特色康乐项目，强调食、住、购、娱功能的配套完善，丰富饭店服务内容，延长顾客的停留时间。

3. 饭店康乐项目的特征

①强烈的依赖性

任何一个康乐项目都有其相应的顾客群体，饭店康乐项目必须针对这些顾客群体来经营，根据客户群体的需要制定康乐服务的价格、服务标准、营销手段与规划。

饭店康乐作为一个新兴行业，并不具备相当稳定的客源。除了少数独立经营康乐项目的饭店之外，大部分康乐项目还是作为其所属饭店的一个组成部分而存在。所以在一定时期和相当大范围内，对其所属饭店的依赖

性还是很大的。

不同档次的饭店康乐也吸引不同收入、不同层次的客源。饭店康乐项目的经营依赖于人们可以自由支配收入的高低和闲暇时间的多少。一般来讲，只有拥有一定数量的额外的自由支配收入的人才有能力进行高档次闲暇康乐消费。此外，在繁忙的现代社会中，人们还必须具备闲暇休息时间才能进行康乐活动。

饭店康乐的经营还依赖于顾客的民族习惯、风俗。不同的人有不同的爱好和兴趣，即使人们有了充裕的收入和时间，也不一定会投入到所有的康乐活动上。饭店康乐经营项目、经营方向一定要因地而异，投消费者所好，特别要满足顾客在民族习惯、地方风俗方面的要求，吸引更多潜在消费者。

②经营时间的多样性

饭店的康乐服务项目适应范围广泛，从经营时间上可分为日间经营，如网球场，跑马场等；夜间营业，如歌舞厅、音乐茶座等；日夜间营业，如电子游戏、游泳池、桑拿浴、美容室等。管理人员应根据客人的需要、消费规律和消费特点。

③经营方式的多样性

康乐服务设施不像客房部经营方式那样比较稳定，而是受到各种因素的制约。管理者必须根据具体情况采用灵活多样的经营方式才能降低成本，收到良好的经济效益。

康乐经营的风险性　康乐项目具有时尚性强的特点。康乐经营活动常常受人们追赶新潮和随波逐流的消费心理特征的影响。往往是外国流行什么国内就跟着流行什么，以至于康乐项目的经营不能根据我国的文化传统及经济发展水平的情况来发展，这不仅浪费许多不必要的人力、物力，而且丰富人民精神文化生活的初衷也难以实现，同时还冒着生命周期短暂的风险。饭店康乐业的发展应遵循“立足国情，去除糟粕，洋为中用，百花齐放“的原则。

康乐经营的合理规模难以把握　康乐项目如何确定合理的经营规模，包括场地规模、项目规划以适应市场的需要是一个难以把握的问题。这是因为目前一些饭店操作康乐项目缺乏必要的市场调研，具有盲目性、重复性的缺陷，导致一方面许多饭店康乐项目重复建设，超过了当地市场的需求，使饭店康乐经营处于过度竞争的状态；而另一些有潜力、有地方特色的项目无人去开发，难以形成规模。这就要求在进行康乐项目投资前做好市场调查，充分利用现有设施、场地，进行特色经营。

康乐经营受政策性影响大，目前对康乐行业进行规范的相关法律、法规在很多方面尚不能与康乐业的发展同步，甚至滞后，造成康乐业管理的盲目性，经营者无法可依，执法者随意处罚，也使许多业主进行投机行为，钻法律的空子。不明确的政策界限必然会使康乐业在其健康发展的轨道中多走一些弯路。

经营过程的协作性 康乐服务以健身娱乐为主要内容，以提供优质服务和获得经济效益为目的，饭店可采用多种形式合作分工做好工作。

④康乐经营具有超前性

由于饭店康乐经营项目提供的是让人充分享受、充分消遣的服务项目，这就要求其设备必须超出一般生活水平，要尽可能使用较先进的、技术性能较好的设施，以高质量、高标准、超前享受吸引客人。

康乐内容的新颖、超前性。饭店康乐的超前性还表现在康乐项目内容的超前性。由于提供的环境、设施、服务等有形及无形产品均要最大程度满足客人，所以，在康乐项目内容设计上要具有新颖、刺激的特点，要求丰富多彩，具有时代特色，并能满足顾客需求。

⑤服务对象的随机性

康乐服务是基本生活需求以外的服务项目，接待人数、销售水平弹性较大，因客人的职业、年龄、兴趣、爱好不同而发生变化。康乐管理必须认真研究目标客源市场，满足不同层次客人的需求，保持经营项目的针对性。

4. 饭店康乐经营现状

随着人们生活水平的提高，消费观念的更新，我国康乐业经营者有了较大的发展，并取得了一定的经验，但也暴露了一些问题。

①康乐消费需求有较大的增加，但消费层次有待提高

康乐消费的需求，特别是中青年对康乐消费的需求不断增加，中青年的收入较高，消费观念新，把康乐作为基本生活的一部分。康乐消费，严

格地说是一种高雅的精神消费。它给人提供的主要是消除疲劳，放松精神，舒畅身心，恢复平衡，陶冶情操的一种高层次的精神享受。因此，康乐消费不仅要以一定的经济收入为基础，而且还要有一定的文化知识为底蕴，只有这样，人们才能真正从康乐消费中体验到现代康乐的功能，达到最佳理想消费的效果。

由于我国康乐业经营处于起步阶段，对康乐场所的消费者缺乏引导，同时，从整体上看人们收入水平还不高，尤其是可用于康乐方面的支出有限，使得高档次、高规格的康乐项目经营受到限制。由于康乐消费者个人文化素质不高，对高层次具有文化内涵的康乐项目难以理解和接受，导致一些康乐项目在经营上格调低下，严重影响康乐业正常的经营和发展。

②康乐设施日益现代化，但存在投入不足的现象

现代康乐业经营是以现代科技的设施和设备为基础的，如电脑蒸汽桑拿浴，电脑模拟高尔夫球场、保龄球等。现代化的技术促进了康乐项目的发展。

设备的现代化使原有的各种康乐项目日趋完善。科学技术完善了各种康乐设施的功能，填补了原有设备的不足之处。例如，歌舞厅中的音响设备，其效果由最初的单声道到立体声，后来又出现环绕立体声，让人们有身临其境的现场感受；现代化的设备使歌舞厅的功能和内容在不断地扩展丰富，从单一歌舞厅到具有多功能的包括影视欣赏的 KTV。

现代科技和设备改进了原有的康乐项目。如卡拉 OK 从按钮操作到遥控，从录像带到影碟，从 DVD 到电脑硬盘储存，现在又加上电脑分析、判断功能，可以为演唱者打分。康乐业的各种服务项目随设备的现代化日益丰富起来，而且其趣味性和真实感也有明显的提高。

随着设备的现代化，康乐业的项目越来越多，康乐的内容越来越丰富。但当前我国康乐经营中普遍存在设施投入不足，难以与国际接轨的现象。具体表现在：

设施配套不全、利用率低。一方面是饭店康乐往往只重视其中一项或某几项康乐活动，而又不形成规模和特色；另一方面项目之间不配套，这样难以在市场上形成竞争力，导致其设施不能被有效充分利用。

对设施维修、保养投入不足。目前大多数康乐设施技术先进，维护保

养条件要求高。如果在设备的运作过程中缺乏正常的保养维修，就会直接影响康乐设施的正常工作。

投入资金时不考虑设施性能。设施性能差，难以发挥最佳效果，对顾客缺乏吸引力，性能过高不合乎实际需要又会造成浪费。

总之，在现实的康乐经营中，决策者在进行经营决策时，应既考虑每一个项目的经营特色和规模，又要考虑充分发挥康乐项目的综合经营能力。

③康乐项目日益丰富，但项目选择配套不合理

随着康乐业的发展，康乐项目的开发不仅在康乐形式上，而且在内容上开始结合本地的特色，洋为中用，增加其吸引力。从高尔夫球场到迪厅、卡拉 OK、健身房、日光浴、蒸汽浴、水力按摩、药物按摩等洗浴中心、健身中心、戏水乐园等国际先进康乐项目或设施设备都已成为我国人民的现代康乐消费热点。

康乐项目的每一次创新往往都会带来新的客源市场。然而饭店康乐经营程度的不同，设施先进程度的不同，档次不同，在选择和配套上还存在许多不合理的地方，其中最突出的就是项目综合性布局不合理。客人康乐消费往往不是单一消费，如客人健身运动后出了一身汗，最基本的需要是洗个热水澡，而如果配套项目齐全，客人还可以顺便洗桑拿浴，再点饮料就更惬意了。游泳也是如此。客人如果能游泳后洗桑拿、做美容、按摩或披着浴巾喝点饮料小坐一会儿，就会感觉很满足。但如果这一系列享受不能一气呵成，就会使客人扫兴。

总之，康乐设施的配套方面应一切以最大程度满足客人、方便客人为原则。

④饭店康乐发展迅速，但康乐经营管理服务水平较低

虽然我国康乐业经营随着经济的发展而逐渐兴旺起来，但我国康乐业的管理只是刚刚起步，并没有像西方那样已经达到了相当完善的程度。

首先，经营管理人员缺乏康乐项目的专业知识。大多数的康乐项目在服务、操作等管理方面都具有较强的专业性，如果缺乏专业知识就难以使各项康乐活动走上正轨。

再者，管理者经营观念落后，营销方法和策略上缺乏创造性。因此那

些本应让广大群众正常享受到的康乐设施设备没有发挥作用，从而康乐经营难以达到预定的经营效益，也阻碍了康乐经营现代化管理的步伐。

⑤康乐经营开始面向大众，但大众对康乐在认识上还存在偏差

随着康乐业的快速发展，在竞争激烈的情况下，经营者只好采用降低收费标准的竞争策略。康乐消费开始走向大众。但由于康乐业的宣传不够，营销不得力，社会上大多数人对康乐业缺乏了解，许多人认为康乐也是一种奢侈性消费，对一些康乐项目采取抵触情绪。同时，康乐业经营者经营水平不高，经营项目中存在低级趣味，给社会带来很多负面影响，加深了人们对康乐消费的偏见和误解。

5. 现代康乐业发展的趋势

随着人们物质和文化生活水平的提高，人们对康乐消费的要求也有了高层次的追求。现代康乐业的发展大致呈现出以下几方面的趋势：

①饭店康乐业既具有特色又要配套发展

现代高星级饭店有“浓缩型社会”或“袖珍式社会”之称，服务项目比较齐全。然而饭店由于受经营场地等各方面条件的限制，一些饭店的康乐项目单一，难以形成经营特色。所以在康乐设施的设计上应充分考虑康乐项目的相互配套，以及康乐项目与辅助项目的配套。即使康乐项目再完善、再高档，如果与周围环境和设施相冲突，也难以形成自身的特色。

康乐业若想成为综合性的、能整体满足顾客需要的场所，只有配套完善，才能求得共同发展。

康乐经营的服务、档次逐渐提高 一方面，康乐项目的经营管理和服务人员的素质在不断地提高，管理科学化、服务标准化，为我国康乐业经营的档次奠定了基础，另一方面也是我国饭店康乐业朝着国际水平方向提高的重要保证。

经营项目向文化性、高品位发展 随着接受信息途径的增加，人们要求康乐活动不仅要有趣味性，还应具有知识性，同时对经营环境和服务都有较高的要求。近年来，消费者还有通过康乐活动达到求职的欲望以及通过参加表演展现自身价值的欲望。

②康乐项目更加丰富多彩，由高消费向大众消费发展

由于现代科技的发展，现代声光设备、音响设备、健身设备、康乐设

备不断创新，新颖丰富的康乐项目不断涌现。由于康乐项目的增多，竞争更加激烈。经营者大多会选择低价竞争策略，面向大众经营已成为发展趋势。

总之，康乐项目的开发必须以饭店的具体环境为基础，一是应以客人的需要为前提，坚持社会效益与经济效益相结合的原则，认真研究消费者心理，在市场竞争与营销战略中进行适当的定位。二是选择经营项目时是要注重项目的发展趋势与发展空间，在确定项目的基础上增加体现服务特色的项目，在服务质量相同的情况下，以合适的市场竞争策略，在康乐经营中占有一席之地。

案例：

厦门市一家中外合资的三星级涉外饭店的娱乐在当地有极高的声誉，不仅餐厅内有古典音乐演奏，还有集舞蹈和演唱为一体的多种演出。饭店在娱乐内容上不断推陈出新，例如邀请名模进行时装表演、幸运大抽奖、魔术表演、名歌星演唱等等，促使餐饮、夜总会和卡拉 OK 三花齐放。餐饮和娱乐吸引了无数非住店客人，多年来，客房住客率经常保持在 90% 左右。

在不断变换娱乐经营方式的过程中，该饭店始终以市场需求为导向。饭店的一些常客抱怨：“饭店环境幽雅，文化氛围浓厚，我们对它情有独钟，可惜没有 KTV 包房。”饭店决策者通过调查了解这一信息之后，当机立断，在最短的时间内装修了 4 个 KTV 包房，并在 KTV 特色上挖掘潜力。在硬件上，4 个包房采用现在最流行、效果最佳的音响设备，聘请经验丰富的专业人士当音响师，来个“不鸣则已，一鸣惊人”；在营销方式上该饭店与万宝路公司合办一年一届的“水晶宫卡拉 OK 大赛”，这一比赛风靡全市，报名者潮水般涌来，到决赛时观众竞相购票，饭店应接不暇，成为厦门市街谈巷议的一个热门话题。在服务上则推出一整套细致的服务程序，做到百叫不厌，随时服务。根据 KTV 娱乐时间较长的特点，大厦决定免收房间钟点费，并超时服务；在客人娱乐时赠送水果拼盘，还有饭店自制的鸡尾酒、特制甜品等各色食品供客人选择，还准备了精美小食品和闽南风味的夜宵。

提示：

通过本案例，准确理解饭店如何根据市场需求来设立娱乐项目，娱乐项目对饭店经营的重要意义。

第二节 开发服务新项目

饭店业经营从属于创造顾客愉悦经历的体验经济范畴。体验经济创造价值的特点是：像迪斯尼乐园那样，以设施、设备与环境为道具和舞台，以员工的接待、服务与娱乐活动的介绍及表演为节目，使顾客融入其中，充满着感性的力量，给顾客带来愉悦的体验。

体验经济本质上是满足个人心灵与情感需要的一种活动，它的价值是当一位顾客的情绪、体力、智力与精神达到某一状态时，在他的意识中所产生的美好感觉。因此，饭店的经理与员工不仅仅是客房、餐饮、会议厅与健身房的提供者，而且是这种美好感觉的策划者与创造者。为达到体验这一目的，饭店产品与服务的开发创新应该遵循以下原则：

一、适应性原则

饭店业经营管理活动要受到外部环境和内部条件的共同作用和综合影响。因此，饭店开发新服务项目应该充分考虑各方面的要求。

1. 适应顾客的需求、适应市场竞争导向

适应顾客、市场的需求可以说是饭店开发新服务项目最基本，也是最首要的原则。只有适应顾客和市场要求的产品才能生存下去，才能具有较长的生命周期。

当某一新的市场需求产生并促成某一新产品形成时，很多饭店眼前一片光明，以为这一行业的未来就是自己饭店的未来，只要进入一个有市场需求的产品细分市场，开发出来的东西就能卖出去。其实这一观点是不正确的。举个例子，目前很多饭店热衷于经济性饭店，但所见略同的“英雄”太多，大家一哄而上之后才发现：行业市场机会并不等于饭店市场机会，发展再快的市场也经不起重复建设的饭店挤占，再多的市场需求也承担不了潮涌般的产品上市。

这就要求饭店经营者理解市场需求导向与市场竞争导向的本质区别：前者只看到了市场新的需求；而后者不但看到了需求，同时更多地看到了争夺市场的竞争对手，从而冷静分析自身在竞争中的优劣势。跨国饭店集团在进入中国后的营销导向始终是市场竞争导向，其产品开发策略、定价策略、宣传策略、销售渠道选择策略、技术转让策略都是服从竞争导向的。

2. 适应企业经营

产品的开发工作必须与饭店现有的技术力量、生产能力、销售能力相适应，与饭店长期目标一致。这种适应是饭店能顺利实施产品开发构思的保证。饭店产品的开发或创新要以发挥自己的优势、围绕自己企业的经营主题为准则。

最典型的一个例子就是百事可乐。自从百事可乐诞生以后，发展很快，但始终未能取得足以与可口可乐相抗衡的地位。在很长一段时间内，百事可乐的名气远不如可口可乐响，碳酸饮料的全部荣誉都被可口可乐一家独得。在这期间，百事可乐与可口可乐在价格、配方、包装等各方面进行了旷日持久的“战争”，但无奈距他们心中的目标——最起码要与老对手可口可乐平起平坐，还有很长的距离，百事可乐为之支付了巨额费用，然而总不能如愿以偿。百事可乐的决策者们始终在思考这个问题，可口可乐与百事可乐同样是碳酸饮料，口感上没什么不对劲的地方；价格同样低廉；每年都有巨额的促销费用……问题的症结究竟在哪儿，令人百思不得其解。突然，公司主管嚷道：“我们一切都以可口可乐为对手，可是我们自己的特色呢?”一语道中，百事可乐在各方面都不逊色于可口可乐，但却缺乏真正特别之处。这就是百事可乐不能真正抓住消费者的症结之所在。百事可乐的高层决策者们当即拍板：去开展寻求百事可乐与可口可乐的差别的主题活动，在找到差别以后，调整公司的经营，创造自己的特色，公司业绩扶摇直上。

3. 使员工适应新产品开发后的各方面要求

产品开发活动中的集体意识，是集体主义思想的一种具体表现。每一个人都要发挥合作精神，在开发活动中工作人员要做好配合工作，才能使开发的新产品在宣传、配套服务等方面得以辅助，使新产品更快地被消费者所接受。

这就要求员工注意几个重要方面：①认识个人作用的重要性；②认识吸引他人支持的必要性；③认识产生实效的紧要性。

二、赢利性原则

新服务项目开发构思方案能否被采用主要取决于两个方面：市场容量的大小和市场购买力的高低。

市场容量简单说来是指包含的消费者人数。只有对容量较大的市场做营销才会有赢利的可能性。比如某宾馆酒店要为身高 1.85 米以上的人设计床铺，由于这个细分市场人太少，专门吸引这类市场所得的收入也许不能偿付市场营销的费用。

新服务项目开发后，它所针对的消费者群体必须具备对其产品的购买力。例如：一家豪华酒店就不会存在学生细分市场。购买力往往是新服务项目开发的重点考虑因素之一，因为购买力一般取决于该市场的收入财产和信贷能力。如针对“高档市场”、“工薪族市场”等，新的服务项目获利的可能性较大。

在企业管理中有“核心能力”这个词，所谓核心能力，是指企业作为一个整体所拥有的独特能力，具体是指企业所具有的竞争优势和区别于竞争对手的具有自己独特优势的技术、文化或机制决定的巨大的资本能量和经营实力，是企业在发展过程中建立与发展起来的一种知识与资产互补的体系，是企业竞争能力的基础。核心能力是企业独一无二、难以模仿的竞争优势。因此，新服务项目的开发要以饭店的核心能力为目标，这样才能具有其他饭店所不具备的竞争优势，从而实现长期赢利的目标。

三、便利性原则

饭店服务的目的是方便客人，因此新服务项目的开发要遵循便利性原则。如果饭店服务的程序让客人感到不方便，就必须修改程序，充分做到饭店服务的一言一行让客人深感便利和舒适。例如问候，饭店可根据岗位特点为员工设计不同的礼貌用语，甚至可以让员工更多地使用体态语言。

我国大多数饭店对自己行业经营特点的认识仍停留在服务业上，即停留在帮助顾客解决一般的用餐、开会、过夜等服务问题上。要上升到体验经济的高度即突出顾客的美好感受来对饭店产品与服务进行管理，关键是要培育全体员工具有一种充满人性的高雅的艺术表演家的服务精神。在这方面美国万豪国际公司为我们提供了榜样。美国万豪国际公司总结它自1927年创业以来不断成功发展的“万豪之路”（Marriott's Way），其秘诀就是将为员工、顾客与社区提供完美的服务看做是公司长存的一种根本性的理念。

由上述理念驱动的万豪文化是：

尽一切努力来关爱顾客；

非常关注细节；

以顾客喜欢享受的良好物质环境为骄傲；

创造性地发现满足顾客需要的新方法；

公司积极支持社区活动和鼓励员工通过各种组织参加自愿的服务工作。

美国万豪国际公司70多年的成功历史证明，上述文化理念对饭店财务收入方面具有积极的影响。

四、适度超前型原则

要使自己饭店开发的新产品在市场上具有一定的竞争力，就要突出新产品开发的“新”字。先导型产品就是一类比较具有竞争优势的创新产品。先导型就是饭店的产品和服务在别人还没有进入市场时“率先进入市场”，其主导思想就是：饭店为使其产品得到市场承认而制定的完整的新产品规划，产品的类型都是首创。创新的程度可能涉及功能、外形、渠道等，而且某些具有重大创新性的产品会对市场产生冲击力。

例如，希尔顿在买下他“最大的饭店”——华尔道夫时，觉得那个富丽堂皇的大厅什么都好，就是那四根偌大的柱子只供装饰，他觉得是一种浪费。希尔顿就在上面改了几个玻璃展示窗，出租给珠宝商和化妆品商。这一创新立即让原本大家不在意的柱子为希尔顿增加了新的价值。以后所有希尔顿饭店都照着这个原则推行，以至其他饭店也跟着学习。

但超前型要有一定的“度”，过犹不及，尤其是在饭店服务产品方面。“过犹不及”，服务过度和服务不足一样会给饭店、顾客和员工带来负面影响，主要体现在以下几个方面：

1. 服务过度会直接引起饭店营运成本的上升

不论是流程式服务过度还是非流程式服务过度，都需要饭店投入更多的人力、物力和财力资源，从而直接造成饭店中营运成本的上升，这使得饭店难以在竞争中获得价格优势。

2. 服务过度影响顾客在饭店的正常消费，降低顾客满意度

饭店的服务过度看上去是对客人需求的关注，事实上可能因提供的服务影响客人在饭店的正常消费，反而引起客人心理上不满、厌烦甚至抱怨，从而降低了顾客满意度，引起饭店客源流失。

3. 服务过度可能会吓跑潜在顾客

饭店外在的过度装修和服务过度（如过度推销），会使得潜在的目标顾客认为饭店超出自身可接受的消费水平，或因心理上的厌烦而做出不选择该饭店的决策。

4. 服务人员因坚持饭店服务程序和规定造成的服务过度被客人投诉或被店方惩罚，可能会使员工在心理上感到不平衡、不理解、不可接受。若没有正确的引导，员工在以后的对客服务中可能无所适从，面临两难困境。

20世纪90年代导入我国的金钥匙服务理念：给宾客以满意加惊喜，尝到饭店向客人提供的人性化、个性化、超值服务。南京金陵饭店是较早的“以客户为中心”倡导为客人提供“超值服务”的饭店，他们提倡在规范化、程序化服务的基础上，要求员工上岗后迅速调整自己的情绪到最佳状态，对客人要察言观色，体贴入微，“服务在客人提出要求之前”。经过不断的实践与总结，这种“超值服务”已体现在饭店的每一个岗位上，常常给人出乎意料的满足和愉悦。

五、注意事项

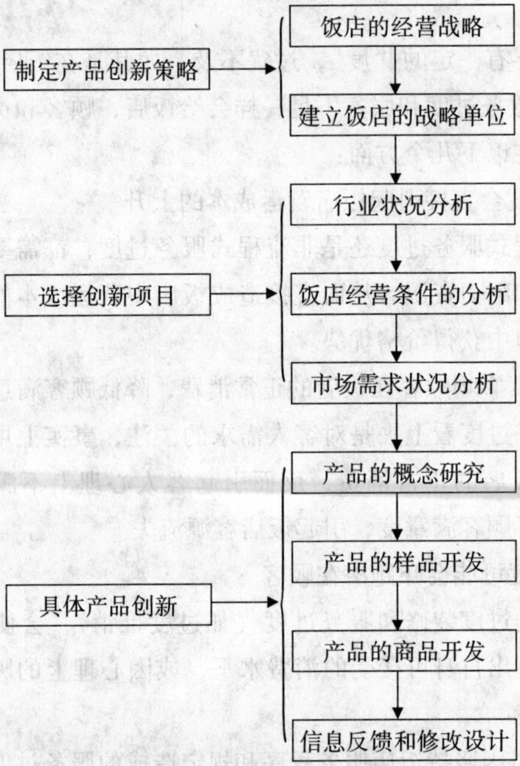

图 6-2 饭店产品创新程序

在饭店产品创新过程中，需要注意以下几点：

1. 饭店开发产品的环境（外部环境、内部环境）

外部环境 饭店新产品的需求状况

潜在消费者的需求趋势

竞争对手的情况

新产品开发所需原料的供给能力及便利性

内部环境 主要是指饭店是否具有开发新产品或者服务的能力

在中国开展饭店新服务项目的开发，一定要注意“两个结合”。一是要注意与中国的国情相结合。外国的先进管理经验我们必须认真学习、研究，但是绝不能简单照搬，而应仔细研究如何与中国的国情相结合，创造性地运用，不求表面的时髦，而求内在的实效。二是要注意与本单位的实际情况相结合。即使是国内创建产品的成功经验，我们也不能简单地拿来硬套，也要认真学习、研究别人成功经验中的精髓，结合自身饭店的实际，创造性地运用。

2. 要在经营中不断创新

“在变化中找稳定”，这是“市场竞争战”中一条不可忽视的准则。开发了新产品，收到一定的效益后，还要不断地开发、创新，在开发、创新中寻找新的优势，以备在前一个竞争优势变成非优势时，仍然在竞争市场上具有一定的竞争力。

案例：

麦当劳快餐准备换菜单

据《广州日报》报道，麦当劳快餐将准备配置葡萄、苹果等水果食品，以改善食品营养成分，改变自身遭遇更多“垃圾食品”的官司诉讼。麦当劳通过这次增加水果调节自己快餐营养结构的举动，在麦当劳的历史上还是第一次。

据悉，麦当劳快餐中，将包括切成薄片的新鲜苹果与袋装的葡萄两种水果。水果食品将于4月份首次推向市场。

麦当劳总部指出，提供新鲜水果的举措，将对消费者的快餐消费提供更多的选择。麦当劳公司一位发言人为公司引入新鲜水果作了解释。他指出，袋装的水果是儿童各种夹馅饼、油炸食品与饮料、玩具等“欢乐包”的组成部分，也可以替代油炸食品。

麦当劳做出这个决定，是基于目前快餐食品公司面临着越来越多的、对食品营养结构不合理的批评的压力。很多美国年轻人控诉麦当劳快餐油炸食品是导致美国年轻人肥胖的重要因素。在众多官司以及市场的压力下，麦当劳公司决定引入新鲜水果改善麦当劳食品结构。

一个星期前，纽约的一名辩护律师指出，在其发展业务与广告宣传中，麦当劳一直采取“欺骗性方式”诱导消费者。该辩护律师是代表两名肥胖美国儿童状告麦当劳的，最后官司败诉。2月28日麦当劳总部做出的改善食品营养结构的决定，显示了公司意识到了食品营养存在的问题，以及对营养结构合理化的关注。麦当劳总部发言人指出："'欢乐包'的新口味与新成分，是市场竞争推动下的结果。"

麦当劳在早期是打着"面包是高、中阶层的食品"的旗号，当时掀起一股麦当劳的浪潮。随着消费者需求的变化，它推出的新鲜水果菜单也是在顺应市场，不断进行创新。

3. 饭店要采用增加产品体验价值的体验营销策略

这就要求运用行为科学的原理，依据顾客对饭店产品需求的心理规律，整合一切营销手段来增加顾客在饭店经历的体验价值。它的基本原理和做法是：

(1) 适当地保持与利用产品的稀有性，因为许多追求体验价值的顾客渴望获得稀有的物品，他们对稀有物品的价值评价很高。如上海金茂君悦大酒店的独特建筑风格，使很多拥有高收入的海外顾客产生至少要住一次、体验一下的冲动。

(2) 创造神秘的感觉，因为人们喜欢谈论与关注神秘性的事物。如在上海旅游新景点——上海新天地的亚历山大会馆的健身中心有一尊佛像，顾客从周围不同角度看这尊佛像，这尊佛像都会向他们露出亲切的笑容，这引发了许多顾客前去观看的好奇心。

(3) 强化宣传效应，创造流行的印象，因为人们有一种从众心理。

(4) 利用人们崇拜的偶像进行宣传，因为人们在选择购买产品时会参照自己偶像的选择行为，偶像的选择与认可也会给人们带来购物的信心与乐趣。

(5) 要关注与顾客的第一次接触和最后一次接触。因为顾客有先入为主的习惯，因此，顾客对第一次入住的某一品牌饭店具有的良好印象会容易使他产生对该品牌饭店的忠诚态度。另外，顾客也存在期望自己的境况得到不断改善的心理，因此顾客对结局的评价往往要高于对过程的评价。利用这种心理，饭店可以在顾客离店时，专门安排一位员工帮助顾客搬运行李，送顾客上车，这样做可以给顾客留下美好的记忆。

(6) 要尽可能地把顾客愉快的经历分成多个主题或部分，而对于顾客不愉快的感受，则要尽量减少。如饭店可以设计不同的艺术主题客房、艺术主题餐厅与特色菜单，同时要尽量简化顾客入住饭店的手续与离开饭店的手续。

（7）通过适当让渡选择权提高顾客的参与度与满意度。这是因为，当人们相信自己对事件的整个过程有控制能力时，会更积极地参与其中，在失败时也会更多地从自身出发寻找原因，因此，要适当让渡选择权。例如，设计不同等级（价格）与风格的客房、餐厅和菜单，让顾客做出选择。

六、体验经济

表6-2　竞争方法——为商务旅行者提供的产品和服务

企业	每晚费用	提供的产品/服务
希尔顿饭店集团		办公桌椅，办公灯，双线电话，电压稳定器
凯悦饭店集团的“商务计划”	$15	传真，大办公桌，大陆式早餐，咖啡器，熨衣架，复印机，打印机和办公室设备的使用
洛伊（Lowes）饭店集团的“商务服务”	$10～$20	传真，熨衣架，办公室设备的使用
万豪饭店的“办公房间”	免费	两分式大办公桌，带有信息显示和双电源插座的台灯，咖啡器，可调节座椅，20页免费复印
喜来登饭店集团的“企业俱乐部客房”	$15～$20	传真/复印机/打印机，控制台，旋转书桌，熨衣架，大陆式早餐，咖啡器
威斯汀（Weatin）集团的“顾客办公室”	$20	传真/复印机/打印机，免提电话，办公设备，可调节座椅，咖啡器，台灯，电压稳定器
泛太平洋皇家饭店集团	免费	房内电脑，互联网接入，应用软件，互动式游戏
威德海姆（Wyndham）“威德海姆式”	免费	大办公桌，工作照明灯，两部电话或长线电话，熨衣架，咖啡器

饭店企业的激烈竞争也充分表明了饭店的各个方面正在发生着明显的变化。如：

服务标准——从最豪华、经标准化服务，到个性化服务；

服务质量——质量是生命线。经全面质量管理，到百分之百顾客满意；

服务营销——从大众营销，到客户关系管理。

所谓大众营销，即大多数饭店注重产品与服务标准化，服务采取单一标准，销售单一品牌产品。把所有顾客看成具有相同需求与欲望的消费大众。

关系营销：20 世纪 80 年代以后，饭店产品供大于求，市场销售从销售导向逐步向客户导向转化。饭店市场竞争日益激烈，而消费者即我们通常所称的客户却变得越来越挑剔，产品的卖方不仅必须使其产品更具竞争力，而且更重要的是要真正认清客户要求，激起和满足客户的期望，把客户作为整个市场活动的起点和中心，一切都得从客户出发。

案例：

从历史回到未来

去大洋彼岸前，我问我弟，美国有何好看。弟告知曰，“回到未来”，不可错过。

到迪斯尼（或好莱坞？记不清了），专门体验“回到未来”，惊心动魄之余，感到似曾相识。玩味“回到未来”，大意是说，按照爱因斯坦相对论，超过光速，时间倒流，可从未来“进展”到现在。然细细想来，与经验到底不合。

最近重读托夫勒旧作，对“回到未来”终于有所感悟。对美国来说，“未来”显然属于体验经济。自从《哈佛商业评论》“体验式经济时代来临”一文发表以来，体验经济就成为新经济的“实业”内容，成为民心所向。何言“回到”呢？原来，早在 1970 年，阿尔温·托夫勒就在《未来的冲击》中明确预言：“服务业最终还是会超过制造业的，体验生产优惠超过服务业。”“体验工业可能会成为超工业化的支柱之一，甚至成为服务业之后的经济基础。”

光速作为临界点，改变了规则。托夫勒是个超光速的人，所以可以从未来倒着走进现在。加入 WTO，中国企业也正经历临界点。面对未知的前景，经理人如何能从过去和现在的经验中找到“回到未来”的线索呢？

什么是“未来”？未来无非是过去的反面。对于美国来说，“过去”就是资本主义。资本主义的象征有两个，一个是世贸双子座，一个是市场经济。如果说，对双子座的摧毁，是对资本主义象征的外部阉割；美国企业对“市场部”的普遍取消，则是资本主义精神的自我阉割。过去的，正在过去。

台湾英业达集团副董事长温世仁说：最近，我到得克萨斯州拜访老客户得州仪器公司（TI）。我熟门熟路地走到二楼，去拜访他们的市场部（Marketing Department）。大家知道，美国是最早高举市场大旗的，所以美国企业是很重视市场部的。但是我找了很久也没有找到市场部。最后，我只能问楼下的警卫，警卫告诉我，市场部已经没有了。我要找的那位先生已经去了“接近最终顾客”（End Customer Approach）部门。连美国人最时髦、最引以为傲的市场部都改成了 End Custmer Approach，从中可以体会到以消费者为中心的新经济已经到来。

过去的“未来”，是眼下最时兴的“体验经济”。所谓“体验经济”，就是以客户为中心的经济。自从《哈佛商业评论》石破惊天地发表“体验式经济时代来临”一文以来，如今美国已是无人开口不提“体验”。从盖茨涅槃了自家品牌的 XP（体验的缩写），到惠普的 TCE（“整体客户体验”——Total Customer Experience），一夜之间，美国就进入了“体验时代”。2001 年年底，杨元庆为了做联想的战略规划，带领联想电脑的全部高层到美国“取经”，他们惊奇地发现：走访的 20 多家优秀的 IT 公司都在强调“客户体验”（Customer Experience）。回国之后，就把新联想精神定位于全面客户体验。

在上述材料中出现了一个新的名词“体验经济”，这是一个在近几年刚刚产生的一个专有名词。从资料可见，体验经济已成为现代经济的趋势。那么对于企业来说，体验经济是什么？

1. 体验经济的含义

体验经济是一种角色换位。即生产者将自己的角色换位成消费者，将心比心，借以做到以消费者为中心。

体验经济的兴起有其必然性。回首历史长河，每当生产力发生重大变革时，社会经济生活的变化就会相应加快，当年工业革命时是如此，现在信息革命时也是如此，因为科学技术和顾客需求决定了产品类型及服务方式，目前，一种新服务经济正大行其道，发展速度令人炫目。

“服务经济的下一步是走向体验经济，商家将靠提供这种体验服务取胜”——《第三次浪潮》作者托夫勒。

美国未来学家托夫勒在《第三次浪潮》一书中把社会经济的发展分成农业经济、工业经济、信息经济和生物经济四个阶段，又在《未来的冲击》一书中将产业经济发展划分为制造业经济、服务业经济和体验业经济三个阶段，并把体验业作为服务业的未来发展方向。

2. 体验经济的主要特征

①体验经济是个性化的经济

体验经济“以人为本”，它尊重人性和人的个性。强调满足人精神的、社会的、个性的需要的重要性。经济学家汪丁丁教授描述了体验经济的这一重要特征：“在这里，消费是一个过程，消费者是这个过程的产品，因为当过程结束的时候，记忆将长久保存对过程的体验。消费者愿意为这类体验付费，因为它美好、难得、非我莫属、不可复制、不可转让、转瞬即逝，它的每一瞬间都是一个唯一。”体验经济的个性化特征验证了心理学家马斯洛的“需求层次”理论，即人类最高的需求层次——“自我实现”。

②体验经济是情感和文化的经济

现代社会激烈的竞争，使人类面临着越来越多的变化和不确定性，背负着越来越重的心理压力。人类脆弱的情感正经受着严峻的折磨和考验。正如托夫勒所预言的那样：“一个高技术的社会必然是一个高情感的社会。”体验经济正是基于人们情感和文化的需要，致力于抚慰人类迷茫和受伤的心灵，致力于打造人类梦寐以求的真、善、美的精神家园。

③体验经济是智慧和创新的经济

人的体验正如人的指纹一样千差万别，各不相同，难以捉摸。满足人们的体验需求给商家提出了更高的要求，因此，没有智慧和创新就没有美好的体验，也就没有体验经济。

我们姑且称体验经济时代的消费者为新消费者，称商品经济和服务经济时代的消费者为旧消费者。当然，这两种消费者之间并不能截然分开，在更多的情况下是你中有我、我中有你，只不过是在不同的时空条件、经济条件乃至心理条件下，新旧消费者的消费行为所表现出来的新旧消费理念孰轻孰重的不同而已。在同一消费者的身上亦是如此。下表可以大致看出新旧消费者的行为和观念差异，当然只是相对而言。

表 6－3

旧消费者	新消费者
同质化、大众化	个性化、唯一化
低参与度、被动接受	高参与度、互动接受
从众消费	独立消费
寻求便利性	寻求便利、可靠、真实性
信息闭塞、知识程度低	信息灵通、知识程度高
追求物质性价值	追求精神性价值
追求功能性价值	追求情感性价值
实用的、便宜的	体验的、属于我的
价格弹性高	价格弹性低或无弹性
市场追随者	市场领导者
品牌从众意识	品牌自我意识
消费权利意识差	消费权利意识强
消费唯物主义	消费唯心主义

体验经济正每日每时以萌芽的形式出现在我们的周围。星巴克一鸣惊人的启示是酒店体验经济的萌芽。美国电影《白鲸》中有一位酷嗜咖啡的大副名叫星巴克（starbucks），他的大名如今已成为世界知名的跨国经营的咖啡连锁企业的品牌，其总部设在美国西雅图。星巴克自 2000 年 5 月登陆

上海后，一年半中很快就开出了18家连锁店，19元左右一杯的意式咖啡和10元左右一份的点心征服了上海的白领，忠实客户的队伍正在日益扩大中，白领认同了这里的氛围、情调、体验和时尚。在这里，客人和咖啡师之间、客人和客人之间的真诚互动令人神往。在这都市闹中取静的幽雅环境中，有精选的轻音乐、有轻松闲适的聊天欲望，一种以顾客体验为核心的咖啡文化取得了极大的成功，而这正是新服务经济的主要特征之一。再以日本的情况来看，自1996年开设第一家星巴克以后一直大受欢迎，2000年的销售额为2.42亿美元，比1999年增长一倍，利润额达1170万美元，其品牌在日本已家喻户晓，至2001年10月已开出300家，计划3年中再开180家。2000年，星巴克总公司的营业收入已达到22亿美元，预示了体验经济的无量前途。

体验经济包含轻松、时尚的文化，以人为本的思想，崇尚创新的追求，强调满足人的心理需求，提供人性化的环境和服务，把物质享受和精神享受结合了起来，这些都体现了后现代主义的精髓。体验经济是以客户需求和体验为导向开展经营的方式，其产品几乎完全隐藏到服务背后，服务与产品之间的关系发生了逆转，产品要依赖于服务所创造的条件，星巴克就是生动的一例。

人的需求就是经济发展的动力，体验需求是人的需求之一。在马斯洛的需求层次论中关于人的需要结构理论，他认为大多数人的需要可分为五类：生理的需要，安全的需要，社交的需要，尊重的需要，自我实现的需要。马斯洛认为，上述五种需要是按次序逐级上升，下一级需要基本满足以后，上一级的需要就成为行为的主要驱动力。

赫茨伯格的双因素理论：美国心理学家赫茨伯格（Herzberg）认为，影响人的工作动机的主要因素有两类，即满意因素和不满意因素。赫茨伯格的激励因素相当于马斯洛的较高层次的需要，保健因素相当于较低层次的需要，但两者的侧重点有所不同，马斯洛侧重在分析需要或动机，赫茨伯格侧重在分析满足这些需要的目标或诱因。

“自我实现”是最高层次，体验经济就是以满足人们的情感需要、自我实现需要为主要目标的经济形态。

在体验经济中，企业主要研究的不是提供产品，而是提供舞台，体验要依附在产品和服务之中，消费的只是过程，消费者成为这一过程的产品，当过程结束后，体验记忆会长久地保存在消费者脑中。消费者心甘情愿地为体验付费，因为这种体验在人们生活水平到了一定程度时已成为迫切的需求，消费者自己进行或参与了这一过程，情感和心理得到了满足。

体验在于创新。创新是21世纪饭店客房产品的主题。创新无止境。只有不断创新和尝试，饭店才能在竞争激烈的市场中占有一席之地。

随着市场竞争的加剧，饭店已经进入了微利时代，饭店产品的同质化问题日趋严重，差异化竞争战略在饭店市场竞争中开始得到重视和关注。差异化竞争战略最重要的在于开发创新。关于创新的论述，由著名的美籍奥地利经济学家约瑟夫·熊彼特最早运用于经济学分析中，他在1912年出版的《经济发展论》中提出了“创新”的概念，将创新这个概念纳入经济发展理论之中，论证了创新在经济发展过程中的重大作用。熊彼特认为“创新”是指企业家实行对生产要素的新的组合，这种新组合包含下列5种情况：

采用一种新的产品或提供一种产品新的质量；

采用一种新的生产方法；

开辟一个新的市场；

获得一种原料或半成品的新的供应来源；

实行一种新的企业组织形式。

综上，产品创新通常是指新产品在经济领域里的成功运用，包括对现有生产要素进行重新组合而形成新的产品的活动。

在饭店产品开发中将创新与体验营销恰当的结合，并应用于产品开发当中，就可以使饭店开发的产品在行业市场上占有一定的地位。

案例：

“先仿后创”——金陵饭店的发展战略

1983年10月开业的南京金陵饭店，是当地在中共十一届三中全会之后，我国首批利用华侨外资兴建，并由中国人自己管理的大型现代化旅游饭店。开业前就因它是当时唯一由中国人自己管理的现代化饭店而备受海内外新闻媒体的关注。日本《朝日新闻》就撰文说：“中国人能否管理好这样一个国际一流的饭店，是中国四个现代化在旅游事业中的试金石。”这句话对金陵饭店的全体员工，尤其是饭店领导层触动很大，他们感到这块试金石压在身上，责任重大。

要为中国现代化饭店做出榜样的踌躇满志的“金陵人”开始思考，国外有“希尔顿”、“喜来登”、“假日”等饭店著名品牌，中国为什么不能有自己的饭店品牌呢？他们面临着按照什么模式，走什么样的管理之路的抉择。

经过对国内外饭店业的广泛调查研究，金陵饭店决策层意识到，要改变国内饭店管理水平落后、服务质量差的现状，让中国的饭店业与管理先进的国际饭店接轨，不能仅靠自己“在干中学，边干边学，边摸索边总结”一年一年地积累经验。他们决定采取“拿来主义”，引进整套国际上成熟的饭店业的先进管理经验。既然已经在“硬件”上面敢于投资，那么也不吝啬在“软件”建设上花钱。经江苏省委批准，金陵饭店采取走出去请进来的方式，培训自己的管理干部，学习国际上饭店业的整套管理体系，走“先仿后创”之路，把国际先进的技术和管理方法作为自己的起跑线。

引进为主的“模仿”发展战略，是国家总体经济实力较弱，科技与管理落后，与先进发达国家有较大差距的广大发展中国家所普遍采用的发展战略。“先仿后创”战略的核心是大量引进先进技术和管理、切实消化吸收，用最短的时间，以最少的资金投入把别国的先进技术与管理经验利用起来，并加以创造。

战略确定后，金陵饭店就进入具体的实施阶段。首先是寻找“模仿”引进的目标。开始有人主张利用友好关系分别派人去各国华侨开设的酒店学习。对此饭店决策层坚持实事求是的科学态度和大胆开拓的创新精神，力排众议，明确提出我们要开创有中国特色的现代化饭店管理道路，选择一个适宜仿效的目标。

目前世界上有很多著名的国际性饭店管理集团，如希尔顿、喜来登、假日、香格里拉、半岛、新世界、文华等等，他们各有一套独特的管理体系。他们通过对美国、瑞士、日本、香港等地的明察暗访、调查比较，最终毅然选择了文华东方饭店集团作为自己的仿效目标。香港文华饭店集团是世界公认的饭店著名品牌，他所管理的饭店在每年世界十佳饭店评选中总是名列前茅。该集团在香港、新加坡、泰国等地经营管理的饭店颇具东方色彩，易为他们仿效。要摘就摘皇冠上的明珠，这是金陵饭店决策层的初衷。

"模仿"目标确定后，金陵饭店就决定采用派出去请进来的方式培训自己的管理干部，鉴于国内饭店以往派人出国分散学习回来后管理形不成体系的经验教训，饭店开业之前就"成建制"地派出13名管理干部到香港文华饭店集团去学习受训（成建制就是根据饭店管理需要，组成既有总经理，又有各部门经理或关键岗位的业务骨干配套的管理班子。成建制培训曾成为国家旅游局唯一的一所饭店管理学院——南京金陵旅馆管理干部学院培养高级饭店人才的拳头产品。这种有效的培训方式受到国家旅游局和国内饭店的肯定和重视，并被推广到其他学院）。派出去学习的13名管理干部身负重任，学习异常刻苦，只用了一个半月的时间就学完了6个月的课程，把文华饭店整套管理体系都学了回来。同时，金陵饭店在开业之际又不惜重金聘请"文华"当经营管理顾问，请来由6人组成的培训指导小组培训饭店所有高中级管理人员，并帮助饭店开业运转，"扶上马，送一程"。

功夫不负有心人，辛勤的汗水浇灌出丰盛的果实，金陵饭店于1983年10月4日正式开业，一炮打响，系统引进先进的管理经验，成建制培训自己的管理队伍的方式初见成效。此后，金陵饭店在学习"文华"的过程中，始终坚持"认一个庙，念一本经，瞄准一个目标，展开全方位学习"的方法。他们每年都派出成建制的管理队伍到文华饭店集团系统的饭店接受培训。培训中，不仅强调各部门的学习，而且注重部门之间管理服务的衔接沟通，强调整体配套，以使管理保持高度的统一与和谐。与此同时，鉴于世界旅游饭店管理科学日新月异的发展，金陵饭店还不断派人到国内外的一些著名饭店亲身体验，注意掌握国际饭店的新发展、新变化，将一些经验带回来，转为己用，使金陵饭店的管理水平始终保持与国际水准同步发展。

金陵饭店在初创阶段，模仿文华饭店集团建立了饭店各工作岗位的岗位职责和《员工手册》。在管理中，饭店决策层逐渐感到，在我国目前条件下，仅仅依据这些规范还不能达到管理的要求。他们坚持实事求是的态度，从中国国情出发，从客人的需求出发，在饭店管理服务的运转中，不断检验各种制度规范实行的效果，从而不断改进，根据自己的实际情况编撰了一部具有中国特色的现代饭店管理的科学规范——《金陵饭店工作手册》。该手册将抽象的服务宗旨变成了具体的、可操作的规范。它不仅规定了饭店工作岗位的人员素质要求和岗位职责，还将质量管理中的规格标准数据化，各岗位服务工作程序化。如规定清扫客房人员，应先干什么，后干什么，体现出通过优化程序所达到的最佳效率。由于《金陵饭店工作手册》强化了操作性，管理人员、服务人员都有章可循、有法可依，确保了服务水准，他们将“宾客至上，服务第一”这句服务业恪守的箴言，根据饭店的实际具体化为“准确、迅速、礼貌、真诚、安全、周到”。

金陵饭店在引进国际先进的管理方法时，还注意融进我们民族风格，如饭店的梅苑中餐厅采用明代风格的装饰物，室内装潢、家具餐具选用中国式的红木家具和瓷器餐具，服务员身穿民族服装，服务态度热情大方，举止文雅，彬彬有礼，显示出东方民族的特点。

他们在饭店按标准程序规范化运转几年后，又提出“超值服务”的新概念，以体现服务的个性化。“超值服务”就是要求全体员工充分考虑宾客的需要，提供超出客人所付房费、餐费之外的服务。一天一个中老年组成的大型日本旅游团队到达饭店，迎宾大厅的楼堂上飘出悠婉的小提琴演奏乐，刚刚到达的日本游客被这优雅的弦乐吸引了，纷纷抬头仰望，露出惊喜神色时，乐队巧妙地将正在演奏的弦乐转入《樱花》旋律，它使风尘仆仆到异国他乡的旅客，感受到家乡温馨的气息。

日本旅行团被引领去客房休息，另一个美国旅行团从客房来到大厅集中准备离店，楼堂上随即传来熟悉的世界名曲《一路平安》，这些即将离店的美国客人激动异常，个个仰望小乐队，留恋之情溢于眉宇。

正是这样的管理，使金陵饭店在开业十年后摘取了五星级的桂冠，被现任国家旅游局局长何光玮誉为“全国旅游饭店的一面旗帜”、“中国人自己管理现代化饭店的典范”。

金陵饭店走“先仿后创”的路子对我们无疑是一种有益的启迪。

第七章 饭店的定价策略

饭店产品价格是市场营销组合策略中最活泼的因素，它具有数量化特征，容易识别，易于比较，定价是否适当，往往决定饭店的产品能否被市场接受，并直接影响饭店在市场上的竞争地位与占有率。产品价格是影响饭店顾客购买决策的主要因素，也最容易引起各方面的注意。它是饭店重要的竞争手段，在饭店营销活动中占有举足轻重的位置。因此，必须用科学的态度、合理的目标和方法、正确的策略来制定饭店产品的价格。

第一节 饭店定价的基础与原则

一、饭店定价概述

饭店产品价格，是指顾客购买饭店产品所付的货币量。它由饭店产品成本、饭店产品税金及饭店产品利润决定。饭店产品价格的高低取决于这三部分之和的大小。成本是建造饭店时所用的建筑物、设施、设备及原材料等物质的耗费和饭店员工提供的服务劳动补偿。税金是指饭店经营者必须缴纳给政府的税款。利润是饭店的劳动者所新创造的价值。这三者之和又可称之为饭店产品的价值。饭店产品由价值来决定，但不一定相等。价格由于受市场供求关系、竞争状况、国家币值与汇率变化、国家政策等因素的影响，时常会偏离价值，围绕价值上下波动。

二、饭店定价的基础

饭店产品价格的高低取决于饭店产品的价值高低。饭店经营者对饭店产品价值的评价以货币形式表现出来称为供给价格，供给价格由饭店产品平均消耗的劳动量决定，同时还受饭店自身的社会价值等因素的影响，饭店消费者对饭店产品的价值以货币形式表现出来，即需求价格，是消费者愿意购买的产品价格。饭店产品在市场中最终实现的价格既不是供给价格也不是需求价格，而是当饭店经营者与饭店消费者对饭店产品价值的评价一致时，即当供给价格和需求价格相等时，饭店产品的销售价格，即市场成交价格。这个价格有一个变动区间，下限是饭店经营者为保本盈利所能承受的最低价格，上限是特定的市场环境条件下消费者可以承受的最高价格。饭店的成本将决定价格的下限，市场需求决定价格上限。竞争中的饭店就是在这两种价格之间尽力寻求市场份额。

1. 分析影响产品价格的因素

饭店产品价格的制定受到许多因素的影响，这些因素大致可以分为可控因素和不可控因素两类。可控因素即营销人员在定价时有能力控制的因素；不可控因素即指那些对饭店价格制定有影响，但营销人员又无法控制的因素。

①可控因素

（a）饭店产品成本

成本是定价的主要依据。企业以一定价格销售产品要收回成本，同时也要实现盈利。因此，产品成本应是饭店在正常的市场环境中定价的最低点。在市场竞争中，产品成本低的饭店，价格制定有较大的灵活性，在竞争中处于有利地位，易获得较好的经济效益，反之，则可能在竞争中处于劣势甚至被淘汰。

（b）定价目标

定价目标与饭店总目标和营销目标直接相关，它指明饭店产品的定价方向和目的。饭店产品定价必须服从并服务于定价目标。

（c）饭店产品

饭店产品的以下因素影响产品定价：

Ⅰ. 饭店产品特色。饭店产品的造型、质量、功能、服务等是否新颖，对旅游者是否具有吸引力，产品可替代性的强弱，产品必需程度的高低都直接影响着产品的需求弹性，而需求弹性的高低又将对价格制定产生巨大影响。

Ⅱ. 饭店产品声誉。在市场竞争中，产品声誉越高，则饭店定价人员定价时越有支配权。

Ⅲ. 产品的独立性。产品与其他产品相关程度越低，则其生产、销售受制约的可能性就越小，制定价格自由度也就越大。

Ⅳ. 产品的市场定位。明确本饭店产品的市场定位。应制定与之相适应的产品价格，以满足目标市场的需要，强化本饭店产品的形象。

②不可控因素

(a) 供给因素

市场上的客房供给总量对价格会产生影响。我们假定除价格外其他因素不变化，那么客房供应量与价格成正比关系：即价格上升，供应量就会上升；价格下降，供应量就会下降。这种关系见图 7－1。

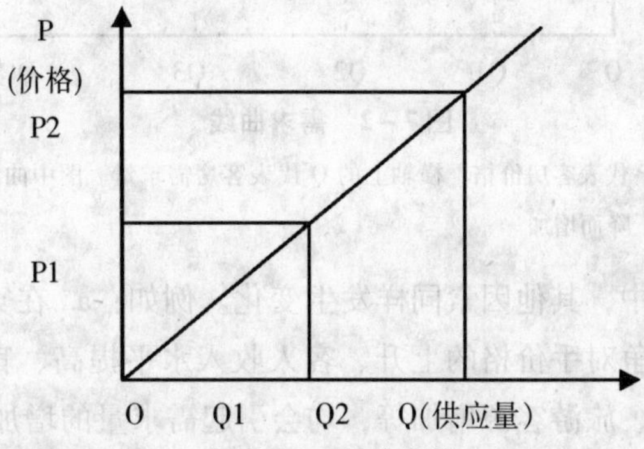

图 7－1　供给曲线

实际上，除价格变化外，还有其他因素同时发生作用，从而引起供给曲线的变化。例如国家政策有利于宾馆饭店发展，政局稳定、经济增长，生产成本和经营费用下降，旅游需求量增长等，在价格不变的情况下，就会有更多的客房投入市场，引起供应量增加。但假如生产成本和费用大幅度上升，经营者预测经济形势滑坡，未来需求量将明显减少，在价格不变的情况下，供应量就会减少。

(b) 需求因素

价格效应是一种不可忽视的市场规律。价格效应指价格变化而引起的需求量的变化。宾客对宾馆饭店产品的需求量是受各种因素影响的。除自身价格外，还有竞争对手的价格、客人的偏好、宾馆饭店的替代品、互补品的价格、客人的收入水平等。在各种需求量的因素中，假定其他因素不变，那么需求量与价格呈相反方向变化趋势，客房的需求量随客房的价格上升或下降而发生减少或增加。这种价格与需求的关系见图 7－2。

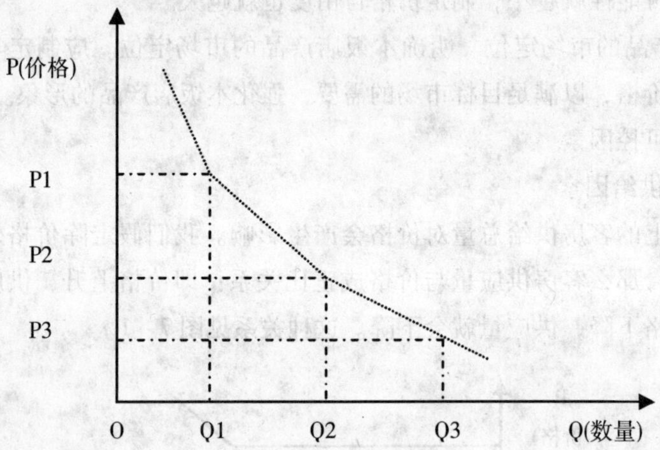

图 7－2　需求曲线

图中，纵轴上的 P 代表客房价格，横轴上的 Q 代表客房需求量。图中曲线 D 代表需求曲线，即需求量随着价格的下降而增加。

但实际经营中，其他因素同样发生变化。例如：a. 在宾馆饭店价格不变的情况下，竞争对手价格的上升、客人收入水平提高、宾馆饭店产品对客人偏好的满足、旅游客源增加等，均会引起需求量的增加；b. 在价格不变的情况下，如果竞争对手降价、客源市场的偏好发生转移、客人收入水平下降、旅游客源下降等，均会引起需求量减少。

（c）消费者价值观念的影响

商品的价格是价值的货币表现。价格在一定程度上反映了商品的质量等级，并因此而成为客人购买决策的判断依据之一。如果价格超出了客人认同的“合理限度”，客人要么放弃选择，要么进一步了解产品和服务，以决定是否购买；当价格被认为是“可以接受”时，客人需要进一步了解产品和服务，以证实是否“物有所值”。宾馆饭店与制造业不同，客人在多数情况下不能事先对产品进行判断，其消费与判断往往是同时进行的。因此，宾馆饭店的产品价值包含更广泛的内容，如硬件设施、软件服务、企业形象、地理位置、互补性项目、客人的消费感受等。例如舒适的客房给客人带来宁静、惬意的夜晚；美味佳肴让客人度过浪漫而美好的时光；

员工的服务使客人体验到人间温情和自我价值；地理位置的优势为客人带来方便；企业形象维护客人应有的社会声望等。诸如此类的因素构成了客人心目中的价值观念，形成客人关于价格的“合理价位”。值得注意的是，不同的细分市场具有不同的价值等级，例如：商务市场将地点视为重要的因素，而将价格因素放在较次要的地位；度假市场则将价格放在重要的位置，而视地点为较次要的因素。因此，宾馆饭店在制定价格时应当权衡其他策略和细分市场的特点，综合考虑其决策。

(d) 市场竞争

同业竞争越激烈对价格影响越大，实力强的饭店有较大的定价自由，竞争力弱的饭店不能主动为自己的产品定价，通常采取追随定价法。几乎每种产品都有竞争对手，因此任何一次定价与调价都会引起竞争对手的关注，并导致竞争者采取相应对策。

(e) 汇率

汇率又称为外汇行市或汇价，指两种不同货币之间的比价，即一国货币单位用另一国货币单位所表示的价格，是以外国货币表示本国货币的价格或以本国货币表示外国货币的价格。旅游者跨国旅游需进行货币兑换，而国家间货币兑换比例取决于以各国货币的币值为基础的汇率。货币币值发生变化，相对其他国家货币的汇率也会发生变化，从而影响到饭店产品价格的变化。

(f) 旅游资源差异

由于旅游资源分布的不平衡性和季节性等原因，是旅游业有了热点、冷点、旺季、淡季之分，因而旅游价格也就出现了地区差价和季节差价。饭店产品定价也体现出差异，依此制定地区差价和季节差价。

2. 明确饭店产品的定价目标

所谓定价目标就是产品的价格在实现之后应达到的目的。它规定了企业定价的目的与水平。饭店产品定价目标是饭店营销目标的基础，是饭店选择定价策略和定价方法的依据。

①以维持基本生存为定价目标

这是饭店经营的最低目标，企业定价趋于保本点，采用这一价格将使企业处于不亏不盈的状态。但由于饭店产品具有不可储存性，因此，饭店产品不存在最低价格。如房价为100元/天，保本点为60元/天，降价为50元/天。卖不出去每天亏60元，卖出去每天只亏10元。于是在产品供过于求时，许多饭店采取这项目标，削价竞争便是典型反映。

②投资利润率导向定价

即企业通过定价，使价格有利于一定期间内实现企业的投资能够达到一定的投资报酬为定价目标。企业一般是根据投资额，把期望得到一定百分比的纯利或毛利作为目标，将产品的成本，加上预期的利润，就是产品的价格。

③以追求最大利润为定价目标

指企业通过高价以获得最大利润或投资收益，它并不等于追求最高价格，而是追求长期最高利润。采用这种定价目标的企业，其产品多处于绝对有利的地位。但使用这种定价目标应注意，由于消费者的拒绝、竞争者的增加、替代品的出现等因素，企业的有利地位不能保持太久，因此，尽管是以追求最大利润为目标，其价格的高低还是应当适中，要着眼于长期最高总利润。为实现这个目标，企业应不断改善经营管理，提高服务质量。若企业只顾眼前利益，将产品价格定得过高，不仅风险过大，还易损害企业形象，失去客源市场。

④以维持或提高市场占有率为定价目标

企业采用这种定价目标是从占领市场的角度来考虑产品价格的，一般说来，在市场占有率一定的前提下，要提高或维持市场占有率，要采用低价格策略。市场占有率高，则可取得规模效益，降低成本，增加盈利。企业以低价渗透来获取较高的市场占有率，是以降低产品利润为代价的，因此，选择这一定价目标，企业必须具备不断扩大再生产的物质条件，以保证企业大量生产。

⑤以稳定的市场价格为定价目标

为了避免不必要的价格竞争，增加市场的稳定性，拥有充分后备资源且打算长期经营的企业，在市场竞争和供求关系较为正常的情况下，往往将价格稳定在一定水平上，不轻易加以变动。只要同一行业中举足轻重的几家主要企业达成默契，采用较为稳定的价格，则可实现“和平共处”，避免在激烈的价格战中“两败俱伤”。

⑥以应付和防止竞争为定价目标

企业为了保护自己、应付或防止竞争，常根据竞争对手的价格，视本企业具体的产品和供求情况，制定产品价格。一般有以下四种情况：

(a) 对于力量较弱的企业，应采用与竞争者价格相同或略低于竞争者的价格出售产品的方法。

(b) 对于力量较强的企业，又想做大市场占有率时，可采用低于竞争者价格出售产品的方法。

(c) 对于实力雄厚，并拥有特殊技术或产品品质优良，或能为消费者提供较多服务的企业，可采用高于竞争者价格出售产品的方法。

(d) 对于为了防止别人加入同类产品竞争行列的企业，在一定条件下，往往可采用一开始就把价格定得很低的方法，从而迫使弱小企业退出市场或阻止对手进入市场。

饭店对上述定价目标进行选择时，还应考虑饭店产品和市场特点，对需求弹性小的产品，不宜用低价政策，对价格敏感的顾客不宜使用高价政策。另外，产品价值的实现，除了产品本身的条件外，还要依靠企业的促销活动和销售网点渠道的畅通，因此，饭店定价目标应有利于各营销因素的配合，从市场营销的整体出发，以优质优价、质优价廉的策略赢得顾客。

3. 选择定价策略

宾馆饭店集住宿、餐饮、娱乐、休闲和购物为一体，涉及的门类齐全、品种繁多，要根据不同产品的特点选择不同的定价策略，才能获得预期的效益。

①产品生命周期定价策略

与工业产品一样，宾馆饭店的产品同样存在着生命周期现象。在产品生命周期的各个阶段上，决定价格的因素是不一样的，所以价格随生命周期的发展而变化。

(a) 导入期定价策略

在产品生命周期各个阶段中，导入期的定价决策最为重要。在这一时期，客源增长缓慢，企业需要花费大量资金进行宣传促销，因此经营成本较高。在这个阶段，企业通常应采取以下四种定价策略：

撇脂价格策略：这是一种高价投放新产品的定价策略。给产品定以高价，能较快收回投资，就像从牛奶中撇取奶油，故叫撇脂价格。制定高价，有助于造成产品优质的表象，但必须是市场需求较高时使用才有效。

渗透价格策略：渗透价格是低价格投放新产品的策略。给产品定以低价，能尽快获得较高市场占有率，扩大市场份额。制定低价，可阻止竞争者进入市场，但要在市场对产品价格高度敏感的条件下使用。

满意价格策略：这是采取上述两种价格之间的折衷价格策略，吸取两者之长处，形成能为顾客接受，企业又能合理获利的价格。

短期优惠价格策略：短期优惠价格与渗透价格策略不同，它是在产品的引进阶段完成后就提高价格。主要用于企业新开张期内和开发新产品时。

（b）成长期定价策略

在成长期，企业的主要任务是努力扩大自己的市场份额，因此，成长期产品定价策略的关键是要选择适当的时机灵活运用价格手段去进一步拓展市场，实现企业预定的经营目标。

（c）成熟期定价策略

在成熟期，企业的定价策略是在努力降低成本的基础上通过合理的低价维持自己的市场份额，以增加经营利润。同时要充分利用自己的客源，及时推出新的服务项目，以增加顾客的平均消费水平。需要注意的是：降价只有在市场需求富有弹性并且降价后销售收入大于相应的成本增加时才是可取的。

（d）衰退期定价策略

在衰退期，变动成本对产品定价非常重要，因为市场竞争已迫使企业把自己的价格降到最低点，接近于变动成本水平。只要有服务能力闲置，宾馆饭店就应该以变动成本或增量成本为基础来制定价格。只要价格高于增量成本，即使这些贡献毛利不足以补偿固定成本，但至少可以部分减轻负担，实际上仍能增加企业的边际利润，需要特别注意的是，宾馆饭店实行低价策略绝不允许降低服务质量，否则就会造成客源流失而使低价策略失败。

②价格折扣和优惠策略

运用价格折扣是宾馆饭店的一种重要手段。对公平牌价打一定折扣的优惠可以起到促销的作用。主要有以下两种折扣优惠策略：

(a) 团体消费优惠

为了促进销售，宾馆饭店对大批量住宿就餐的客人给予价格折扣优惠。例如会议团体和旅游团队等。

(b) 累积数量折扣

宾馆饭店根据常住客的时间长短和消费总量多少，给予不同折扣率的优惠，以巩固老客人，鼓励客人多消费，折扣率的大小通常取决于客户光顾的次数和消费水平的高低。

③心理定价策略

心理定价策略是指从顾客的心理反应出发来刺激其消费动机，从而达到促销和多销。主要有以下方法：

(a) 尾数定价策略

尾数定价也叫奇数定价。为迎合宾客求廉心理，给产品制定一个以带有非整数价格策略，如 0.99 元、9.95 元等。奇数定价可以给顾客一个价格低的印象，并能使宾客产生对企业定价认真负责的信任感。商品部商品采用此策略有促销之功效。

(b) 整数定价策略

根据消费者有“一分价钱一分货”的价值观念，为了让顾客对自己的选择放心，明码实价，把价格合理地定在代表产品价值附近的整数上面，使顾客选择时容易比较，可以放心购买。例如，把饮料定为 5 元或 8 元，而把不同品牌和不同质量的酒分别定为 58 元、280 元一瓶不等。

(c) 声望定价策略

高档菜肴定以高价，既提高了菜肴的身价，又衬托出消费者的身份、地位和能力，给宾客以自我实现的心理满足。例如，在定价时，若按成本加成计算出一桌菜肴价格为 1632 元，按声望定价法定为 1800 元；对港、澳、粤地区客人的请客，可定价为 1888 元，讨个“要发发发”的口彩；对于追求实惠的客人，可对其“优惠”为“一路发发”，即定价为 1688 元。

三、饭店的定价原则

1. 饭店产品价格必须反映饭店产品的价值

制定饭店产品价格必须以产品价值为制定依据，饭店产品价格必须反映产品的价值。

2. 饭店产品定价必须适应市场需求

随着市场供求状况的变化，在价值规律的作用下，产品价格总是围绕价值上下波动。因此，饭店产品定价应反映供求状况，适应市场需求。供不应求的饭店产品定价可略高一些，供大于求的饭店产品定价可略低一些，当供求关系发生变化时，应对饭店产品价格及时做出相应调整。

3. 饭店产品定价必须具有一定的灵活性

由于旅游业有较强的季节性，使得旅游市场对饭店产品的需求也有较强的季节性。因此饭店产品必须根据淡季、平季、旺季制定合理的产品差价。另外，由于各地区旅游资源、设备、服务质量不同，造成旅游热点、温点、冷点，导致了饭店产品的地区性。这样，对于饭店产品就应制定较灵活且有弹性的价格。同时，对于不同的旅游者和人数不同的旅游团队实行不同的价格。如针对旅游者和旅游团队实行散客价和团队价；针对华侨和港澳台同胞实行较外国旅游者而言较低的饭店产品价格；考虑国内外旅游者在收入消费水平和消费习惯上的差异，从价格上区别对待以扩大客源。

4. 饭店产品价格应相对稳定

上面提到饭店产品价格的灵活性，但是饭店产品价格也不能频繁调整、变化无常。因为饭店产品价格政策代表该产品、该饭店在旅游市场中的形象，变化过于频繁，会给消费者造成不稳定的感觉，甚至挫伤潜在消费者的积极性，导致需求量下降。因此，饭店产品不能随意调价，每次调价幅度不能过大，调价之前应给消费者以心理准备过程，西方旅游市场一般是提前三个月预报。

5. 饭店产品价格要服从国家政策要求

制定饭店产品价格要根据国家政策、法令和有关规定，特别是要服从国家旅游业发展的总方针。如《消费者权益保护法》、《反不正当竞争法》，以及饭店业行业协会或国家旅游局有关饭店产品价格的规定等。

第二节　饭店客房价格

宾馆饭店的主要收入来源于客房和餐饮营业，其中客房的收入又远远超出餐饮的收入，因此，制定合理的客房价格是关系到宾馆饭店经济效益的关键。确定客房价格比确定菜肴单价要复杂得多。第一，房价更多地涉及投入资本和固定成本比例；第二，有关房价的决策通常要考虑宾馆饭店的使用年限；第三，客房具有不可储存的特点；第四，需综合考虑季节、类型、每房床位、住宿率及市场因素等，以便尽可能合理确定房价。

饭店的客房价格依其接待对象、时间等不同，分为多种类型，它们一起构成饭店客房的价格体系。

一、客房价格的类型

1. 标准价

标准价又称为“客房牌价”、“门市价”、“散客价”，即在饭店价目表上明码公布的各类客房的现行价格。该价格不含任何服务费或折扣等因素。标准价应当用作定位价，它能够使消费者和旅游中间商在将本饭店同其竞争者，以及同给定市场中所有其他饭店进行比较之后，对本饭店的质量产生某种知觉。标准价是一种基准价格，其他各种折扣价都是在此基础上打折形成的。一般说来，标准价的价格幅度越宽越好，即，从一个饭店中条件最差的房间（不打折的全价）到条件最好的房间（定价略高于距离最近的竞争者同类房间的价格）价格幅度尽量要宽。实行这种较宽的价格幅度的好处在于，它一方面可造就对本饭店是当地最佳饭店的知觉，同时也使得本饭店可以通过控制价位最低的全价客房的销售和存量，去实现收入最大化。

2. 折扣价

饭店向常客（Regular Guest）、长住客（Longing Staying Guest）或其他有特殊身份的客人提供的优惠房价。

3. 合同价

饭店与有关公司或机构签订房价合同，并按合同规定向对方客人以优惠价格出租客房，以求双方长期合作。房价优惠的幅度视对方能够提供的客源量及客人在饭店的消费水平而定。

4. 团队价

主要是针对旅行社的团队客人制定的折扣价格，其目的是与旅行社建立长期良好的业务关系，确保饭店长期、稳定的客源，提高客房利用率。团队价格可根据旅行社的重要性和所能组织客源的多少以及饭店淡、旺季客房利用率的不同加以确定。为了吸引团队客人，很多饭店给予团队客人的优惠价往往低于饭店标准价的50%。

5. 小包价

是饭店为客人提供的一揽子报价，除了房费以外，还可能包括餐费、交通费、游览（或其中的某几个项目）等，以方便客人。

6. 家庭租用价

饭店为带小孩的父母提供的优惠价。

7. 免费

由于种种原因，饭店有时需要为某些特殊客人提供免费房。免费房的使用，通常只有总经理才有权批准。

8. 淡季价

在营业淡季，为了刺激需求，提高客房利用率，而为普通客人提供的折扣价。通常是在标准价的基础上，下浮一定的百分比。

9. 旺季价

在营业旺季，为了最大程度地提高饭店的经济效益，而将房价在标准价的基础上，上浮一定的百分比。

10. 白天租用价

在下列情况下，饭店可按白天租用价向客人收取房费：

（1）客人凌晨抵店入住。

（2）客人离店超过了饭店规定的时间。

（3）入住与退房发生在同一天。

白天租用价，大部分饭店按半天房费收取，也有些饭店按小时收取。

二、影响客房定价的因素

制定房价是饭店自主的经营活动，应该可以自由地选择定价目标。但由于受到市场和饭店内部条件的制约，使得房价的自由度受到一定程度的限制。饭店在制定房价时，要考虑很多影响因素。影响房价制定的因素可以分为两大类：一类是外部影响因素，另一类是内部影响因素。

1. 外部影响因素

①社会政治、经济形势的影响。旅游经济具有脆弱性，其产品具有不稳定性和波动性。一个稳定、繁荣的社会政治及经济环境，对以旅游经济为其重要收入来源的饭店来讲是至关重要的。因此，在客房价格的制定过程中，房价也会受到以上因素的影响。

②季节性影响。季节性强是旅游业的一大特点，季节直接影响饭店经营的好坏。

③供求关系影响。当供过于求时，饭店业不得不考虑降低价格；当供不应求时，饭店业要考虑适当提高价格。客房商品的价格随供求关系的变化而不断调整。

④竞争对手价格影响。竞争对手的价格是饭店制定房价时的重要参考依据。因为在定价过程中，首先要调查本地区同等级、同档次、具有同等竞争力饭店的房价，做到“知己知彼”。

⑤行业组织的价格约束。客房房价还要受到本地区政府主管部门以及行业协会等组织和机构对饭店价格政策的约束，例如某地区对所在地区饭店客房价格的最高上限等。

⑥客人消费心理。客人的消费心理也是进行定价时应予以重点考虑的因素，尤其是客人对某一种商品价格能够承受的上限和下限。

2. 内部影响因素

①定价目标。定价目标是指导饭店进行客房定价的首要因素，这是饭店确定经营方针的重要依据。

②饭店地理位置。“商业饭店之父”斯塔特勒说过：“对任何饭店来说，取得成功的三个根本要素是地点、地点、地点。”可见地理位置对于饭店经营的确非常重要。位于市中心区、繁华商业区、距离机场火车站比

较近、交通便利的饭店，其房价的制定或调整的条件就会有利一些。而位于市郊、远离繁华商业区、交通条件等地理位置较差的饭店，虽然低价便宜，经营成本低，但由于其对于客人的吸引力差，因此房价会相应低一些，以提高饭店的竞争力。

③经营成本及投资成本。这是影响客房价格水平的基本因素，比如投资成本回收期的长短，以及目标利润率的高低，都会对房价的制定产生影响。在进行客房定价时，必须考虑成本水平。

④饭店服务质量。在定价过程中，除考虑饭店硬件设施设备的档次外，还必须要考虑服务质量水平。

饭店在制定价格时应当考虑到价格幅度问题。价格幅度应制定得宽一些，以便允许在规定的幅度内上下调整。同时价格幅度的确定还应与各种各样的标准挂钩，例如房间类型、坐落位置、窗外视野等。

作为饭店经理人员，在制定客房价格时还需了解竞争者的相关价格信息，进行价格比较。可以通过查阅竞争者的广告、拨打其免费电话进行查询、查找其在自动预定系统上公布的报价，以及通过询问自己的顾客等手段，不断跟踪竞争者的产品价格，以判定你的产品价格是否同其一致。了解竞争者产品价格的好处在于，这些信息可使你能够评价自己的价格战略，从而在必要的情况下采用新的价格战略。

三、常用的定价方法

1. 随行就市法

就是以同一地区、同档次竞争对手的客房价格作为定价的依据，从而确定饭店客房价格。这是饭店业中一种常见的以竞争为中心的定价方法，一般有两种方法：一是以同等级别饭店的平均价格水平作为定价目标。二是追随“领导型饭店”的价格，以减少风险。

2. 千分之一法

千分之一法亦称建造成本法，是参考饭店的造价计算客房价格。计算中所采用的成本应包括饭店占用的土地使用费、建造费及设施设备成本。具体公式如下：

$$平均每间客户租价 = \frac{土地使用费 + 造价 + 设施设备成本}{客房总数} \times 0.1\%$$

例如，一座新建饭店拥有500间客房，总造价为5000万美元，按照千分之一法计算房价，每间客房房价 = 50000000/500 × 0.1% = 100美元。

使用千分之一法定价，饭店管理人才可以迅速做出价格决策。但是，该方法只考虑成本因素，而没有考虑客房类型、面积、客房与餐饮、娱乐等其他各种设施设备投资比例的差异，以及供求关系、市场竞争等相关因素，因而缺乏科学性和合理性。因此，一般可以用这种方法作为制定房价的出发点，在使用时，饭店管理者还应综合分析这些因素的影响，进行适当调整。

3. 客房面积定价法

客房面积定价法是通过确定客房预算总收入来计算单位面积的客房应取得的收入，进而确定每间客房应取得的收入来进行定价的一种方法。

假定计划期内客房预算收入为 y，计划期天数为 n，客房总面积为 M，某间客房的面积为 m，预计计划期客房出租率为 r，则：

该客房出租价格 $R = y/(M \times n \times r) \times m$

例如，某饭店2003年5月份的客房预算总收入为160000美元，总客房面积为2000平方米，预计客房出租率为70%，那么面积为20平方米的客房价格为：

客房价格 = 160000/（2000 × 30 × 70%）× 20 = 76美元

这种定价方法主要受客房预算收入的影响，房价制定是否科学合理，主要取决于经营者预算收入的准确度是否符合实际。如果预算收入较高，则客房价格也较高，但如果市场不接受或预算收入偏低，则会给饭店经营和预期利润率带来负面影响。

4. 赫伯特公式计价法

赫伯特定价法是在20世纪50年代，由美国酒店和汽车旅馆协会主席罗伊·赫伯特主持发明的。它是以目标收益率为定价的出发点，在已确定计划期各项成本费用及酒店利润指标的前提下，通过计算客房部应承担的营业收入指标，进而确定房价的一种客房定价法。它是根据计划的营业量、固定费用及饭店所需达到的投资收益率来确定每天客房的平均房价。

其具体计算公式如下：

平均每间客房租价 = ［预期投资收益 + 固定费用（税、折旧、利息等）+未分配费用 - 其他营业部利润 + 客房部营业费用］/计划的营业量（预计客房出租间数）

这个公式的缺陷在于客房部必须承担实现计划投资收益率的责任，由分子部分看出，其他部门赢利高，房价可低些，一旦其他营业部门亏损，房价则上升。应该明确，其他部门经济效益低，不应由高昂的、缺乏竞争力的房价来弥补，同时，其他部门的高额利润也不应成为制定过低房价的理由。

5. 盈亏临界分析法

盈亏临界分析法，也叫本量利分析法。反映的是价格水平下总成本与总营业额的关系。这个方法常被用来分析价格和数量的关系，见图 7 - 3：

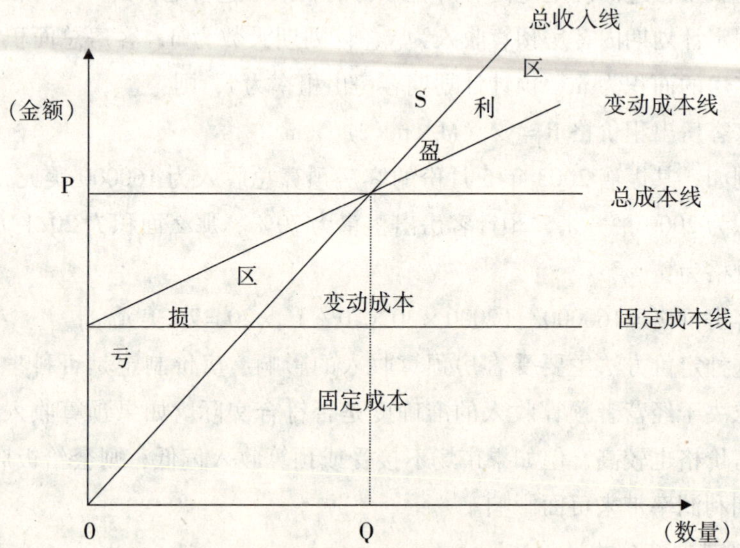

图 7 - 3　盈亏临界分析法

图中的盈亏临界点 S 是总收入线与总成本线的交会点，与 S 点对应的 Q 销量下的收入和与 S 点对应的 P 成本支出相抵，利润为零。在 S 点左下方是亏损区，总成本超过总收入；S 点右上方是盈利区，即销量超过 Q 点才能赚得利润。该计算公式如下：

$$销售量=\frac{固定成本}{单位售价-单位变动成本}$$

例如：某饭店拥有200间客房，每天平均房价为95元，每天每间客房的变动成本15元，全年固定成本4000000元，问应出租多少客房才能保本？按照上述公式，可算出保本房间出租数量：

全年应出租客房数 =4000000÷(95-15)=50000（间/年）

根据盈亏临界分析法原理，如果将“固定成本”扩展为“总收入”(即固定成本+变动成本+目标利润)，然后用预计年出租房间数除“总收入”，便可计算出平均房价。其公式为：

$$平均房价=\frac{总收入（固定成本+变动成本+目标利润）}{可供出租客房数\times 365\times 年平均出租率}$$

例如：某饭店拥有200间客房，预计年平均出租率为90%，全年固定成本40000000元，每天每间客房的变动成本15元（年变动成本总额为15×200×365×90% =985500元），目标利润1000000元，问客房的平均价格是多少元？按照上述公式，可算出客房平均价格：

平均价格 =(4000000+985500+1000000）÷(200×365×90%)

=91（元/间）

6. 需求差异定价法

差异定价策略就是根据顾客不同的需求特征和价格弹性向顾客执行不同的价格标准。这种定价策略采用了一种客人划分标准，这些标准是一些合理的原则和限制性条件。在这种划分标准下，顾客就能根据自己的需求、消费方式及愿意接受的价格水平而将自己划分到合适的房价类别中去。这种划分标准，如提前预订的时间长短、是否退还保证金等等，一方面使那些对价格比较敏感的顾客享受低价，当然他们对客房的选择余地也很小；另一方面那些愿意付全价的顾客可以随意地挑选自己所喜爱的房间。这种划分标准的重要作用在于：饭店在向一个细分市场的顾客销售打折客房的同时，又能保证另一个细分市场的收入不会减少。

这种定价中有所区别的策略也很容易向顾客解释。每种房价都有其合理性。运用房价区分系统，饭店就能对它所有的客房进行收益管理。这种区别定价的缺点是它比其他的定价方法更难管理，它要求饭店建立复杂的预订系统和收益管理系统。

使用这种方法，对不同的客人采用不同的价格标准，这样不仅能获得更多的收入，而且能使更多的客人满意。这种观念是许多行业确定价格的基础，价格细分方法的关键是要批准那些将“愿意并且能够消费得起的客人”和“为了使价格低一点而愿意改变自己消费方式的客人”区分开的标准，并据此制定有效的细分策略（如航空公司只对周末愿意在目的地停留的顾客提供优惠机票就是一种有效的方法）。

饭店的房客至少可以分为两类：即商务旅游者和休闲度假旅游者。这两类顾客的目的和要求很多，且各不相同；根据这些顾客的消费特点，又可以将这些客人重新组合。任何一位顾客的购买决策都是在不同的条件（不同的时间、地点和旅行目的）下做出的。充分利用顾客的这些消费特点，力图通过创新的房价和一揽子服务增加来自价格弹性高的细分市场（即休闲度假旅游者所在的市场）的收入，同时确保来自价格弹性较低的细分市场的收入不至于减少。

通过采用划分标准和其他的限制性房价政策，饭店可以尽可能地增加在目标市场的营业收入，同时避免来自高价细分市场的收入减少。航空公司采用的“周末逗留”要求就是一个极好的划分标准。这种标准将休闲旅游者（一般愿意在周末逗留）和商务旅游者（一般不愿在周末逗留，希望办完事就走）成功地区分开来。

限制条件不能太苛刻，否则会阻碍目标群体的购买；但同时又不能太宽松，不然会让属于其他细分市场的顾客享受到不应该享受的优惠。

四、价格策略

为了在激烈的竞争中处于有利地位，饭店可选用以下几种价格策略。

1. 高牌价、高折扣策略

高牌价可以维护与饭店星级相适应的高档次市场形象，而高折扣（包括对散客）则有利于提高饭店的竞争力。即这种策略可以在不损害饭店形象的前提下，提高饭店客房的利用率和竞争力。

2. “随行就市”的价格策略

大部分饭店都采用这种随行就市的价格策略，即：客房的价格根据淡旺季的不同、时段的不同、客房预定情况的不同、开房率的不同等而变化，以期最大程度地提高饭店客房的利用率。这种定价策略的缺点是可能影响饭店在消费者心目中的形象。

3. “相对稳定”的价格策略

一些饭店为了取信于旅游消费者，维护饭店在消费者心目中的良好形象，在一段时间内，会采取相对稳定的价格策略，即使客房供不应求，也不愿意调高价格。这种定价策略的缺点是：可能会使饭店在短期内丧失很多潜在的获利市场机会，但对企业发展有利。同样，有些饭店即使在市场竞争激烈的情况下，也不轻易下调房价，目的也是为了维护其高档次的市场形象。当然，“相对稳定”并非绝对不变，最终要不要上浮或下调价格，还要看客房供不应求的程度或市场竞争激烈的程度，以及这种供不应求（或供过于求）是暂时的还是长期的。在供不应求（或供过于求）的状况长期存在或供不应求（或供过于求）的程度很高的情况下，如果一味地为了“稳定价格”是不可取的，会使企业长期蒙受损失或失去竞争力。

第三节　饭店餐饮定价

餐饮产品的价格是否合理，不仅关系到餐饮企业能否最大程度地吸引宾客，而且还影响到菜肴的赢利能力，因此，餐饮产品的价格对餐饮企业的经营成败具有举足轻重的影响。

一、餐饮产品价格要素

对于任何一种餐饮产品，其销售价格应能弥补其食品及饮料的成本、费用和税金，并获取一定的利润。所以其价格构成有以下4部分：

1. 食品或饮料成本

在计算食品或饮料成本时要考虑到餐饮产品的特殊性，注意把损耗及滴漏溢出的成本计算在内。

2. 费用开支

餐饮经营的各项费用开支应分摊到每一个菜品或每一杯饮料上，这些分摊费用主要是人工费，其次还包括租金、折旧费、水电费、煤气费、行政管理费以及其他杂费。

3. 税金

任何经营企业都要向税务局缴纳税款。餐饮企业应把营业税分摊到每一菜品或饮料上。

4. 利润

利润是任何资本经营所追求的目标，餐饮业经营的主要任务就是获取最大限度的利润。餐饮产品的销售应能弥补原料成本开支、费用开支、税金开支，同时应略有盈余，这就是利润。销售价格扣除原料成本所剩下的成为毛利。

餐饮产品与制造业产品有某种相似的地方，即都需要购进原材料进行生产。

二、餐饮产品价格结构

产品的价格结构中，占较大比例的是原材料成本。在高档餐厅中这部分变动成本约占餐饮产品价格的35%，而在低档餐厅中所占的比例更大，因而餐饮定价往往要以这部分变动成本为基础。

由于餐饮业属于服务性行业，它的产品不能大批量生产，而是根据顾客的需要进行小批量加工生产，并有服务员直接向顾客服务，在高档餐厅中，人工费在餐饮价格中占很大比例。餐厅中有些菜品的加工生产费用远远超过原料成本。

餐饮业既是生产商也是销售商。餐厅生产的产品一般不通过中间商销售，而是直接向顾客销售。由于餐厅直接与顾客交往，因而定价决策与顾客的直接反应、顾客的就餐喜好以及他们对价格的敏感度有直接关系，这一点与制造业不同，制造企业远离顾客，无法根据顾客的直接购买反应调节价格，而餐饮业可利用价格直接影响需求，应付竞争。正因为餐饮产品价格的这种特点，餐饮定价还要考虑顾客的需求。

三、餐饮定价的方法

饭店餐饮产品定价的方法较多，且各不相同。每种定价方法各有优点和缺点。各饭店及餐饮企业应根据自己的具体情况及不同的产品类别灵活选用定价方法。

1. 成本定价法

成本定价法是把成本作为定价的依据，主要有原料成本率定价法和原料成本系数定价法。

原料成本系数定价法需要两个关键数据：一是原料成本额，二是菜品成本率，通过成本率就可算出成本系数。原料成本额的数据来自于菜品经过实际烹调后汇总得出，计算菜品的成本率，先要算出综合成本率，然后根据不同餐别和不同菜品确定不同的成本率。成本系数是成本率的倒数，即：成本系数为3，则意味着成本率为33%（100÷33≈3），因此，根据成本率计算售价的公式：售价＝原料成本额/成本率，可转换成：原料成本系数定价法公式：售价＝原料成本额×成本系数。

例如："老鸭煲"原料成本为10元，成本率定价法的售价为：10元÷33%＝30元，成本系数定价法的售价为：10元×3＝30元。

2. 毛利率定价法

毛利率是指产品毛利与销售价格之间的比率，亦称内扣毛利率，公式表达如下：

销售毛利率（内扣毛利率）＝毛利÷销售价格

毛利与产品原料成本之间的比率，称为成本毛利率，亦称外加毛利率，公式表达如下：

成本毛利率（外加毛利率）＝毛利÷销售成本

毛利率不仅反映着餐饮产品的毛利水平，还直接决定着企业的盈亏，关系着消费者的利益，在餐饮产品原料成本和相关费用不变的情况下，毛利率越高，销售价格就越高，利润也越大；反之，毛利率越低，销售价格越低，利润也越小。毛利率的核定应根据宾馆饭店各自的经营策略和市场对产品的需求情况，经过核算来确定每一个具体产品的毛利率。相同类别的单个产品毛利率构成分类毛利率；各经营品种的毛利率（分类毛利率）是构成综合毛利率的基础，而综合毛利率是企业各经营品种的总反映。综合毛利率是考核宾馆饭店餐饮经营方向和经营状况好坏的综合指标。它是按餐饮部门一定时期内的销售总额与毛利总额来计算的。其公式如下：

综合毛利率＝毛利总额÷销售总额（毛利总额＝销售总额－成本总

额）

3. 计划利润法

计划利润法是以餐饮企业所测定的目标利润率为出发点，以原材料成本占营业收入的比例为依据，对餐饮产品进行定价。使用计划利润法定价的指导思想是每位就餐宾客除需支付所购餐饮产品的成本之外，还需根据其所购产品的价值的大小支付一部分费用以作餐饮企业产品销售的毛利。其计算公式如下：

销售价格 = 原材料成本 ÷ 标准成本率

使用计划利润法进行餐饮产品定价时，餐饮企业应编制利润预算，以确定利润率、其他营业费用率和劳力成本率，并计算出标准成本率，用于制定餐饮产品价格。如甲餐饮企业根据2000年9月份的营业结果，为下期营业制定了如下指标：

计划利润率　18.00%

其他营业费用率　16.00%

劳力成本率　18.00%

根据上述指标，甲餐饮企业必须获得占营业收入总额52.00%的毛利，才有可能支付其他营业费用和劳力成本，并取得18.00%的税前利润，也即原材料成本率必须控制在48.00%以下。该原材料成本率即可作为制定餐饮产品价格的标准成本率。

甲餐饮企业某菜肴的原材料成本为10元，其标准成本率为48.00%，求该菜肴的销售价格。

该菜肴的销售价格 = 原材料成本 ÷ 标准成本率

= 10 ÷ 48.00%

= 21.00（元）

采用计划利润法定价的优点主要有：

（1）每种餐饮产品的成本与售价之间的关系十分明了；

（2）如果餐饮企业在经营过程中能将其他营业费用率和劳力成本率控制在预算指标内，企业就能获取预期的赢利；

（3）餐饮产品的价格幅度大，较容易满足消费水平不同的宾客的餐饮需求；

（4）计算较为方便。

但使用计划利润法定价也有缺点：

（1）无法反映每种餐饮产品所需的劳力成本；

（2）在实际的餐饮产品定价过程中，每种产品的原材料成本率不可能都相同，因此，餐饮企业必须对所有餐饮产品进行平衡，并做相应的调整，使高成本和低成本的产品达到一定的比例，以求得整体餐饮产品的标准成本率符合企业的要求。

4. 贡献毛利法

贡献毛利法是指每位就餐宾客除需支付所购餐饮产品的成本之外，还须平均分摊餐饮企业的其他费用以作餐饮企业产品销售的毛利，并据此对餐饮产品进行定价。使用贡献毛利法进行定价，必须较为准确地预测餐饮企业的经营效果，以确定每种餐饮产品贡献毛利。贡献毛利的计算公式为：

贡献毛利 = 预期获得的毛利总额 ÷ 餐饮产品销售总数

如具有500个餐位的某酒楼为2000年所做的经营预测如下表所示。

预测项目	金额
营业收入	4000000.00
原材料成本	1800000.00
毛利	2200000.00
其他营业费用	630000.00
劳力成本	600000.00
税前利润	970000.00

经过调查及历年的资料分析，该酒楼的餐位周转率预计为1.5，而酒楼全年开放营业，因此，该酒楼全年接待的就餐宾客人数为：

$500 \times 1.5 \times 365 = 273750$（人次）

预计就餐宾客每餐平均消费餐饮产品2.5份，则该酒楼全年销售的餐饮产品总数为：

$2.5 \times 273750 = 684375$（份）

因此，该酒楼每种餐饮产品的贡献毛利可用公式计算为：

贡献毛利 = 预期获得的毛利总额 ÷ 餐饮产品销售总数

=2200000.00÷684375

=3.21（元）

这就是说，就餐宾客每购买该酒楼的一份餐饮产品，除需支付其原材料成本外，还需支付3.21元作为企业的毛利。据此，使用贡献毛利法定价可用公式表示为：销售价格=原材料成本+贡献毛利

假设该酒楼的A菜肴的原材料成本为23.00元；B菜肴的原材料成本为12.00元，求A、B菜肴的销售价格。

根据计算公式，A、B菜肴的销售价格分别为：

A菜肴的销售价格=原材料成本+贡献毛利

=23.00+3.21

=26.21（元）

B菜肴的销售价格=原材料成本+贡献毛利

=12.00+3.21

=15.21（元）

采用贡献毛利法定价的优点主要有：

（1）比计划利润法更直观，经营者只要了解企业的餐饮产品的总销售量，即可知道企业所得的总毛利额；

（2）因所有餐饮产品的贡献毛利相同，所以，高成本的餐饮产品具有一定的价格优势，并具有较强的竞争能力；

（3）只要餐饮产品的总销售量达到或超过预测量，而其他成本费用又控制如常，则餐饮企业就能获取预期的利润。

但使用贡献毛利法定价也有缺点：

（1）采用贡献毛利法定价，不能直接反映每种餐饮产品所需的劳力成本；

（2）如餐饮产品的原材料成本有所变动，将直接导致毛利率下降；

（3）因贡献毛利相同，所以，餐饮产品的价格幅度较小，不太容易满足消费水平不同的宾客的餐饮需求。如果市场定位不准确，很有可能因宾客量不足而无法达到预期的经营效果。

5. 分类加价法

分类加价法是对不同餐饮产品分类制定加价率的定价方法。其指导思

想是各类餐饮产品的获利能力不仅应根据其原材料成本的高低，而且还必须根据其销售量的多少来确定。加价率的作用相当于计划利润法中的计划利润率，其区别是计划利润率用于所有餐饮产品的定价，而在分类加价法的定价过程中，不同类型的餐饮产品使用不同的加价率，所以，各种类型的餐饮产品的利润率也不同。

在确定餐饮产品的加价率时，应考虑：

（1）高成本餐饮产品的加价率应适当降低，而低成本餐饮产品的加价率可适当提高；

（2）销售量多的餐饮产品的加价率应适当降低，而销售量少的餐饮产品的加价率可适当提高。

根据经验及实际工作的需要，餐饮企业中不同的餐饮产品的加价率如下表所示。

餐饮产品类型	加价率范围（%）
高档菜肴	10.00～15.00
畅销菜肴	15.00～18.00
滞销菜肴	20.00～22.00
低档菜肴	20.00～40.00
点心	35.00～40.00

对于某一具体的餐饮产品来说，在确定其销售价格时首先应选择合适的加价率。然后确定用于计算其销售价格的销售毛利率，其计算公式为：

销售毛利率＝营业费用率＋该餐饮产品的加价率

其中的营业费用率是指预算期内营业费用总额占营业收入总额的百分比。营业费用即为其他营业费用和劳力成本之和。而销售毛利率一旦确定，即可根据销售毛利率法计算餐饮产品的销售价格。

如：某酒楼在某一预算期内的营业费用率为35.00%，其A菜肴的原材料成本为23.00元；B菜肴的原材料成本为12.00元，加价率分别确定为10.00%、20.00%，求A、B菜肴的销售价格。

首先计算A、B菜肴的销售毛利率：

A菜肴的销售毛利率＝营业费用率＋该餐饮产品的加价率

＝35.00%＋10.00%

=45.00%

B 菜肴的销售毛利率 = 营业费用率 + 该餐饮产品的加价率

=35.00% +20.00%

=55.00%

然后，按销售毛利率法计算其销售价格：

A 菜肴的销售价格 = 原材料成本 ÷ （1 - 销售毛利率）

=23.00 ÷ （1 -45.00%）

=41.82 （元）

B 菜肴的销售价格 = 原材料成本 ÷ （1 - 销售毛利率）

=12.00 ÷ （1 -55.00%）

=26.67 （元）

采用分类加价法定价的优点主要有：

（1）每种餐饮产品的获利能力非常明了；

（2）在确定各类餐饮产品的加价率时，餐饮企业考虑了不同种类餐饮产品的销售量的多少，因此其销售价格较能适应就餐宾客的餐饮需求。

但使用分类加价法定价也有缺点：

（1）不能反映每种餐饮产品的劳力成本；

（2）确定每种餐饮产品的加价率的工作量较大。

6. 需求定价法

餐饮业的消费者，甚至同一个消费者在不同时间对同一产品愿意支付的价格是不一样的，其愿意支付的价格高低取决于消费者欲望程度的高低，即餐饮产品提供的效用大小。餐饮产品的效用大小不仅取决于该产品满足顾客某种欲望的客观物质属性，而且还取决于消费者的主观感受和评价。因此，餐饮产品在定价时要充分考虑顾客的需求，以顾客的需求为基础的三种定价方法在实际经营中运用很广。

（1）招徕定价法：餐厅为招徕顾客光顾，可将部分菜品的价格定得特别低，其目的是为了把顾客吸引到餐厅来，而顾客来到餐厅后一定还会点别的菜，这些菜品就会起到招徕顾客的作用。

（2）需求——后向定价法：餐厅给菜肴定价时，首先调查顾客愿意接受的价格。用顾客愿意支付的价格作为出发点，然后反过来调节菜肴的配料数量和品种，通过调节成本，使餐厅获得薄利。

（3）系列产品定价法：系列产品分两类：一类是向同类目标市场销售系列产品，例如同一餐厅零点菜单上的系列产品供应同类普通顾客。这类系列产品定价时不能是各个菜肴孤立地定价，而要首先协调总体价格水平，看其能否被目标顾客群体所接受。各个菜肴的定价虽然要以成本为基础，但又不要绝对按成本定价，要尽量考虑在顾客群体愿意支付的价格范围内按成本分出几个档次。例如，蔬菜类菜品，顾客能接受的水平为5～10元之间，餐厅可不完全按各个菜肴的标准成本定成5.48元、6.23元、7.86元等，而是定为5元、6元、8元、10元。这样对营业统计和管理带来方便，也使顾客选择菜肴进行购买决策时更为简单。另一类系列产品针对不同的目标对象确定菜品价格。例如餐厅制定套餐系列价格：宴会菜单80元/人、经济菜单30元/人、团队菜单10元/人、会议菜单8元/人等，这种系列产品是针对不同的目标对象确定菜肴价格，根据目标对象所能接受的价格来调节菜的组合和服务，使不同的目标对象都能满足自己的需求。

7. 竞争定价法

实际价格决策往往是在竞争市场上进行的，在定价时就要考虑竞争者的价格，即要考虑不同餐饮市场的不同竞争类型。所谓不同餐饮市场的竞争类型，就是指各种餐饮产品和劳务的竞争程度大小与竞争方式。区别各类市场的最重要因素是：买者与卖者的数量；各餐饮企业所占有的市场份额的大小；各自产品的差别程度等。按照这些因素的不同组合进行分类，可将市场竞争类型分为4类及4种定价法：完全竞争型餐饮市场采取随行就市定价法；完全垄断型餐饮市场采取控制供应量定价法；垄断竞争型餐饮市场采取短期（高价）和长期（适中价）定价法；寡头垄断型餐饮市场采取操纵定价法。

第四节　其他服务项目定价策略

现代饭店业中除了客房、餐饮核心产品外，还提供娱乐、休闲和购物等其他服务项目。这些产品对核心产品都具有相当程度的依赖性，属于相关产品系列，因此定价时要考虑到这一特点。

饭店通常将核心产品的价格适度降低，以吸引客人前来住宿与消费，同时利用相关产品的较高价格来获利，如饭店餐饮的毛利通常高于客房。即使在餐饮中，酒水的毛利率又普遍高于菜肴。但是，实行这种定价是有条件的：

适度的高价不应成为抑制客人消费的因素，换言之，当提高价格增加的收入增量少于因销售数量减少带来的损失时，这种高价是不可取的。

产品之间的相互依赖是相对的，不是绝对的。例如娱乐与购物，当客人觉得住房便宜，而物品价格太高时，他会选择在外购物。

即使采用高价销售相关产品，其价格也不应超出客人的价格适应水平，而应恰到好处。

对饭店来讲，有许多地方均可采用上述定价策略，如娱乐场所可以将服务费分为固定费用与可变的使用费，前者为入场费，后者为客人在娱乐场所所消费的食物、酒水费用。由于娱乐场所供给的相对垄断性，借助于这种垄断力量饭店可以获取较高的收益。

案例：

绝不降价——五星饭店五星价

背景资料：规范竞争是中国饭店业走向理性和成熟的必由之路。近年来，由于局部地区的行业规模失控，恶性竞争之风骤然兴起，令不少饭店的合法权益受到损害，也削弱了投资者的积极性，不利于饭店业的进一步发展。在这股恶性竞争风之中，最为突出的就是高回扣、乱降价、宰客等问题，而且愈演愈烈，完全置饭店商誉于不顾。于是，众多像凯宾斯基饭店一样的同仁发出呼吁：饭店市场呼唤规范竞争，杜绝不正当竞争之风。

北京凯宾斯基饭店，五星级，系燕莎实业的核心企业。1992 年开业，在京城高星级酒店群体中属于典型的“后来居上者”。但即使是后来者，面对着日甚一日的白热化竞争，凯宾斯基人也从来没有放弃过对五星级高尚形象的执著追求。在众多知名酒店纷纷通过“降价”手段来寻求生存空间的大环境下，他们始终保持着稳定的价格政策，而没有一头扎进这“先降价格，再降服务”的恶性循环中去。卓越准确的战略定位确保了酒店的双重效益，1994年饭店被评为“全国最佳外商投资企业第二名”，1995年获得“全国五十家最佳星级饭店”称号，1996年被接纳为“世界一流酒店组织”成员。下面让我们一起来看看凯宾人是怎样面对“降价风”盛行的现实的。

1992年，有德、中、韩三国合资兴建的北京凯宾斯基饭店正式开业了。开业伊始，正值北京的高星级饭店群形成之际。京广中心、港澳中心、中国大饭店等现代化酒店相继落成，而王府饭店、北京饭店等老牌名店也完成了硬件的改造，重新加入到大竞争圈中，高档次酒店的队伍迅速得以壮大。

有限的客源总量面临着陡然间猛增的接待规模顿显匮乏，长期以来一直处于供不应求地位的京城酒店界终于也到了“皇帝女儿也愁嫁”的时候。众酒店一时间难以适应，尤其是对于新近开业的酒店来说，更是别无选择，只能披挂上阵，仓促应战。这就是市场的真实面貌。“沧海横流，方显英雄本色”，残酷的客源战终于打响了。各大酒店纷纷施展出自己的看家本领，对准自己的优势客源区域猛下工夫。有以行业背景为依托的，则通过行政手段来确保“肥水不流外人田”，如一些中央机关部门办的宾馆；有背靠国际连锁集团的，则大打集团预订网络的主意，如香格里拉、凯悦等；也有一些百年老店，如北京饭店，则把营销重点放在过去的“回头客”上，留住一个算一个……实在是既无行业优势，又无历史积累的酒店就只有降价让利，通过拼设备、拼硬件来维持应运。对于1992年前后的北京市场来说，这种不得已而为之的“下下策”竟然成了相当多酒店的选择。凯宾斯基饭店则避实击虚，绕过大家都咬住不松口的国内旅游市场，先行一步进军商务客源市场，率先确定以接待商务客人和国际会议为主、辅以境外旅游客源的营销体系。同时大量优价出租公寓写字楼，以此带动客房的出租，并明确以高支付高消费型客源为主攻方向，及时退出对中低档客源的争夺。这一点在当时的大气候下，的确是未雨绸缪，也需要足够的勇气和实力。商务客源市场上的不懈努力终于得到了丰厚的回报。开业第一年也就是1993年，饭店全年客房出租率已达58.31%，营业收入总额高达1.9亿元，经营利润7970万元，位列全国行业50强，并成功地接待了德国总理科尔一行，开创了民间饭店接待国宾之先河。

然而饭店领导层并未因此而停止其对营销的更高追求，考虑到当时固定客源主要局限于欧洲市场，较容易受到政治、经济或外交因素的影响，客源基础相对脆弱，经营风险较大，饭店高层领导又提出了树立国际性大酒店形象的经营思路，放弃“单条腿走路”的老路子。在新思路的指引下，1993 年后，饭店主动参与国际国内的多种旅游促销展览，招聘专人负责对政府部门和国外驻华使馆的销售，组成了一支中外合作、各显神通的销售队伍。迅速开辟了除欧洲外的美洲、东南亚、日韩、中国港澳和中东等新的地区市场，形成了自己的多元营销网络，彻底扭转了“单条腿走路”的被动局面，这一点在日后的竞争中作用越发突出。

1995 年底，由于北京地区高星级饭店总量的持续扩容，市场竞争日趋白热化，并再度引发了商家们最敏感的“价格大战”。少数急功近利的饭店为了眼前的利益而不惜牺牲同行们的利益，又一次扛起了“降价竞争”的大旗，而且来势汹汹。一时间酒店价格开始超大幅度下滑，严重危及到酒店的正常经营利润，也不可避免地造成了服务管理水平的整体跌落。凯宾斯基饭店作为当时经营效益最卓著的排头兵，自然也受到了“降价风潮”的波及。由于一些酒店“自杀式”的不正当竞争的影响，饭店客源组织遇到了前所未有的困难，在跌破成本的低价诱惑下，一些常年客源流失了。但成熟的经营者们处乱不惊，在反复分析形势、仔细斟酌研究后，他们甩出了“刹手锏”——同档饭店同价位“战术”，即任何同档次饭店的价格这里都接受。而这一战术的根据就是：五星级饭店，就应该理直气壮地卖五星级的价格。

凯宾斯基人对自己的软硬件优势充满信心，同时也深信，明智的客人们在价格相同的同档次饭店中只会选择服务管理更优秀者，与其屈尊去斗价格，损人不利己，不如理直气壮比服务，将行业竞争引入健康合理的轨道。在这样的思想指导下，凯宾斯基饭店不但没有在淡季陷入无休无止的价格战，反而保住了平均房价水平，并进一步在顾客心中树立并巩固了自己的形象，脱颖而出，凸现了自己的至尊地位，同时又以现身说法赢得了同行们的称道和认同，客观上制止了“降价风潮”的进一步蔓延。

这就是凯宾斯基人的经营之道，既充分满足顾客们的愿望，又不牺牲自己的利益，同时也兼顾到整个旅游饭店市场的稳定和发展，正所谓“利人，利己，利社会”。用凯宾斯基人的话来说就是：“每一个企业都应该有权根据自己的市场情况来灵活决定自己的价格政策，而这个价格政策应当以既有利于本饭店收入又不损害当地旅游市场为前提。”

第八章　饭店的销售与促销

第一节　销售工作的筹备

一、推销工具

推销是指企业为劝说消费者或用户接受某种产品或某项服务所进行的活动。

饭店的推销活动是以饭店现有产品为起点，研究怎样利用广告、公关、实物展示等手段来增加销售量，实现饭店目标。

饭店除了提供数量更多、质量更好的服务外，还应组织人员去推销饭店产品。因为客人往往缺少对饭店产品的了解，特别是在饭店供大于求的时候。醒目的广告片、精致的印刷品、大量的电视广告、报纸广告及人员上门推销等是推销饭店产品的常用手段，可以说，推销是各大饭店展开竞争最主要的一种营销方式。

以推销会议和其他团体活动为例，饭店常使用的推销工具包括：

推销性宣传册　有效的推销性宣传册内容包括：介绍本饭店的各种会议厅，其中包括各会议厅的座位安排图（剧场式、U 形、教室式等等）和容纳能力；列出本饭店的各种服务设施；本饭店提供的服务项目；如何前来本饭店及本饭店的方位图；交通服务指南；本饭店的电话号码和通讯地址；受理联络事宜的销售人员姓名等等。

文化活动和娱乐场所指南　指南中应该包括有关的各类酒店、娱乐活动项目、附近的旅游景点和参观点等内容。这样可以很好地提升饭店的吸引力，客人及客人的家属就可以顺便进行参观游览。

VIP 客人预定要求登记表　用来记录 VIP 客人的姓名、头衔、单位、地址、电话号码；抵离日期及具体时间；同行人数；来此访问的原因；住宿要求；房价说明；有无特殊要求例如葡萄酒、鲜花等等；负责受理上述要求的员工姓名，以及有关批准情况。除了要按要求填好表格，还应在VIP客人到达之前进行复审，做到万无一失。

意向确认函 同顾客签订最终“合同”的基础。内容包括：拟议会议的召开日期；抵离日期；明确说明房价；准备预留房间的数目和类型；概括阐述会议要求的要点——包括会议厅的安排、会议用餐的安排、会议器材的准备、会间休息时间的供应（咖啡等）安排等等。介绍本饭店及其各种服务设施的宣传册可随同该函一并寄出。

销售检查表 一种工作文件，置于客户档案的卷首。用以记录所有的安排事项以及实施全过程，做好客人特殊需要的备注。

客户联络报告单 一种按日期顺序简要记录同某一客户单位联络情况的工作记录表。内容包括：客户单位名称、主要联络人姓名、头衔、地址和电话号码、秘书姓名、按日期顺序列出并简要记述各次联络的情况。

催单/最后确认函 内容包括先前意向确认函中所涉及的内容。这种催单/最后确认函应该由双方共同签署，从而起到“合同”或有约束力的协议函的作用。

电话跟踪工作安排 这些工作安排可帮助销售人员给客户打跟踪电话，目的是核查客户所收到的催单/最后确认函的内容是否准确无误以及双方是否都同意。对销售人员来说，这是最后一次机会去更改有关项目或者甚至使客户改订房价更高的客房。

会议正式预定表 该表是正式预定会议的一项记录。它的编号要与客户档案的编号一致。记录的预定内容要尽可能详尽。

指派主要联系人 在会议期间，饭店应指派一专人（最好是相应的销售人员）照应会议客户，随时帮助处理一些可能出现的问题。这是使顾客满意的关键。

集会活动时间表/工作计划表 这一工作文件应张贴出来，供所有参与该团体服务工作的人员查阅。该文件的内容包括：该团体的名称；主要联系人姓名和电话号码；主管结账和批准等事项的签署人；结账支付形式要求；集会活动的名称；房间地点；声像及其他设备的需要情况，有无特殊要求；会议厅的收费政策（免费还是收费）；以及按时间顺序一一列出各主要集会活动，并具体说明场地布置、鸡尾酒、酒吧服务、菜单和其他细节，以及每一次集会活动的负责人员。

账单开列手续　销售部要有规定清楚的开单手续。开账单时，要依据协议函，并做到简明、准确，以保证客户快速付款。

会后报告单　会议接待工作完成后要填一份单据，内容包括工作计划表上的所有内容以及特别备注，例如顾客评语、投诉意见等。

致谢工作　致谢工作应包括两项具体的举动。第一，由实际受理预定并经办该项业务的销售人员以私人信件形式发信致谢。第二，该销售人员应打电话给客户表示感谢。这也使销售人员能够借此消除对方对某些问题的不满。

“欢迎再次惠顾”信　此信不仅是本次销售工作的最后总结，而且极有可能带来宝贵的回头业务。它使你有机会再次感谢客户，并征询满足其未来会议需要的可能性。

以上为推销会议和其他团体活动所使用的工具，销售人员可根据具体情况采用相应的推销工具和程序正确地开展销售工作和预定业务。坚持使用这些工具和程序的结果，不仅将使销售部的工作有序、有效地进行，还会带来宝贵的回头客。

二、人员准备

1. 销售人员的构成及来源

①销售人员由销售部总监、许多销售经理和销售代表组成

销售经理和代表通过饭店以往的顾客和团体的档案，挖掘市场潜力，为饭店兜揽生意。

销售人员的主要职责和他们之间的工作关系如表 8 –1。

表 8 –1

销售部总监	向总经理负责 制定并协调各方面的工作 获得团体业务 做出能承办会议或集体活动的承诺，以及能提供优质客房服务等承诺

（续表）

销售经理	向销售总监负责 负责某个细分市场
销售代表	向某个细分市场的经理负责 负责具体的销售区域
销售部秘书	接洽顾客，收发信息，把顾客信息存档

②销售人员的来源

内部来源：来自于公司内部的人员。包括现有员工、现有员工的朋友、以前的员工及以前的应聘者等。晋升、解职、工作调转也可以提供相应的人力资源。

外部来源：很多情况下，公司内部很难提供足够的符合要求的人员，这就要求从外部招聘相应的人员。可以通过就业中介机构、广播和电视、报纸和广告、电话咨询、互联网、实习生、大学或学院、竞争对手等进行招聘。

一名成功的销售人员所应具备的特征：

- 应变能力
- 预测能力
- 创建后续体系的能力
- 影响他人决策和意见的能力
- 培养长期客户关系的能力
- 就合同与价格进行谈判的能力
- 确定潜在顾客与现有顾客需求的能力
- 计算机技能
- 推销能力
- 感知能力

2. 销售培训

①销售培训（Sales Training）

雇主为销售人员提供学习与工作相关的态度、理念、规则和技能的机会，旨在提高销售人员在销售工作中的业绩。

销售培训的目的在于改变或加强销售人员的行为，使他们更有效地实现销售目标，最终达到增加饭店销售额、提高劳动生产率和利润的目的。饭店应该把销售人员视为一项投资，为了发挥他们的最大潜能，就应为他们提供有效的培训。需要注意的是，不仅要对新的销售人员进行全面的培训，还要为有经验的销售人员提供持续的培训，即使最成功的销售人员也要参加这些培训。

②详尽的培训提纲及灵活的培训重点

编制详尽的培训提纲及制定灵活的培训重点，是使员工迅速全面掌握销售方法的一种重要手段。

编制详尽的培训提纲 便于让员工明确在各种条件下，怎样行动才是效果最好的，提纲应具体到在各个岗位、广告操作环节上如何向不同的客人介绍不同的产品。例如，只简单地告诉总服务台员工在为客人办理登记手续时向以预定的客人推荐高价位的客房是不够的，应该向员工建议说什么、怎么说以及什么时候说。

灵活的培训重点 在针对不同员工、不同阶段的培训中，应事先设定有针对性的培训重点，明确哪些技巧和行为需要教授及加强，例如，对于新员工应着重培训销售意识及销售程序，而对于有一定经验的员工则根据不同的长处或欠缺提高相应的销售技巧。

③销售意识的培训

拥有正确的销售意识是员工掌握销售方法的前提。管理者应先进行销售意识的培训，包括：

以提供服务的方式进行推销 员工将向客人销售看作在为客人提供服务，即以提供服务的方式向客人进行推销，让员工深信自己的建议会给客人带来舒适与方便。

帮助客人购买他想要购买的产品，而非卖出自己想卖的产品 高明的推销员是立足于客人市场，帮助客人购买他想要购买的产品，而非从自身出发，向客人推销自己想卖的产品。因此，前厅销售应基于客人的需求，并适时向客人推销他想购买的产品。

④让员工亲历饭店的产品与服务

一个经常被忽略但却行之有效的方法是让员工亲身经历他们推销的产

品和服务。如果员工对豪华的贵宾房、功能齐全的商务房、健身俱乐部的先进设施、厨师长的特色菜，以及饭店礼品店的新品了如指掌的话，员工在向客人推荐时就更容易抓住客人的心理，对产品及服务的特点进行恰如其分的介绍。

⑤实际工作培训

经过一系列的培训之后，新的销售人员可以跟他们的经理一起工作，亲身体验销售拜访。在最初的一段时间里，由销售经理自己完成所有的销售展示，然后，一般是选一位容易访问的客户，让被培训人员在只有很少帮助或没有帮助的情况下完成第一次销售演示。

对于被培训人员来说，经理要以积极的态度对这次经历做出评价，即便没能实现交易，也应该对新的销售人员进行鼓励，并帮助分析失误的原因及下次如何避免。

对于那些有经验的销售人员来说，实际工作培训包括观察和销售经理的旁观指导。这样销售人员可以及时收到反馈意见。当经理与销售人员离开顾客办公室后，经理就可以评价这次的销售演示，必要的话还可以做一些纠正。

培训后销售人员应该掌握的销售知识

- 公司的知识
- 销售的作用
- 产品的知识
- 价格
- 广告与促销战略
- 分销渠道
- 顾客
- 竞争、行业状况和总体经济形势
- 销售区域管理技能

例如，某饭店前厅部经理为培养前厅员工的促销意识而制定的工作目标包括：

- 向事先没有预定的客人销售客房；
- 通过促销鼓励客人购买高价格的产品或服务并超出原先预期的

标准；

• 明确饭店可供应的产品及服务的项目资料，例如客房状况、餐厅供应情况及其他服务内容；

• 积极向客人介绍饭店除客房外的其他销售内容。前厅员工是使客人知道饭店服务项目的最好途径，前厅的工作目标是把饭店提供的所有设施推销给客人；

• 通过在超额预订和客满之间取得平衡，确保饭店的最大收益是从客房销售而来；

• 获得客人的反馈意见。

3. 部门间的沟通

饭店为了便于管理，往往设有十几甚至二十几个职能部门，这些部门都用于特定的权限和职责范围，担负着不同的工作和服务性任务。与此同时，这些相对独立的部门又是饭店整体的一部分，它们的一切经营活动、服务保障工作又不能背离饭店整体经营方针和目标，因此，沟通就显得尤为重要了。

部门间的沟通方式有面谈、电话、会议、内部刊物、闭路电视和内部网络等。其他一些有效的沟通方式包括：

每周报告

对前厅部来说，前厅部每周向销售部门提供一份报告。报告主要包含今后 6 周的业务，显示已预订的客房以及收到的实际定房数。

每月预测

每月预测在当月的第一天发布，对该月的所有未确定和已确定的会议预订等情况进行统计。在月末时，把预订表收上来并根据预测进行检查和对比，一定要确保所有的预订填写得准确无误。然后把预测情况重新分类，并广泛地发布最新的消息。每月预测报告要送交总经理、餐饮部经理、所有销售人员、宴会部经理、前厅部经理、客房部和工程部人员。

该预测成为其他三个预测报告的依据：

• 一份本月经过核实和仍未确定预订的经营报告；

• 一份累积报告，显示该年所有的预订，包括上个月的预订情况；

• 一份按月列出来的未来三年的所有确定预订。

在当月，所有预测报告表的复印件，无论预订是否确定，都应送到整个营销部，然后再交给销售部总监。每个销售经理都有一份当月预测的复印件，并负责更新他（她）所负责区域的预订。例如，如果你有一个预订由不确定转为确定状态，那么你就得需要增加一个确定的预订，并从你的预测报告上取消一个不确定的预订。到了月末，经过修正的预测报告由销售部总监收上来，然后发布一个全新的预测报告。

会议运作备忘录

每预订一次会议，饭店就应把会议运作备忘录发给各个部门的负责人。该备忘录应包括各个部门需要的所有信息，这样做有助于会议的成功举行。会议运作备忘录通常是由宴会部门负责，不过大量信息都是由销售部发布的。

对于销售部来说，销售人员的工作直接制约着饭店内的所有员工，从客房服务员到经理人员。“把东西推销出去是最重要的”这一古老格言最适合饭店业。如果没有人入住饭店，那么打扫客房、餐饮服务、照顾顾客就无从谈起。销售部要与前厅部、预订部、客房部、餐饮部保持密切联系。其原因在于销售工作终究会牵涉到饭店中的各个部门和领域。例如，如果餐饮部找到工作部署于销售部的任务（即餐饮部找到工作是餐饮部的职责或者是某一独立单位的职责），那么销售部同餐饮部之间的沟通特别重要，因为销售部和餐饮部这两个部门可能会把饭店中的舞厅出售给同一天需要它的两个不同的团体。此外，各个部门之间的协调和合作对餐饮部的成功经营至关重要。在较大规模的活动中，如果没有宴会部、厨房、食品服务部、酒水部、管事部等部门的通力合作，会议和宴席就无法举行。而且每次就餐必须按时间和一定的顺序来进行，保证当汤上来的时候还是热的，冰淇淋上来时还未融化。这仅是一个显而易见的例子，实际上还有很多同其他部门的相互联系都是销售部在其日常业务活动期间应当不断关注的。

比如，预定部往往是整个销售过程中被忽视的环节。然而不要忘记，预定业务部不仅是计算机系统的事情，而且还是接触顾客的一个关键环节。如果你在开展直接营销，切记每周应拿出一定的时间同预订部门交流，告诉预订部哪些团体快来预定了，当这些预定来临时应该做哪些事情，必要时还要告诉预订部门如何去做这些事情。其中房间的保证、付款的程序、房价/收入管理、团体入住/离店的时间等等都是应当涉及的主要内容。你要确信自己同预订部人员关系很熟，以便能够随时请他们配合你的工作。同其他员工一样，预定工作人员也喜欢受人重视，所以对他们的工作要不时地多予以一些关注，的确能带来良好的收效。同发生于饭店接待工作或客房服务方面的问题相比，发生在预定方面的问题要严重很多。所以，作为一名专业的营销人员，有义务去确保你的客户的预订会得到妥善处理。举例来说：在明确 VIP 客人的需要、会议时间的安排等方面，销售部和客房部必须配合一致；在团体宴会的接待计划、会议休息时间的安排以及所计划的菜单等方面，销售部和餐饮部都应做到清楚了解；在会议团体到来之前，销售部和工程部应复查其特定的技术性需要（如照明、供暖、通风及空调系统等等）；在 VIP 客人及其贵重物品的安全保卫措施安排等方面，销售部必须与保安部进行沟通。

第二节　饭店业的促销

促销是营销 4Ps 的重要组成部分，是为实现企业营销目标，与产品战略、价格战略、分销渠道战略相配套的一种重要营销手段。

一、促销的作用

促销作为市场营销工具之一，是指企业实施一系列以说服顾客采取购买行动为最终目的的活动。促销的目的是通过信息沟通，帮助消费者认识产品的特点和性能，引起其注意和兴趣，以改变其态度和行为，激发其购买欲望和购买行为，从而扩大销售。

具体来说，促销具有以下几点作用：

1. 沟通产销信息

2. 促进销售，增加销售量

3. 宣传和树立饭店形象

促销除了能为饭店增加收益，还能树立起餐饮企业及其产品在公众心目中的形象，培养顾客对餐饮企业和餐饮产品的忠诚，为企业长远发展创造有利条件。

4. 传播企业新产品信息

新产品开发出来后，可以通过促销活动向顾客传播有关新产品的信息，激发他们购买的积极性。

5. 帮助和说服顾客大量消费、重复消费

促销活动能加深顾客对餐饮企业和餐饮产品的了解，销售人员通过讲解和说服使购买行为发生，从而达到扩大销售的目的。

6. 刺激淡季需求

通过在淡季展开促销活动，能使餐饮企业在淡季维持正常运行，淡季不淡。

7. 强化竞争地位

促销活动能使本餐饮企业的产品与其他竞争者的产品区别开来，所具有的独特优势得到消费者的认同，巩固市场地位。

8. 寻找潜在顾客

促销活动是餐饮企业与顾客直接接触的好机会，通过良好的沟通与交流，增进顾客对本餐饮企业的了解与喜爱，将潜在的顾客发展成为忠实的顾客。

二、促销的类型

促销分为直接推销和非直接推销两大类。直接推销即人员推销；非直接推销又称非人员推销，有广告促销、公共关系、营业推广等多种方式。

1. 人员推销

人员推销指企业派出人员与消费者或客户直接接触，目的在于达到销售产品服务和宣传本企业的促销活动。

人员推销的特点表现在：信息的双向沟通；具有双重推销目的；能满足多样性需求；推销活动灵活多样；促销效果较好。

人员推销的基本形式有：上门推销、店内当场推销和会展推销。

推销的最终结果取决于推销前的计划和推销过程中的技巧运用。

推销计划的内容包括：

- 确定推销对象了解其需求；

- 明确推销目的和推销方式；
- 充分了解本企业产品和服务的特点；
- 设立自身的推销形象。

推销技巧包括：

情景推销　此推销过程可分为 4 个阶段，即培养阶段；诱导阶段；清账阶段和善后、巩固阶段。

非语言推销　它是推销人员体态语言与客人的交流，通过接触使客人获得积极的印象，从而达到促销的目的。要注意这种推销方式的 5 种沟通渠道和推销中应注意的问题。

饭店人员推销是一种传统的销售方式。它是以人际交往的方式向客人介绍饭店产品，使客人了解、认可并购买饭店产品。这种促销方式有利于加强饭店与客人之间的感情联络；有利于培养稳定的、忠诚的消费者群，但是促销成本较高。

餐饮产品生产与消费的同时性还使餐饮企业具有了当场推销的优势。餐饮企业的员工（主要是指一线员工）不仅是服务与产品的提供者，而且是服务与产品的推销者，他们可在与顾客面对面接触时向其推销企业的产品。所以，在餐饮行业又产生了一个重要的销售概念——全员营销。

全员营销的含义是企业所有员工都要有服务和销售的思想，并使他们认识到自身是企业形象的代表，每个人无论从事什么样的工种都有推销和宣传企业的责任和义务，并要使这种观念形成和深入企业人心。

全员营销观念具有几层涵义：第一，将营销作为餐饮企业的经营哲学和观念；第二，树立“服务即推销，推销即服务”的思想；第三，强调推销是持续和日常性的工作，而不是某个部门或某些人在淡季和不景气时临时性和突击性的任务。

2．广告促销

①广告的含义

广告是指通过各种大众传播媒体如广播、电视、报纸、杂志等以支付费用的方式向目标宾客传递有关信息，展示餐饮企业的产品和服务。

②广告形式

广告的形式很多，传统的方式如电视、电台、报刊杂志等大众媒体广告，还有户外宣传广告、宣传品广告、店内指南、邮寄品广告等。目前，由于互联网的发展，网络广告又成为了新的广告形式。另外从广告的内容来看，又可有产品广告和形象广告两种形式，前者强调对餐饮企业产品与服务的推广，而后者则着眼于对企业本身或整体形象的宣传。

餐饮企业应根据待宣传产品的特征、广告预算、目标受众、广告主题等不同的具体情形，结合各种广告形式的不同特点，选择和组合适当的广告形式。

有一家饭店公司以略有不同的形式，在过度拥挤的市场中开辟出了一块适合自己的宣传阵地。在20世纪80年代后半期，斯托福饭店公司成为“商务旅行者天气预报”专栏的赞助人。该专栏刊登于两家大报，一家是《华尔街日报》，一家是《今日美国》。此外，斯托福饭店公司还赞助了美国有线电视新闻网（CNN）以及一些地方电视台新闻节目中的“商务旅行者天气预报”栏目。由于“斯托福”这一名称同旅行者每天都要关心的天气预连接到一起，该饭店的品牌知名度因此得以大大提高。斯托福公司的天气预报广告在做法上另辟蹊径，选择适合自己的宣传方式并且做到了与众不同，造就了自己的品牌知名度。

此外，餐饮企业的外观也是推销自身的有力广告。外观必须突出经营特色，包括企业的建筑风格、企业的外观色调、门前的绿化和装饰品、门前的停车场及外观的清洁卫生等方面。

北京腾格里塔拉酒楼的外观是蒙古包的造型，纯白的色调，白色的墙体上雕刻着反映民族风情的黑青色壁画，厚重透明的落地厅门，典雅豪华的装饰窗扇，这种突出蒙古族特色的建筑风格很容易给人留下深刻印象。

③广告促销方案

广告促销方案主要包括五个主要步骤，可以简称为五个“M”：①广告目标是什么（Mission）；②广告费用是多少（Money）；③传递什么广告信息（Message）；④利用什么广告媒体（Media）；⑤怎样估价广告效果（Measurement）。

确定广告目标和主题 广告目标是企业通过广告活动要达到的目的，其实质就是要在特定的时间对特定的受众（包括听众、观众和读者）完成特定内容的信息沟通任务。

可以根据广告目标特点的不同，把广告目标分为告知型、劝说型和提示型三大类。

确定广告预算　通常可供企业选择的确定广告预算的方法有四种：承受能力法、销售额比例法、竞争平衡法（也称竞争对抗法）、目标任务法。

在确定广告预算时，要考虑以下五个因素：产品的经济生命周期、市场份额和消费者群体规模、竞争和市场秩序、广告频率。

确定广告信息　一项有创造性的广告活动包括信息的产生、广告信息的评价和选择以及广告的制作。这些都应围绕广告主题而确定。

选择广告媒体　众多媒体中，哪一个是最有效并且花钱最少的广告媒体呢？这需要依据你的产品或服务以及依据你的目标消费者而定。在某些情况下，它可能是电视广告、广播广告或杂志广告。在另外一些情况下，它可能是直接邮寄广告、旅游服务企业目录广告、户外广告或电话簿广告。对广告媒体的选择还取决于你有多少钱投资于广告以及广告在你的整个营销计划中所要扮演的角色。

估价广告效果　广告的传播效果是指广告活动对广告受众在意识、知识和偏好方面的影响。估价广告的传播效果主要有三种方法，即直接评分法、组合测试法和实验测试法。

人们不时会发现有这样一种情况：广告本身做得非常好，然而实际推出的产品或服务却与该广告所激发出来的期望值程度相去甚远。曾有几年，喜来登饭店公司多次推出电视广告，其画面表现特点是一名有魅力的女歌唱家在高唱喜来登赞歌。这些广告总是以高级摄像技术手段展现气派的客房、诱人的餐/饮品，从而给观众造成一种清晰的印象，即喜来登公司属下的饭店所提供的是一种“时髦”的、非同一般的高质量经历。遗憾的是，这些广告在其本身技术方面十分出色的同时，也建立起一种高得不现实的期望值。对如此之高的期望值，任何一家饭店都将难以满足。

3. 公共关系

①公共关系的含义

公共关系是社会组织为塑造组织形象，运用传播手段，与公众进行双向交流沟通，以达到相互了解、信任和支持合作的管理活动。

这个定义至少包含三层意思：

其一，公共关系是社会组织与公众之间的关系，其中社会组织是主体，公众是客体。它本质上是一种社会组织的行为。

其二，公共关系是传播活动，是一种双向的信息交流。由于主、客体联系的纽带是传播，因而，它是对传播的应用。

其三，公共关系具有管理职能。它是指社会组织有目的、有计划地为改善某种公共关系状态而进行的实践活动，具有重要的营销管理职能。

饭店公共关系及包括一些专题性的公共关系活动，如庆典活动、酬宾活动，又包括一些日常的公关活动，如社交活动、服务活动等。饭店公关有以下几点作用：提高饭店在公众中的知名度；建立饭店良好的信誉；树立良好的饭店形象；有利于增强饭店的竞争力；有利于评估新的市场，为饭店销售创造更有利的条件；能加强饭店广告、营业推广和人员推销等其他促销活动的有效性；激发员工工作热情，发挥员工工作积极性；能对新产品、新服务项目进行宣传介绍。

②公共关系的作用

塑造形象

公共关系的基本目标之一就是为组织树立一个良好的组织形象。它通过信息连续不断的、有效的对外传播，从而扩大企业的知名度，提高企业的美誉度，达到建立良好组织形象的目的。所以有时公共关系又被企业称为“形象宣传的工具”。

协调作用

公共关系的另一目标就是要改善社会组织与公众之间的社会联系状态，使社会组织与公众之间的关系密切、和谐、融洽。

凝聚作用

公共关系通过向全体员工灌输组织共同的价值观念、追求目标和利益宗旨，把众多员工的言行引导到组织既定的公共关系目标上来。

应变作用

公共关系承担着处理危机事件的职能，这种职能的发挥具有应变与抵御的功能，减小或避免企业形象所受到的损害。

辐射作用

公共关系活动的效果具有强大的辐射效应。

新英格兰市一家私营的汽车旅馆要同附近的全国连锁经营的汽车旅馆进行竞争。开始时这家私营汽车旅馆的出租率略低于全国连锁经营的汽车旅馆，于是私营老板为提高出租率，自作主张地定做了一个很大的招牌，上面用红字写道："低廉的折扣价——欢迎来此下榻"，并画了一个大大的红色箭头指向他的汽车旅馆入口处。没想到旅馆的出租率不升反降。

后来他请了一位营销咨询师，咨询师经过对市场进行分析后，得出结论：消费者固然注重价格，但更注重设施的质量。而私营老板此举无疑极大地损害了汽车旅馆在消费者心目中的形象。咨询师建议老板将汽车旅馆的名称改为"列克星敦旅馆"（列克星敦是打响美国独立战争第一枪的地方），并且建议采用一个精致的永久性招牌取代原先自制的价格战招牌，新的招牌以砖墙为底衬，上面以铜字镶嵌该汽车旅馆的名称。该营销师还建议老板改善汽车旅馆外围墙壁和照明、重新漆饰前门、安装新的遮阳挑棚，并且执行新的价格结构，即，比那家连锁汽车旅馆的价格结构高出2美元。最后一项总结性建议是采用新的促销口号"新列克星敦旅馆——本市最好的汽车旅馆"。

这些措施带来戏剧般的效果。虽然该汽车旅馆的房价比那家连锁汽车旅馆高出2美元，并且比自己一年前的房价高出了7.5美元，但客房出租率却跃升至83%，而那家连锁汽车旅馆的客房出租率却降至了74%。

③公共关系的构成要素

公共关系由社会组织、公众和传播三大要素构成。其中，社会组织是公共关系活动的主体，公众是公共关系活动的客体，传播是公共关系活动的媒介。

社会组织　公共关系的主体是组织，组织包括各类企业、事业单位和各种社会团体。任何组织在它生存发展过程中都和社会环境发生各种各样的关系，组织运用传播沟通的手段来处理这些关系就叫做公共关系。所以公共关系不是指以个体为支点的人际关系。把公共关系和人际关系相混淆，是主体定位的偏差。不是说公共关系和个人无关，公共关系中也包括很多人际关系，但是它的主体定位不应在个人层面上，而应在组织层面上。

公众　公众是特指公共关系对象，即与公共关系主体发生联系及相互作用的个人、群体或组织。公众总是与某个组织相关，他们的观点、态度和行为决定了这个组织的成败，组织必须和他们建立有效的沟通，争取他们对自己的了解、理解、信任、合作和支持。开展公共关系工作必须搞清楚谁是组织的公众，谁对你的目标和利益具有直接或间接的、现实的或潜在的影响力和制约力。

一个餐饮企业的主要公众分为内部公众和外部公众两大类。内部公众包括餐饮企业的员工及其家庭、工会、股东和所有者。而外部公众则包含更大的范围，主要有顾客和潜在顾客、当地社区、供应商、销售商（渠道）、相关政府机构、金融机构、行业组织和竞争对手等。

传播 公共关系的手段是传播沟通。传播特指人与人、人与群体或社会之间的信息传递、接收、交流、分享过程。在公共关系中传播是一种有着独特规范的信息传播活动，它不仅包括信息传递、接收、交流、分享一系列过程，还包括信息的收集与处理，并且综合地运用各种传播方式和传播媒介。公共关系必须借助各种现代的传播技术、信息载体和沟通方法来实现组织和公众之间的有效传播。企业营销活动中的公共关系通常采用以下一些手段：新闻宣传、公共关系广告、企业自我宣传和人际交往。

④内部公共关系

在旅游服务业中，很多岗位的工作都具有挑战性并且当班的时间很长。保持员工士气及其对岗位工作的自豪感是一项十分困难的工作。用于克服这一难题的最有效的措施之一是精心组织开展内部公关工作。这并非意味着是向员工推销宣传本企业的商品或利益。内部公共工作可采取的形式很多。其中一项非常有效的方法便是对员工为工作而付出的努力予以表扬，甚至对其个人兴趣予以承认。

评选“本月优秀员工”、出海报予以表彰、张榜公布优秀员工的照片等方法，都有良好的收效。实行专奖奖励以及开展有关的公关工作也是一种有价值的形式。向符合条件的员工颁发奖金、奖品，都有助于提高员工的士气。组织一些由员工和经理人员一起参加的活动——例如保龄球俱乐部或慢速长跑小组等等，都有助于培养团队精神。组织一些为了共同目标的活动，例如，公司上下共同支持某些慈善活动，则是另外一类有助于增强凝聚力的公关措施。在所有各种内部公关措施中，最为重要的也许是坚持承认员工的人格尊严、自尊心和受人尊重的愿望。应该将内部公共关系作为保持员工积极性和精神愉快的主要战略之一。

4. 营业推广

①营业推广的含义

营业推广又称销售促进，是指企业所进行的除了直接推销、广告和公共关系以外的，刺激消费者购买和中间商经销企业产品与服务的各种短期的非经常性的营销活动，其目的在于短期内迅速刺激和扩大需求，取得立竿见影的效果。

②销售促进的作用

销售促进的作用在于：利用销售促进手段来吸引客人，即刺激购买；销售促进是餐饮企业推广新产品最有效的方法；通过销售促进，餐饮企业可以扩大淡季或非营业高峰时的销售。

③销售促进的方法

销售促进的方法很多。它主要是针对最终消费者即宾客和中间商而进行的，二者之间的需求有一定的差异性，前者关注自身的消费利益，而后者关注自身的经济利益。此外，餐饮企业还针对销售人员运用销售促进。

饭店销售促进的主要方法有：

消费者促销：价格优惠（如特价菜）、奖券和抽奖、免费提供餐饮产品样品、退款和折扣、优先照顾、现场展示（如烧烤类食品的现场切割）、鼓励重复购买（如贵宾卡的发放）、特殊活动（如美食节）、赠送礼品、光顾奖励和竞赛等。

中间商促销：购买折扣、免费产品、商品折让、合作广告、广告和陈列折让、促销资金和经销商销售竞赛。

销售人员促销：奖金、竞赛、旅游等。

回报顾客式促销兴起于20世纪80年代，包括饭店公司推出的各种经常性客人奖励计划，例如，万豪公司的“贵客”计划（Honored Guest）、凯悦公司的“金护照”计划（Gold press），以及斯托福公司的“俱乐部通行卡”计划（Club Express）、麦当劳公司推出的“巨无霸拼图”活动等等。回报式促销行之有效。

这类促销通常都是先计算出用作奖品金额的“成本”率，例如5%。

这一金额乃是用于支付奖品费用的营销开支。然后将奖品与根据顾客消费量折算的得分、得点、里程或奖励计划中所使用的其他计量单位相挂钩。一旦达到所规定的点数、分数等等，便可获得一定的奖励或回报给忠诚顾客的“报偿”。报偿量随消费量的增加而增大。例如，如果一名航空旅客的累计飞行里程达30000英里，便可免费获赠一张往返双程的头等舱机票，如果累计飞行里程达50000英里，可以免费获得两张往返双程的头等舱机票。

三、实施促销的方法

企业的促销活动是有组织、有计划、有目的的整体行为，不是孤立的、零碎的出击，而是各种促销手段组合成为一个完整的体系，相互配合运用，加强效果，因此，不同企业依据不同市场选择相应的一种或几种促销手段进行促销。

要正确地进行促销组合，必须首先了解各种方式的优缺点。只有这样，才能扬长避短，根据产品的特点和经营目标，结合促销方式的优点，适当地选择、编配和运用。

表8－2　促销方式优缺点

促销方式	优　点	缺　点
人员推销	信息沟通直接，反馈及时，可以当面促成交易	占用人员多，费用高
广告促销	传播面广，声情并茂，形象生动，节省人力	支付费用高，需要借助媒体
营业推广	容易激发购买欲望，促成消费者当即购买	有时必须以降低商品身价为代价
公共关系	可信度高，社会效应好	见效慢

饭店促销组合是指餐饮企业为达到一定的销售和促进销售的目的，将各种促销工具如广告、公共关系、营业推广及人员推销等基本促销方式组合为一个策略系统，使饭店企业的全部促销活动互相配合、协调一致，最大限度地发挥整体效果，从而顺利实现促销目标。

1. 影响促销组合因素

销售目标　饭店在不同时期即不同市场环境下，都有其特定的促销目标，致使促销组合也就有所差异。一定时期内，有的饭店的营销目标是在某一市场迅速增加销售量，扩大市场份额；而另一些饭店的总体营销目标是在该市场上树立企业形象，为其产品今后占领市场赢得有利地位。显然，前者的促销目标强调的是近期效益，属短期目标，由此，促销组合的选择将更多地选择使用广告和营业推广；而后者属于长期目标，需要制定一个较长远的促销方案方能实现，因此，宣传报道、建立广泛的公众关系则显得尤为重要。

产品因素　由于被推销的产品类型、性质不同，消费者往往会产生不同的购买行为和购买习惯。因此，饭店所采取的促销组合也会有所差异。例如，餐饮主要靠广告宣传，辅之以人员推销、营业推广；而客房则主要依靠人员推销，辅之以广告宣传。

产品的市场寿命周期　由于产品市场寿命的不同，促销目标也有差异，故而在促销组合的选择和编配上也要有相应的变化。在投入期，产品初面市，鲜为人知。企业应加强广告宣传，提高潜在消费者对产品的知晓程度。同时，配合营业推广、人员推销等方式刺激购买。在成长期，产品畅销，但是竞争者出现，广告依然是主要的促销方式，但内容转变为优势宣传上。此时，应辅以人员推销，有条件的企业可配合营业推广和公共关系促销，以便使老主顾形成对企业和产品的偏爱，新顾客不断涌现。在成熟期，需求饱和，销售量开始下降，竞争日益激烈，一般仍以广告为主，配合以适当的营业推广，还应注意利用公共关系突出企业声誉，扩大企业形象，显示产品魅力，以稳定和扩大市场。产品进入衰退期，企业应以营业推广为主，辅之以提醒式的广告，此阶段的促销费用不宜过多，以免得不偿失。

促销预算费用　企业在选择促销组合时，首先应考虑两个问题：一是促销费用是多少；二是预算费用在众多促销手段中如何分配。也就是说，综合和分析比较各种促销媒体的费用与效益，以尽可能低的促销费用取得尽可能高的促销效益。促销媒体不同，费用差异很大。在预算费用小的情况下，企业往往很难制定出满意的促销组合策略。然而，最佳促销组合并不一定费用最高。企业应全面衡量、综合比较，使促销费用发挥最大效用。

市场特点 目标市场的性质、规模和类型不同，亦应采用不同的促销组合。对于规模小而相对集中的市场，应突出人员推销策略；范围广而分散的市场，则应多采用广告；对文化水平高，经济状况宽裕的消费者，应多采用广告和公共关系；反之，则应多采用营业推广和人员推销。另外，市场的供求变化也会影响到促销组合的运用。

2. 促销的基本策略

美国市场营销学家菲利普科特勒认为：企业促销的基本策略，一般有两种：即“推”的策略和“拉”的策略。

“推”的策略 主要运用人员推销和营业推广手段将产品推向市场，即从制造商推向批发商，从批发商推向零售商，直至最终推向消费者或用户。实行“推”的策略，要求推销人员针对不同商品、不同对象采用不同推销方法。常用的策略有：

其一，产品推销员携带样品或产品目录走访顾客，进行送货推销、巡回推销或访问推销。

其二，建立和健全产品销售网点，扩大销售。餐饮业网点的拓展有三种思路：一是扩散性拓展。网点的扩散有利于增强餐饮企业对市场的影响力和控制力，能迅速提高知名度，扩散后，做广告的效果也比较好。但网点的扩散不易于进行统一的管理、协调、人员和资金的调配以及保持整体的凝聚力。二是聚集性拓展。其优点是可以获得一种聚集效应：节省原料的供应和运输费用；在一定范围内迅速提高知名度；吸引更多的客流。三是竞争性拓展。比较典型的是肯德基和麦当劳，这两家竞争对手在世界范围内迅速发展网点，开展彼此间的抢滩战。竞争性拓展适合大型的餐饮集团。四是依托性拓展。一如依托文化娱乐业：电影院、歌舞厅、游乐场等场所客流量大，且一般需要饮食；二如依托旅游业：旅游六要素吃、住、行、游、、购、娱中吃排第一，可见餐饮在旅游中的重要性；三如依托商业、交通、邮电通信等，设在商场中的“店中店”是近年来一种流行的趋势。

其三，通过售前、售中和售后服务促进销售。

其四，举办产品技术应用讲座与实物推销。

“拉”的策略　主要指企业将大量的费用运用于广告、公共关系及营销推广上，激发消费者对商品的兴趣，产生购买欲望，从而吸引经销商主动进货并销售企业产品。

常用的“拉”的策略有：

其一，通过广告宣传促进销售。

其二，组织产品展销会、订货会促进销售。

其三，通过代销试销方式促进销售。

其四，通过创名牌、树信誉、实行三包，增强消费者对产品和企业的信任，以促进产品销售。

上述两种策略，在营销中具体实行哪一种，应该根据具体情况而定，一般二者兼用，各有侧重。

3. 实施促销的方法

广告促销方法

• 印刷品广告

指刊载于印刷媒体上的广告，主要包括报纸、杂志、广告传单、广告招贴、书籍等。印刷品广告易于保存，可以反复查看，复读率高，渗透力强。

• 电子媒体广告

指借助现代电子媒介传播的广告，包括电视、广播、计算机网络、录像、电子显示屏幕、多媒体传播系统等。电子媒体广告运用了现代的声光图像技术，声图并茂，传播迅速，感染力强，常常给人强烈的视、听冲击。

• 户外媒体广告

指陈列于户外各种媒体上的广告，主要包括路牌、霓虹灯、橱窗等广告。户外媒体广告场所固定，信息简单明了，复读率高，但有覆盖面过小的缺点。

• 邮寄广告

指通过邮寄的途径来做广告。其特点是以特定的组织或人物为诉求对象，把推销信、明信片、传单、折页、小册子、产品目录、企业刊物、图表等资料通过邮寄途径送出去。

• 交通工具广告

指在各种交通工具上所做的广告，包括电车、汽车、火车、轮船、地铁、飞机和宇宙运载火箭等。

• 纪念品广告

指运用具有一定保存价值的物品来做广告，如年历、钥匙链、领带夹、名片盒、笔筒、公文包等。

• 人体广告

指以人体为媒介所做的广告，广告信息或者写在绶带上，或者写在衣服上。服装展览、服装模特表演等都属于人体广告。

• POP 广告

即购买现场广告（Point of Purchase），又称售点广告，它可以通过音乐、色彩、造型、文字、图案等手段，向顾客强调产品具有的特征和优点，同时，又能凸显产品的特质，起到很好的映衬作用。因此，POP 广告被人们喻为“第二推销员”，国内有部分企业（如海尔集团、联想电脑、海南养生堂等）已经在 POP 广告方面做得比较成功。

• 其他媒体广告

由于现在高新技术的发展，还有许多可用来做广告的媒体，如天空中的烟雾广告、激光广告、喷泉广告等。

广告是饭店常用的一种促销方法。如一则刊登在旅游刊物上的打折信息：

圣地亚哥卡特梅隆大优惠

圣地亚哥——卡特梅隆度假村大酒店推出两款折扣套餐服务，有效期至12月底。

“漫步在海底世界”套餐服务包括：两晚酒店住宿、两张海底世界门票、酒店停车场免费停车、免酒店服务税，价格129.50美元（同时备有海底世界儿童半价门票）。

卡特梅隆“浪漫游艇游”套餐服务包括：两晚酒店住宿、13个小时往返墨西哥西北部城市恩塞纳达、墨西哥城豪华游艇游、酒店停车场免费停车、免酒店服务税，平日价格169.50美元，周末价格189美元。

以上报价均为单人价格，双人住宿，夏季价格会稍事上调。欢迎致电：800－288－0770。

销售促进

针对消费者的促销工具

• 免费样品：指免费提供给消费者一定数量的产品或服务。

• 赠品：指以相对较低的价格出售或免费赠送某一商品，以刺激其购买某种商品。一般来说，应该在赠品上印上本企业的名字。

• 优惠券：又叫折价赠券，可充抵一定金额的购买款项。对于鼓励新产品的早期使用和刺激成熟品牌的销售较为有效。

• 奖品（竞赛、抽奖、游戏）：指向购买某种商品的消费者提供赢得现金、旅游或物品的机会。是许多企业较普遍采用的一种促销方式。

• 退款优惠：指在购物完毕后提供的价格削减，即消费者购物后寄回特定的购物证明就可获得部分退款。退款优惠主要用来鼓励试用产品。

• 特价促销：是一种向消费者提供低于常规价格的商品销售方法，经常被采用。不过过多地使用特价促销会对产品品牌带来影响，同时会形成事实上的价格上限点，不利于长远发展。

• 免费试用：指邀请潜在顾客免费尝试产品，以引起他们购买产品的欲望。例如食品的免费品尝等。

• 惠顾回报：指依据消费者累计购买量的多少向其提供现金或其他形式的回报。如餐饮店的“年度积分回报”等。

• 现场示范：指在消费现场进行产品的使用示范表演，向消费者介绍使用方法。例如客房某项新设备的使用等。

• 连带促销：指某种品牌利用另一种无竞争关系的品牌做促销，例如持某旅行社的消费证明可以享受饭店就餐或住宿优惠等。又如，上海南京路上历史悠久的金门大酒店与近邻新世界商厦签订联合促销协议：在金门大酒店住宿、用餐的游客可享受新世界商厦的购物优惠；在新世界商厦购物满 800 元以上，可在金门大酒店得到 8 折以下的住宿、用餐折扣。

• 产品保证：是一种重要的促销工具，尤其当消费者对产品质量特别敏感时。例如虽然鸡肉的做法很多，但上海绿杨村邨酒家的丁香鸡采用十数种名贵中药材，用独家秘方烹制出皮脆、肉嫩、香味飘逸的丁香鸡，补血益气、强身健体，深受消费者青睐。

• 组织展销：指将一些能展示企业优势和特点的产品集中陈列，边展边销。例如在婚庆市场竞争十分激烈的今天，浦东一家四星级酒店与社会婚庆公司合作成立了一个婚礼服务部，在酒店大堂一角特辟婚礼展示厅。在这个展示厅里，有蛋糕装饰、婚礼服饰、鲜花摆设等各种婚宴用品和陈设，身处其中的人很容易就感受到一种欧式婚礼的浓郁气氛。据酒店公关部介绍，目前客人对酒店婚宴的了解仅限于少数平面广告和介绍，在酒店内开“婚礼展示厅”，有利于让客人亲身感受和体验，酒店婚宴的生意如今已经越来越让人乐观了，在这家四星级酒店，几乎每个双休日都举办婚宴。在结婚旺季，婚宴收入已经在酒店餐饮总收入中占了大头。

针对中间商的促销方法

• 销售会议：一般在经营年度结束或销售旺季开始前举行。会议主要目的是：向中间商传达新的营销政策，总结前期营销工作及奖励优秀中间商，介绍和展示新产品，部署新广告活动、促销活动、与经销商进行营销问题探讨，分发宣传品、促销品等。

• 促销折扣：指中间商除了在一定时期内多进货，或提高其经营某特定产品或品牌的积极性，而额外增加的销售折扣。

• 清货折让：指提供一定折让鼓励经销商尽快清理积货或加快存货周转。

• 买回折让：指向经销商提供一定金额作为无法如期出售购进商品的补偿，较多用于新品的上市推广。

• 广告折让和陈列折让：指提供给中间商为产品做广告宣传或对商品进行特别陈列的一种费用补偿。折让的多少可依销售成绩的高低来计算。

• 销售竞赛：根据各个经销商的销售业绩，分别给予优胜者不同的奖励，如现金奖、实物奖、荣誉称号、免费旅游、进修深造等。其目的是鼓励中间商提高一定时期内的销售量。

• 销售赠货：指在中间商购买某种产品达到一定数量时，向其赠送一定数量的免费商品。免费商品可以是该种商品也可以是其他商品。企业较喜欢用此种形式进行渠道促销，因为对企业来讲，花费的只是制造成本，这比包含了企业利润的销量补贴更合算。

• 特别推销金：为鼓励中间商或其推销队伍（如店员）推销本企业产品，而给予一定的推销金，可以是现金或实物。此外，为鼓励中间商推销本企业产品，还可以免费向其赠送附有企业名称的广告赠品，如钢笔、台历等。

针对销售人员的促销方法

• 销售竞赛：目的在于刺激销售人员在一定时期内增加销售量，优胜者可以获得一定的现金奖、实物奖、荣誉称号、进修深造等。

• 奖金或佣金：指在固定薪资之外，对销售人员的努力工作所给予的现金奖励。

• 教育和培训：指向销售人员提供免费的业务培训和技术指导。

• 带薪休假或旅游：对于表现出众的销售人员提供带薪休假、旅游的机会。

公共关系

• 公开出版物：企业依靠各种传播材料去接近和影响其目标市场，它们包括年度报告、宣传册、文章、视听材料以及企业的商业信息和杂志。

• 专题活动：企业可通过举办一些专题活动来吸引公众对其新产品的注意。这些专题活动包括演讲、记者招待会、研讨会、展览会、竞赛、周年庆祝活动，以及运动会和文化赞助等。例如大连香格里拉推出的品尝异域文化的“越南美食节”、“意大利美食节”等。

• 新闻：发布和创造对企业和其产品或人员有利的新闻。企业应积极和新闻界联系，及时将具有新闻价值的企业信息提供给新闻机构。

• 演讲：企业负责人应经常通过宣传工具圆满地回答各种问题，并在同业公会和销售会议上演说。成功的演讲有利于创造产品及企业的知名度，并树立企业形象。

• 公益服务活动：企业可以赞助或支持一些公益事业或公益活动，以提高其公众信誉。例如无锡肯德基公司的理念“回报社会”，就是通过为福利院儿童送温暖，捐建“希望书库”，支持“希望工程”，赞助高等院校中的贫困学生，积极参加建立“肯德基森林”的绿化活动，举办各种有益于少年儿童身心健康发展的社会公益活动来传播的。

• 公关广告：分三种类型，一是致意性广告，如向公众表示节日的祝贺，对用户的惠顾表示感谢；二是倡导性广告，如倡议举办某种活动或提倡某种新风尚；三是解释性广告，即就某一问题向公众解释，以消除误会，增进了解。

•固定联系制度：即通过和顾客、供应者、经销商、政府机构、社会团体等建立股东联系制度，加强信息沟通，与公众交换对产品和服务的意见和看法，树立企业形象。

•形象识别媒体：企业应努力创造一个公众能迅速辨认的视觉形象，以赢得公众的注意。视觉形象的传播可以通过企业的持久性媒体——广告标识、宣传册、招牌、业务名片、企业模型、建筑物、制服等进行传播。例如，全聚德于1998年形成了较为完备的《全聚德形象识别手册》，它系统、完整地规范了全聚德的企业标识、吉祥物、企业名称字体组合、广告语、标准色、企业宣传招牌、古建风格、产品包装、餐饮用具、工作服装等一系列企业形象。所有加盟“全聚德”的连锁店，都要按照《手册》的标准严格执行，极大地提高了全聚德的社会公众形象，增加了全聚德品牌的无形资产价值。

人员推销

•电话营销：使用电话来拜访顾客或潜在顾客。电话的很大优势在于可以根据反馈提供相应信息，而且节省时间和费用。

•销售会议：通过召开会议的方式向顾客进行推销。

•推销讲座：企业专门组织的有关新产品、新技术的讲座，加深顾客对企业的了解，增强他们购买的信心。

•样品试用：将产品无偿地提供给顾客试用，以便引起顾客购买的欲望。

网络促销

网络促销的作用：

提高知名度。餐饮企业上网，可以让更多顾客了解企业，包括企业的宗旨、经营理念、品牌、商誉、特色、价格、促销信息等等，增强信任感，进而选择企业的产品。

扩大市场。网络促销不受时间和空间的限制，可以大大便利顾客，使顾客随时随地都能获得服务。因此，一家拥有网络渠道的餐饮企业，它的市场就可以不受时间和空间的限制而大大拓宽。

降低成本。网络促销最大的优势在于“无店铺”业态，可以大大节省店铺房地产的租金，而事实上，餐饮企业店铺房地产租金往往占据整个经营成本的30%甚至更多。

增加企业利润。餐饮企业进行网络促销最直接的目的就是扩大销售量，增加企业的利润。网上销售顾客面广，成本低，而且可以采用多种灵活的促销手段，大大增加成交的几率，为企业赢得利润。

增强顾客的自主参与感，实现企业与顾客的互动。顾客通过电脑或手机进行点菜等活动时，会产生很强的自主参与感，而且可以把自己的一些想法或建议通过电脑等设备传达给企业，企业再给予相应的回答。这样既有利于企业的持续经营，同时顾客的需求也得到了满足。

网络促销的方法：

可以通过举办网上比赛、问题征答、抽奖活动、申请优惠卡、贵宾卡、成立网上俱乐部等形式吸引顾客上网访问，也可广泛开展产品使用跟踪服务，及时解决顾客的各种问题，提高网站的访问率。更深层的活动可以让顾客了解公司和产品的情况，包括公司的历史、发展和延续，征求顾客对整个企业的管理、产品改进意见，和顾客及时沟通，赢得他们对网络和企业的好感，促进商品销售。

使用折扣手段。在网络促销中，折扣手段也被经常采用。优惠卡是网络促销中常用的折扣方式，优惠卡是一种低于商品或服务价格优惠的凭证。消费者可凭此卡获得购买商品或享受服务的价格优惠。其折扣率可从5%~60%不等。有的企业为了培养“忠实的浏览者”，可以在优惠卡的基础上，根据消费金额的多少进行打分，再按分数多少赠送一定礼品，加强和消费者的感情联络。

学会使用旗帜广告交换服务网络。在旗帜广告的应用过程中，必须留意并充分利用一些专门从事全球范围内旗帜广告自由交换服务网络，这些网络以加盟者之间互惠互利、互为免费为原则，开展广泛的旗帜广告交流活动，受到众多厂商的欢迎。旗帜广告交换服务网络是以等量交换为原则的，因此必须丰富主页内容含量，提高访问率，你的旗帜广告才会被更多地投放到别人的站点上，你的图标被人看到的次数也才能成倍增加。

对于饭店来说，网上促销经常和其他的促销方式联合使用。一些饭店为网上顾客提供一些能够下载或打印的餐券，顾客也可以参加网上竞赛，如必胜客的 NCAA 大学生篮球年度赛的获胜者竞猜。有时，饭店也可用电子邮件来配合网络功能，以形成强有力的促销组合。此外，建议把网上促销和网下促销结合起来，即，将网络广告与电视、报纸、杂志、户外、DM（直投邮件）等广告有机整合起来，进行全方位的促销，这样会增强促销效果。

麦当劳钟情网络广告：2003 年 4 月 18 日，麦当劳郑重承诺作为美国最大的传统广告客户之一，麦当劳要增加广告投入，其中网络广告投放量将不亚于其电视广告投放量。麦当劳目前网络举措包括自己的网络、与游戏网络 Sims Online 建立了市场合作联盟，另外与英特尔公司合作开拓麦当劳餐厅无线上网业务等商务合作。

内部促销

内部促销是指餐饮企业把员工当作“顾客”，向员工提供让其满意的服务，从而激发员工的工作热情，增强员工的对外促销意识，以促使他们做出最佳业绩，提高服务质量。对待内部促销也应向对待外部促销那样，需要认真地进行策划和实施。

内部促销的作用在于：改善企业与员工的关系——员工是连接企业和顾客的纽带——进而改善企业与顾客的关系。

国际假日酒店集团的创始人威尔逊先生曾说过：没有满意的员工，就没有满意的顾客；没有令员工满意的工作环境，就没有令顾客满意的享受环境；员工是餐饮服务的实施者，只有较高素质的满意员工，才能提供满意的服务。因此，现代餐饮企业管理必须创新管理理念，树立顾客第一，员工第一的理念，高度重视量大面广的一线岗位的人力资源的深层次开发与管理，使企业真正成为宾客之家、员工之家。

首先，尊重员工的价值，培育员工的主人翁精神。把员工作为管理的主体，实行适度分权、民主参与的管理制度，并积极采纳和奖励员工的各项合理化建议，从而使他们在生产服务中时刻体现主人翁的风范。

其次，在分配奖惩制度上要科学地体现出员工的绩效。对于餐饮服务业大多数岗位来说，绩效评价应重视鼓励和倡导员工爱岗敬业、吃苦耐劳、热忱奉献、努力进取的品行与风范。因为优质高效的劳动服务质量，不仅要求员工具备娴熟的服务技能，更要有爱岗敬业、满腔热情、努力进取的服务精神。

第三，爱护员工，培养员工，把员工的置业计划与企业的组织目标有机地融合起来，尽力给员工创造良好的工作环境，关心员工生活，并积极创造机会培养员工，促进员工个人价值的实现。

国际著名的马利奥特饭店实行了有效的内部促销。

马利奥特饭店提出“要满足顾客首先要满足员工的需要”，并且设计了营销导向的“倒金字塔”组织结构。在这家饭店，顾客是真正的主人，位于金字塔的顶部；第一线员工是“二主子”，其地位仅次于顾客；员工以下是中基层管理人员；而高层管理位于倒金字塔的下端。“倒金字塔”的意思是：在饭店里，只有上级为下级服务得好和二线人员为一线人员服务得好，一线人员才可能为顾客服务得好。实行内部营销的企业是真正营销导向的企业。

星巴克十分尊重员工，重视员工的福利。在它上市之后，星巴克向所有员工无偿送股，甚至包括每周工作 20 小时的兼职人员，一共 700 多人。而且从此以后，星巴克上上下下不再使用“员工”一词，而改用“伙伴”，让员工有一种归属感，有效地留住了员工。

饭店内部促销主要可通过实施以下几方面的活动来达到目标。

- 饭店的各个岗位聘用合适的人员
- 对员工进行持续有效的培训
- 强调集体精神
- 加强饭店内部信息交流
- 为员工参与饭店的服务、营销决策创造条件
- 对员工的工作进行绩效评比和有效奖励

某市一家四星级饭店发生了这样一件事：一著名的外企公司在该饭店宴请一位副市长，由饭店总经理出席做陪。市长要一杯扎啤，但过了十几分钟还没上。总经理忙借故离席到后台查询，服务小姐说：“我跟酒吧说了，他不给拿！”当酒吧服务员看到怒气冲冲奔来的总经理时以最快的速度取来了扎啤，但为时已晚，不太高兴的副市长已改喝了矿泉水。

据查，酒吧服务员不给扎啤是因为他与服务小姐平时有矛盾，显然，正是该饭店员工缺乏协作精神导致了服务的失败。再进一步分析：这么重要的活动员工怎么不知道呢？调查结果：餐饮部未把这一信息传达给每个员工——沟通出现了问题。试想，如果该饭店在日常管理中强调内部促销，又何以至此呢？成功的内部促销能保证饭店所有级别、部门的员工理解并体验饭店的业务及各种活动，有利于在饭店内部形成畅通无阻的信息沟通，协调各部门的工作，同时把部门、员工的具体目标与饭店的整体目标统一起来，增强饭店的凝聚力和竞争力，为饭店开展全员营销提供可能。

内部促销通过向员工提供满意的服务，能保证所有员工得到足够的激励以主动服务的方式进行工作，这无疑能增强员工对饭店的认同感和归属感，形成积极向上的饭店企业文化，为饭店的外部促销打下坚实基础。

促销新趋势：分时共享酒店

度假使用权（即分时共享权）这一业态在20世纪60年代起源于欧洲。在法属阿尔卑斯山上称为“叙佩德沃吕”（Superdevoluy）有一处滑雪度假旅馆，是已知的世界上第一家安排分时共享的旅馆，当时它的时段所有权是为了使滑雪者预订客房有保障。

度假使用权（分时共享权）是特定时段对度假目的地旅馆的使用权。简单地说，就是预先购买度假使用权。它的所有权制类似于公寓大楼的所有权制，差别在于，你的使用权仅限于一年当中的特定时段。所有权有契约式、租赁式和许可证式三种形式。契约式是一种最为常见的形式，指拥有酒店的完全所有权。采用租赁式的业主对该物业的使用权仅限于年内的特定时段，租赁时段一结束，业主的使用权通常终止。许可证在会员制俱乐部中最常见。倘若阁下是有名望的会员，你就有权在分配给你的时段内享用俱乐部的所有服务。

分时共享酒店的业主绝大多数的收入属中上层，他们受过良好的教育，喜欢旅游，并对分时共享产业产生极大兴趣。分时共享酒店有望持续而巨大增长。

案例：

汉堡王的奖学金计划

汉堡王（Burger King）作为全美三大快餐巨头之一，一直有这样一个传统：帮助人们从事有意义的工作和获得更好的教育与培训。作为最新的一个计划，汉堡王奖学金计划成功地把特许经营的加盟者、汉堡王、各分店员工、供货商以及当地的高中联系成一个有力的团体，帮助有天分的年轻人获得更好的教育。

汉堡王致力于为它所服务的社会（社区）尽一份力量。该公司的一个目标就是让他的特许加盟者、供货商和雇员与当地社会结成良好的合作关系。汉堡王从社会调查研究的结果中得知，年轻人的教育是国民普遍关心的。顾客认为在商业支持项目中，教育有着最大的优先权。于是汉堡王/麦克拉莫基金会决定建立汉堡王奖学金计划。对汉堡王在北美的所有市场来说，这是一个有着相当影响力的全国性计划。

每年，基金会提供了至少269份奖学金（每份1000美元）给那些在美国、加拿大、波多黎各的高中生，帮助他们上大学或参加职业培训。

所受资助的年轻人必须拥有并展示他们“值得”这份奖学金的潜力和决心。他们一般是中上等学生，而不是班上的尖子生，因为他们要做兼职工作赚钱。他们也积极参加社会和学校活动，并得到父母、学校和雇主的支持。

当地的特许经销商以及汉堡王雇员也发挥很大作用。因为只有通过他们的努力工作，基金会才可以获得更多的资金支持以便发放更多的奖学金。基金会也鼓励其他非汉堡王餐厅直接参与或作为筹集人加入进来。如基金会推出的Halloween Fry基金筹集计划，在2000年就吸引了2200个其他餐厅的积极参与，为2001年4月的奖学金发放募集了超过70万美元。

在汉堡王奖学金计划开始的第一年，基金会就收到了9500份申请表，共发放885份奖学金。其中616份是由132个汉堡王特许加盟者和汉堡王总公司筹集的。而第二年共发放1077份，其中808份由汉堡王加盟者和总公司提供。

汉堡王奖学金计划获得巨大成功，取得了经济效益和社会效益双赢。

餐馆联手办促销

北京东直门内大街旁有一条被称为“簋街”的著名餐饮特色街，经过数月的整修后，宽敞、平坦的柏油路面尽管还透着新鲜的沥青气息，但来往车辆已可畅通无阻。在这条街上，著名的餐馆花家怡园门口，“簋街全线畅通，龙虾节开业在即”的红色横幅在提醒着人们，历时一个星期的簋街首届龙虾节将在下午晚些时候在此正式开幕。

据了解，举办龙虾节首先是怡园餐厅总经理的一个想法，没想到一提出，就受到了簋街商户的赞同。怡园总经理说，之所以产生举办龙虾节的想法，是想借此提高簋街的知名度，使簋街重聚人气。他说，自从簋街东部进行改造之后，原簋街上的一些著名餐馆都不得不分散到别处经营，许多人认为昔日的簋街已经不存在了，致使簋街西段一直在营业的餐馆经营大幅下滑。同时，在这段时间里，北京东部和西部不约而同地出现了两个“小簋街”，这为改造后的老簋街带来了较大的压力。借簋街全线贯通之机，以推介龙虾这种簋街特色食品为契机，可以重新使簋街聚起人气，力图重现过去彻夜食客不断的辉煌。

于是在各方的支持下，簋街45家餐厅联手精心策划并举办了这次盛大的龙虾节。开幕的前一天，簋街就已弥漫起一股浓浓的龙虾气味，大街两旁挂起了“餐饮特色街麻辣龙虾节”的条幅。最体现龙虾气息的还是一直扎根簋街、如今堪称簋街餐饮老大的怡园餐厅。其东边主店已竖起了一个红色圆拱，在大片红色灯笼丛中又加进了关于龙虾节的条幅，服务员们忙忙碌碌，全在进行装饰和最后的准备工作。

龙虾节开幕当天，簋街上的45家餐厅同时推出龙虾大餐，共同向食客们推荐各具特色的风味龙虾。尽管人们说起簋街龙虾，总免不了在前面加上“麻辣”二字，似乎只有“麻辣龙虾”才是最正宗的、最好吃的。可是这次簋街龙虾节却以龙虾为主题变出了许多新鲜花样。除传统的麻辣味以外，花家怡园餐厅专为龙虾节开发了7种新口味，如冰镇小龙虾就有香糟和酸辣两种口味，还有花雕醉龙虾、蒜茸开边蒸龙虾、盐小龙虾、生烤龙虾、香辣小龙虾仁等新鲜吃法。与花家怡园毗邻的鸡堡之家虽然门面不大，也要做做龙虾的文章，有麻辣、红烧、清蒸、椒盐等多种做法。小山城麻辣烫则新添了涮龙虾，滋味很特别。其余餐厅也各有新品推出。

龙虾节最吸引人的当是围绕龙虾的一些与食客互动的活动。从开幕前一天晚上开始，怡园餐厅里就已经出现了“龙虾人”，服务员穿着龙虾模样的衣服，踩着高跷，在食客间转悠。更有一些趣味比赛，如钓龙虾、猜龙虾、龙虾竞拍、吃龙虾比赛等。

北京东城区商联会北新桥第七分会是本次龙虾节的重要筹备者之一，该会有关负责人表示，商会对商家自发组织推出龙虾节这一活动提供了全程服务，但连他们也没想到能带来如此轰动的效应。

第九章　饭店宣传广告的应用

第一节　饭店广告工作的特点

广告是促销中运用的主要信息传递系统之一。美国市场营销协会定义委员会曾就广告的性质下过这样的定义：“广告是有明确的发起者以公开支付费用的做法，以非人员的任何形式，对产品、服务或某项行动的意见和想法等的介绍。”

在饭店业中，广告的表现形式分为两种。一种是以媒介为载体的广告，即付费利用电视、广播、报纸、杂志等大众媒体换来的版面或者时间。另外一种是以物质为载体的广告，包括标志、手册、传单、卡片、菜单、折叠式活页夹，以及一系列印有饭店名称的商品和赠品及标有饭店名称的“标志”物品，如毛巾、亚麻织品、陶器和玻璃器皿等。任何能将饭店名称或者有关饭店的信息传递给大众的方式都可以称之为广告。广告可以是一般性的，也可以是具体的。广告可以传递有关整个饭店设施的信息（形象广告），也可以只集中宣传某一项具体的产品（产品广告）。

在饭店业中，广告工作的特点主要有：

一、抓住服务性行业的特点，保证广告的可信度和消费者的接受度

服务性行业具有自身的特性，也就是生产与消费的无形性、多样性、易逝性和不可分割性。饭店业广告应该有助于帮助消费者去理解服务的内容，克服购买时对服务的无知和怀疑。当一所饭店标榜出它可以给顾客提供“家的舒适与温馨”，那么在广告中也应该用大量的图片或者一些短片表现出它独特的服务。大众媒体的多样性也可以为表现服务业的不同特点提供相适应的媒介。广告的制作要与产品或服务投放的时间协调好，如果消费者在元旦将要来临时还在繁华街道附近看到国庆节时饭店推出的“在大厅消费800元赠送标准间一夜”的户外广告，一定会对饭店的服务质量

和经营态度失去信心。当顾客坐到摆放整齐的餐桌前准备点餐时，印有饭店名称的餐巾或者体现饭店经营特色的菜单都成了最有效的广告形式，会使顾客留下深刻的印象。

二、符合饭店的市场定位，广告的定位前后一致，能够贯穿始终

在细分市场后，饭店选择了自己的目标市场，因此给自己的经营范围和特色做出了很好的定位。饭店业广告也要根据饭店的市场定位，确定自己的目标受众，与之做饭店产品质量、价格、经营特色及行业竞争状况等方面的信息交流。即使广告的目的是提高某项服务的销售额，但是价格折扣的程度也不能让顾客怀疑饭店的基本定位。喜来登饭店集团和洲际饭店集团做广告就总是保持一致的形象，并把他们各自的饭店描述成为市场高档饭店中的成员，这样的广告定位固定了饭店在顾客心目中的品牌形象。

三、在保证切实可行的基础上追求创意，与顾客的期望值相符

切实可行的原则就是广告应该是可以被执行并能取得科学有效的效果。因为服务业所提供的服务是很难具体衡量的，每个人对“家庭式服务”的概念是不同的。所以，广告内容应该尽可能地让顾客觉得比较合适，可以接受，让他们产生相应的期望值。如果在广告中夸大了服务的性质，等到顾客真正体验消费时发现小于他们的期望值，会伤害顾客的消费心理。但是，服务又是很容易被模仿的。所以，应该在广告中向顾客很好地传递关于特色、优势和效益等各种信息，让他们因为期望而选择消费。总之，广告的目的并不是一味地追求新意与独特，能够促使顾客购买饭店产品和服务的广告才是最好的广告。

第二节　广告媒体选择

一、广告媒体的确定

广告媒体的选择过程也就是一个广告媒体决策的过程。广告媒体决策是对各种可以选择的媒体的特性、与饭店的市场定位要求和产品及服务的适宜度进行评估，最终选择适当媒体进行广告传播的过程。

饭店业作为一种主要的服务业，它的性质决定了其在广告媒体决策的过程中也要贯穿服务营销的思想。也就是如何选择广告媒体，才能使饭店业在迅疾变化的市场环境中给顾客需要以特别的关注，适时引导顾客的需求，获得在餐饮业的成功。

鉴于饭店业在人们生活中的重要地位，它对大多数主流媒体都进行了主要运用，这些媒体的特征如下：

1. 报纸

报纸是饭店业广告中利用最多的媒体，信息发布方式灵活，发布时间及时有效，区域市场覆盖率大；能够向有需要的目标读者提供完整详尽的咨询，使接受者对咨询的接受度高，信息可信性强；价格低廉，广告费用相对较低。缺点是保存性差，复制的质量低；印刷质量不能得到有效保证；读者会主动地选择是否阅读，不具有强制性。饭店业服务的季节性非常强，所以要运用时效性很强的媒体传播信息，报纸就是不错的选择。

2. 电视

传播速度快；重复能力高；是综合视觉、听觉和动作的多功能媒体，富有感染力，形式丰富，能引起接受者高度的注意；触及范围比较广；观众可以被动地接受，显示出其为一种强制性媒体。缺点是制作费用过高，驻留时间短，播放广告的前后过程中受干扰因素比较多，观众选择性少，设计制作有一定的难度。饭店设施及环境介绍的广告多选用电视广告。

3. 广播

比较传统的大众化媒体，成本比较低，可以辅助报纸和电视进行信息的循环播出；听觉媒体，给接受者较大的冲击。缺点是只有声音，不如电视那样引人注目；在大众媒体迅速发展、渠道拓宽的信息经济条件下，已逐渐没落成一种弱势媒体、个人化媒体，受众群比价狭窄。

不过，对于饭店来说，一个特殊的广播广告媒体是交通工具上的广播。这是一个应该给予特别关注的媒体形式。由于交通工具（尤其是火车，载客量大）上的乘客在抵达目的地之后，除了回家的乘客外，都涉及住宿和餐饮的问题，因此，这个媒体所针对的市场十分集中，目标清晰，顾客类别也比较单纯。所以，在这种交通工具上做广告，效果往往很好。尤其如果能结合其他促销方式（比如与交通公司联手协助顾客预订），其效果将更好。

4. 杂志

针对性比较强，有自己明确的目标群体，且拥有一些固定的受众群；印刷精美，给接受者很好的视觉感受，非常适合做饭店的形象广告；保存期长；可信并有一定的权威性。缺点是发行周期较长，传阅速度慢，版面受限制。

5. 户外广告

是存在于开放空间的广告媒介载体，可设置在街道两旁、立交桥身、候车棚顶，以及车站、码头、广场、运动场、地铁等公共场所；形式灵活，广告展露的时间长；费用低；区域性强，竞争少；投放时主要考虑地理位置、尺寸大小、可见度情况、人流车流特点等因素；只是户外广告偏重于产品的提醒，而不适合于详细的咨询传达。

6. 直邮广告

接受者有选择性，非常灵活，在同一媒体内没有广告竞争，人情味较重；缺点是相对来说成本较高，使用不当的话会给接受者带来“垃圾邮件”的困扰，在我国应用较少。

7. 网络广告

网络广告是一种需要电脑和网络支持的高科技媒体平台，是知识经济孕育出的新兴媒体。饭店可以建立自己的网络，可以向某个网站购买广告版位和空间，还可以通过互联网以其他形式来宣传自己。

网络广告已经逐渐成为重要的广告形式。它之所以具有越来越明显的营销价值，一个重要原因在于互联网环境的不断发展，不仅上网的用户数量越来越多，而且在这些上网用户中，利用互联网获取信息和休闲娱乐的时间已经逐步接近甚至超过了广播、电视、报刊等传统媒体。如果忽略互联网这一广告媒体，将使得广告信息无法有效地传递给这部分上网的用户。

网络广告的主要优势有：非强迫性、交互性、实时性、广泛性、形式多样性、易统计性和经济性。网络广告的普及，使饭店有望实现对消费者提供及时的服务。酒店也可以通过网上的主页向全球多姿多彩、声情并茂地展示自己的风貌、特色；向全球亿万用户分销自己客房和各种服务的酒店；并可依此组成酒店连锁业，以强劲灵活的营销手段向广大市场进军，它可以向众多的客户提供面对面的营销方式，它开拓市场的广度和深度都是平常方式下的人力、物力所无法与之比拟的。例如，中国酒店网对中国主要城市的不同等级酒店等有一些比较详细的资料，同时提供网上订购，广告效果不言而喻。大陆第一大旅游电子商务网站携程旅游网将酒店业务与航空、旅游目的地销售等旅游业务联系在一起，已成为很多外出旅行者预订酒店的首选。

陕西酒店预订网推出了针对宾馆酒店上网的全方位服务——管理托管服务，并提出了“管理+托管+服务”的概念。“管理+托管+服务”不仅要帮助传统酒店业进入网络化大门，还要提供全面和完善的7天24小时的服务，并辅助酒店开展电子商务业务、降低成本、服务客户，获得更大的利润，从而使他们真正享受网络化所带来的巨大商机。网络托管服务内容包括：酒店的网络策划、网站建设、互联网络宣传、网站维护、辅助酒店开展电子商务等综合网络服务。

上海金茂君悦大酒店是位于上海市浦东中心的“世界上最高的饭店”（坐落于金茂大厦的第53~87层），它在很多能提供酒店预订业务的网站上都有自己的广告。例如，在中国酒店在线网站上（www.gochinahotel.com），金茂君悦大酒店的广告页面配以几张展现酒店优质设施的图片，并有详尽的文字介绍：

上海金茂君悦大酒店，世界上最高的酒店，耸立在上海街头，位于新兴的经济开发区——浦东陆家嘴金融贸易区中心的“中华第一高楼”，88层金茂大厦上部。酒店的装修极具特色，现代艺术中融入了中国传统文化。酒店共有豪华客房555间，豪华漂亮、面积之大可称上海之最，并均可欣赏海城美景。大客房中的多功能电视机配有遥控键盘，国际互联网接驳和网上金融信息；超五类线高速个人电脑接驳。淋浴间装有高科技三喷头淋浴塔和防蒸汽镜、玻璃洗脸盆和双面衣柜。拥有设备齐全的商务中心，两个大、中型宴会厅和十个会议厅，装备先进的艺术多媒体器材及声像设施一应俱全。各式风味餐厅，情调各异的酒吧、绿洲健身中心及57层之室内游泳池，设有88层观景台。

同时提供的信息还有：几种房间的网上预订价、酒店的主要设施、地址、电话、网站等其他信息。

二、广告媒体的优化组合

广告媒体的优化组合是指在广告发布的一定时期之内，应用两种或两种以上的媒体，或是同一媒体应用两种以上的发布形式，交叉它们的传播及诉求效果的一种组合状态。通过有效的组合，使其覆盖更多的受众群，实现整体宣传的效果。

分析媒体的优化组合时，在综合考察各个媒体的受众接触面、曝光频率和影响力的基础上，总结出进行广告媒体的优化组合的过程中所要遵守的原则：

1. 加强对饭店业产品的信息互补宣传

饭店业的产品包括有形产品和无形产品。对有形产品的广告宣传比较简单，能够清楚地呈现信息符号和图片的报纸、杂志、户外广告等媒体都可以进行直观的宣传。例如情人节推出的温馨套餐，就可以将菜单、菜样、优惠条件等能给消费者直接刺激的信息同时在载体上发布。对于服务这种无形产品，电视无非是一个有效的工具。通过编辑一些视频短片，展现出顾客在饭店内消费服务的全过程，突出饭店的优势服务，顾客事先通过电视收看时就会产生身临其境的感觉，激起他们的消费欲望。在网络广告日益强大的今天，很多在网上点击收看的视频文件也是一种重要的广告。总之，通过不同媒体的不同宣传特性，使受众对广告信息有更加深入全面的了解，能够增强广告的诉求效果。

2. 根据广告费用预算，合理确定各个组成媒体的费用

除了报纸广告以外，大多数媒体的广告费用是比较昂贵的，一些单体饭店是难以接受的。比如，电视广告的费用就比较大。如果饭店所处的地区附近有很好的旅游吸引物，那么饭店可以与其他旅游供应商（如航空公司、旅游景点等）联合做广告。例如可以在报纸上投放“海南航空公司送您游魅力海南，三亚大饭店带您品尝正宗海南菜”的广告。这样的联合广告不仅可以节约费用，也可以将本饭店与其他品牌联系起来捆绑销售。

3. 扩大广告受众数量，全方位促进销售

每一种广告媒体都有其自身的受众范围，不可能与广告的诉求对象完全符合。因此，没有被包含进去的诉求对象就需要通过其他的媒体来接触。所以，多种媒体在受众范围上相互补充，争取达到一个全方位的营销活动。例如，某饭店推出午间的优惠商务套餐，选择黄金时间在电视上投放广告，即周末或者晚上。但是很多商务人士因为工作繁忙，根本无暇看电视，所以在他们工作的写字楼、停车场附近投放户外广告会产生更直接的效果。

4. 准确安排媒体投放的地点，有效覆盖目标市场

当地的一些强势都市类媒体，由于具有较高的市场占有率和较大的舆论影响力，因而将饭店一些主要的促销信息发布其上会收到较高的关注率。针对高学历、高收入、高消费群体的高档饭店，就可以在高级写字楼、公寓、影院、高尔夫球场、机场附近等地点投放户外广告。对于主要的支持媒体，也要适当增加频度，次要的媒体做以辅助宣传。例如针对饭店形象品牌的广告可以选择旅游杂志或报纸的旅游专版。

三、广告媒体发布的安排

广告媒体时程安排的内容主要包括广告发布的时间、期限、时点和频次。在这一点上，饭店业的广告代理商会以其专业的知识给出很好的决策建议。我们要强调的一点是，由于饭店业是服务业，具有生产与消费易逝性的特点，因此在时程安排时要尤为注意。例如对时令菜单的宣传，应该发布时间提前，在受众媒体接触最为集中的时段发布，并且频次要高。如果是对饭店整体形象的长期宣传，就可以采用不同的时程安排。广告的目标应该使其有助于改善其脆弱的环节，因此在可以获得改变的时候集中推出广告也是不错的方法。

第三节 广告的目的与内容

一、广告的目的

根据产品或服务所处生命周期的不同阶段，饭店业广告的目的也不同。

1. 在产品或服务刚刚上市的时候，广告的目的是通知消费者这一信息，告诉他们如何去购买，扩大产品或服务的知名度。这个时候，价格是广告中要宣传的重要因素。因此，会出现一些饭店的优惠价，例如“买二送一”的优惠餐、周末打折的客房等。这时可以在饭店周围分发卡片或者小传单等方式进行，或者在饭店的正面悬挂条幅、在窗口张贴标志、在广播中宣传以及在咨询者拿着电话等待时播放录音信息等。

通知性广告有时的目的在于促发初级需求，如开业广告。例如北京香格里拉的开业广告，可以说通过不菲的投入，将通知性广告的作用发挥到淋漓尽致。在1987年8月22日开业大典之际，在《中国日报》发布了8个版面的广告，以一个整版发表了中外双方董事长的照片和贺词，用两大版突出介绍了酒店的豪华设施、商务环境和服务，图文并茂，表述清晰。又用一个版面逐个介绍了这个集团的成员酒店，其他版面是海外各大公司的祝贺辞。这样的广告，无疑给人们留下即将开业的香格里拉财力殷实、自信心强的印象。

2. 当产品或服务正在成长的时候，广告的目的是劝导消费者相信本饭店的产品或服务优于其他竞争者，巩固其特定的市场位置。这个时候，价格已经不是广告宣传中的重要因素。饭店的特色、优势等才是值得比较的因素。这时候的广告可以是为了塑造饭店的形象和格调，也可以用来为进行了大规模翻修的饭店重新定位。例如：

新加坡拉菲尔斯酒店曾推出一则主题为《鬼魂、贵族和偶尔出现的流浪汉》的广告。拉菲尔斯酒店是以它的历史和“这位东方神秘贵妇人的传说”来定位的。喜欢浪漫、杜松子酒与猎奇的读者能从广告中发现自己向往的生活。广告的创意方式，传统的文案布局和字型，集中在酒店的可持续竞争优势上。

3. 当产品或服务已经进入成熟期的时候，广告的目的是为了提醒消费者一直想着该产品而不至于忘记。例如北京新世界日航酒店在 2005 年 10 月号的《旅游》杂志上刊登了一则广告，背景是饭店富丽堂皇的大厅。同时配以精心策划的广告语："726 间豪华客房及公寓套房、现代化的会议设施、先进的视听设备、专业的会议宴会策划服务队伍、风格各异的餐椅食肆、多元化的娱乐康体设施、设备完善的办公室出租服务、独特高雅的环境。"整个广告构思协调，能够让曾经居住过此酒店的客人回忆起在那里享受到的服务，成为下一次活动的首选。

二、广告的类型和主题

广告的主题就是广告的诉求点，即广告作品向目标市场受众传播的主题信息。广告主题是广告的中心思想，是广告作品的核心与灵魂。饭店业的广告必须首先确定广告的诉求点，即确定想向目标消费者说什么，是饭店经过重修后独特的品位还是新推出的时令菜肴。也只有知道了想传达什么信息，才能真正创作出好的作品。

我们在这里提供一些广告的类型和主题供大家讨论。

1. 品牌营造型广告

指通过塑造独特的品牌形象，建立起饭店和目标受众之间的感情需求关系，使目标受众在对饭店的多次消费中积累愉悦感，之后产生品牌联想、品牌识别、品牌购买、品牌忠诚等一系列行为的广告。

此类广告可以采取多种形式营造品牌，常见的有以下三种。

①名人暗示型

即借助一些名人的社会效应来间接地树立饭店的品牌形象。例如，某饭店总会作为一些媒体新闻发布会的首选地点，为了借助明星的魅力吸引到有追星倾向的顾客，可以邀请一位偶像明星为其做广告，暗示顾客在这里消费将会有不一样的惊喜。

②自我推荐型

即由饭店的董事长或总经理等管理层出面，在广告中作为自己饭店的代言人。这样的广告给顾客一种信任感和亲切感，拉近了和顾客的消费距离。例如，一些经营特色菜肴的饭店会把创始人或者经营者的照片制作在牌匾之上，代言人的平民形象让顾客觉得这所饭店的服务也会是平易近人的。

③标识物提醒型

即通过宣传饭店的标识物来塑造饭店的形象。例如日本味仟拉面的标识物是一个可爱的日本小姑娘，它在店内的各种物品中都印上了这个标识物，使顾客以后在看到时就能想到这个品牌。

2. 产品/服务推销型广告

指直接表现所推销的产品或服务，并直率地陈诉其非同一般的原因。这种推销型广告图片中所展现的实际内容还可以产生与品牌营造型广告相同的效果——提高该产品或服务的声誉。

推销型广告可重点突出产品或服务中某一个非同寻常的内容或特点，例如宣传饭店内新近引进的康体设施；也可以重点表现某一景象，例如一幅一家三口在饭店度假的情景。这类广告要注意的是抓住饭店的目标受众，使广告要传播的信息真正到达目标受众。

比较式广告也是推销型广告的一种形式。它的特点是将自己的产品或服务同某一竞争者的产品或服务进行比较，说明自己的产品或服务所提供的利益胜过竞争者。

美国最有名的比较型广告，是万迪快餐连锁店为反击“汉堡包王”的广告宣传所做的比较广告。“汉堡包王”在其电视广告宣传中，嘲笑万迪快餐连锁店的汉堡包在味道、个头和制作工艺方面都不如自己。万迪因此做了题为“松软的小圆面包”的30秒钟的电视广告。片中，三位老太太在快餐店里讨论桌上的小圆面包，语气诙谐幽默。当两位老太太都说小圆面包大而松软时，第三位老太太不断地追问“牛肉在哪里?”表情大惑不解。当特写镜头展示万迪汉堡包中厚厚的小牛肉时，暗示“汉堡包王”中的牛肉太少。“牛肉在哪里?”很快就家喻户晓，成为美国人的口头禅。

3. 报价型广告

指直接将价格作为刺激消费者购买的重点激励因素，突出强调的是价格。例如在饭店前打出“特价自助餐29元一位”的横幅。也有的不指出价格的特征，而是提供一些优惠政策，例如，你可以在所推销产品的基础上，附加提供例如免费早餐、客房升级或坐位升级、或以经济等级的租车价格享用豪华车型等优惠条件。现在比较多的报价广告是集中面向回头客展开促销。例如，给一些经常光顾的顾客办理会员卡，积累点数以提供一些优惠待遇或利益。

葡萄牙里斯本酒店的广告："……在里斯本豪华的旅馆中住两宿，花35美元，在伦敦要花83美元；在巴黎要花101美元；在罗马则要花81美元。在里斯本豪华餐厅里吃一道全菜花15美元；在伦敦要花21美元；在巴黎要花30美元；在罗马则要花25美元。用这些钱，你可做你想做的一切事或购买想买的任何东西，因为葡萄牙仍然是你购物的天堂。……"

4．行业广告

随着越来越多的旅游者希望借助旅游中间商的咨询服务做出自己的购买决策，行业广告的重要性也在增大。今天，很多旅游服务企业都已认识到旅游中间商的重要性，因而都在努力争取旅游中间商对自己的注意。行业广告的主题在某种程度上取决于所针对的旅游中间商的情况。例如，针对旅游代理商的行业广告可能会以佣金率为核心；而针对会议策划者的广告则可能会突出自己全套的会议设施。

第四节　广告效果的评价

对饭店广告效果的评价主要有三个方面的意义：衡量广告费用的投入是否取得了预期的收益；明确影响饭店销售的确定性因素和不确定性因素；为修改广告计划提供依据，以便对广告实行有效的控制。

饭店广告效果的评价主要有两个方面，一是对信息传递效果的评价，二是对销售效果的评价。

一、信息效果的评价

主要有两种方法：事前测定和事后测定，有时也可以有事中测定。事前测定主要通过直接评分法和组合评分法。前一种方法有消费者小组或广告专家小组观看有关饭店的促销广告，之后进行全面评分，此法有助于筛选掉不良广告。后一方法是请消费者看一组饭店的广告，然后加以自由回忆，主要测试广告的突出点和易懂易记处。事后测试也包括两种流行的方法：回忆测试法和认知测试法。前者要求接触过某种媒体广告的人，回忆最后一次广告中所展露的广告产品，以表明广告为人注意和容易记忆的程度；后者主要统计在特定媒体上曾注意到，曾见过并进行过联想和深读过广告信息的目标受众百分比。

二、销售效果的评价

由于饭店销售不仅仅受到广告的影响，还受到诸如服务特色、价格、竞争状况、地理位置等一系列因素的影响，因而测量饭店广告的销售效果比沟通效果更为困难。现在只简单介绍一种试验法。

把某种产品的销售市场按地区划分，在甲地区使用电视广告。在乙地区使用杂志广告，在丙地区使用报纸广告。各种媒体的广告预算相等，经过一定时期后，检察各个地区的销售额增长情况。通过检查，可大致分析哪种媒体最有效。此外，企业还可以采用另一种做法，即在甲地区使用大量广告，在乙地区使用少量广告，在丙地区不做广告，一定时期后，检察各地销售额增长情况，可大致估计出广告对销售额的影响。

案例：

感动源于尊重——新南海渔村开业策划纪实

2000年12月28日新南海渔村准备开业之际，负责其广告策划的公司忙得焦头烂额，因为他们没有很多的广告费来进行海陆空似的立体轰炸宣传。但是，作为一家新进入餐饮业的酒店而言，在有限的费用内，如何扩大其知名度和美誉度是最迫切需要解决的问题。

当时唯一能确定的广告媒体是报纸和广播，但是这是远远不够的。在时间紧迫的情况下，到底该怎么办？经过几天几夜的冥思苦想……

每年一次的张家口小学生数学竞赛在12月初开始了，只是和往年不一样的是2000年竞赛冠名为“新南海渔村杯数学大奖赛”，并且在发给参赛学生的试卷附函上非常清楚地写着参赛规章，还有一张致家长的信和一张家长调查问卷。

参赛规章：

a）此次竞赛，家长须在试卷附函上签字，并随试卷一起交回，方可成为有效试卷；

b）本次“新南海渔村杯”数学大奖赛，特设“新南海之星”10名，将予以大奖，以示鼓励；

c）本次大赛最终解释权归新南海渔村所有。

广告策划人所执笔的致家长的公开信如下：

尊敬的家长：

您好！

感谢您的孩子参与首届“新南海渔村杯”数学竞赛，同时也对您在这次数学竞赛中所给予的支持表以谢意。谢谢！

本着重在参与的精神，新南海渔村主办了这次数学竞赛，在全社会都在提倡素质教育的今天，一个优秀孩子的衡量标准已不单单是看学业成绩，更是一种能力与素质的体现。所以我们想要告诉您，在这次竞赛中，无论您的孩子是失败，抑或是成功，我们都希望您能够给予他一种肯定，肯定他在竞赛过程中所付出的一切努力，肯定他依然还是您心目中的骄傲，肯定您还能够一如既往地支持和鼓励他，让他时时刻刻都能感觉到您永远在背后鼓舞着他朝自己的理想努力。

这种父母与孩子之间的情感，其实并不是谁都能够真正明了的。

因为这种情感，无论是一句话，一个眼神，一个微笑，一顿丰盛的晚餐，一件珍贵的礼物，一本有用的书……对孩子而言，都是一种信心，一种家人的关爱。

我们新南海渔村的员工也都和您一样，有一个幸福的家庭，一个可爱的孩子。每一个为人父母的都希望自己的孩子在未来的岁月中，以一种平和的心态从容走过漫长的人生道路。

我们希望您能在人类情感如此脆弱的今天，能够培养出孩子的博爱、容忍、坚韧、诚实、胜不骄，败不馁的高贵品质，那时候，您是世界上最幸福的父母。

新南海渔村还年轻，它像您的孩子一样有很多的不足需要您的帮助改正，当您的孩子在这次数学竞赛中不论成败都全力以赴时，我们真诚地邀请您来新南海渔村，为我们提一条中肯的意见，也让我们对您和您的孩子之间的那种爱表示我们的尊重。

最后，预祝您的孩子在“新南海渔村杯”数学竞赛中取得优异的成绩。

顺祝您生活愉快，家庭幸福。

新南海渔村　敬上

2000 年 12 月

效果：参加此次数学竞赛的学生为小学五、六年级，共计 8000 余人，新南海渔村的宣传受众涉及到 8000 余个家庭乃至更多，在张家口这样的小城中影响极广。更为宝贵的是酒店拥有了一个具有 8000 多份、涉及到 24000 人如生日等等资料非常详尽的资料库，十分便于以后工作的开展。

并且此次竞赛引起了社会各界及新闻媒体的关注和争论，对于商业行为进入校园的现象个人看法不一，有褒有贬。在一定程度上，极大地提升了新南海渔村的知名度，从家长的反映来讲，新南海渔村的美誉度也由于赢得了他们的认同而反响极佳。最重要的是，广告费用大大降低。

有一位广告前辈说过，对于一个企业或产品，广告做好三点就可以了。一句话，即一句好的广告语；一系列好的平面；一支好的 CF。一句话是排在第一位的，可见其重要性。

新南海渔村的一句话是什么呢？它是否能够像海尔的“真诚到永远”、戴比尔斯的“钻石恒久远，一颗永流传”、雀巢的“味道好极了”一样经典，一样代表的是一种时尚、一种文化呢？

就如同广告传播一样，广告的目标是说服消费者，并促使其产生购买行为。理论上，广告需要说服消费者，只不过说服的方法与形式不同罢了。但是广告策划人员认为，以后的广告与消费者之间的关系已不仅仅是说服那么简单，它更应该是一种情感的共融，即感动消费者。如果说从前是在说服消费者购买产品，那么以后便是感动消费者，促使其产生购买行为。方式不同，目的还是一样。

说服只是一种技巧，感动则是一种心灵最深处的交流，真正使广告更人性化。但又何止是广告呢？从新南海渔村的每一张餐桌的位置，每一个雅间的名字，每一个菜的味道，每一个员工的微笑……从每一点一滴体现的都是一种尊重，一种让顾客发自内心的感动。

尊重消费者，尊重每一个值得尊重的人。

"感动源于尊重"，尊重别人就是尊重我们自己。同样，感动别人就是感动我们自己。

"感动源于尊重"，这就是新南海渔村的广告语。

在新南海渔村开业前半个月，《张家口晚报》连续刊出了以下6则系列广告：

[之一]

图案：一只拨打算盘的手

标题：同样是算，我们让您最划算

正文：吃饭少花钱，您一定左盘右算，同样是算，新南海渔村，一定让您最划算！

广告语：感动源于尊重

基础元素：新南海渔村名称、地址、电话等

[之二]

图案：一个天平

标题：同样是掂量，我们给您大分量

正文：花钱少还要吃得饱，您一定要前后掂量，同样掂量，新南海渔村，一定给您大分量！

广告语：感动源于尊重

基础元素：新南海渔村名称、地址、电话等

[之三]

图案：一只手拿着一块表

标题：同样上菜，我们速度比较快

正文：请人吃饭，最怕上菜慢，同样上菜，新南海渔村，速度就是比较快！

广告语：感动源于尊重

基础元素：新南海渔村名称、地址、电话等

［之四］

图案：一个微笑的厨师

标题：同样友情，我们的笑容更坦诚

正文：对就是对，错就是错，您的直言不讳，对新南海渔村很重要。感谢您，因为我们知道，人与人之间既需要友情，更需要坦诚！

广告语：感动源于尊重

基础元素：新南海渔村名称、地址、电话等

［之五］

图案：一对正在戴结婚戒指的手

标题：同样婚宴，我们安排更完善

正文：结婚办婚宴，既要喜气，又要品位，还要划算，同样婚宴，新南海渔村，为您安排更完善！

广告语：感动源于尊重

基础元素：新南海渔村名称、地址、电话等

［之六］

图案：一个可爱的小女孩庆祝生日

标题：同样欢乐，我们庆祝更独特

正文：给孩子过生日，您一定希望，孩子欢欢乐乐，新南海渔村，庆祝方式更独特！

广告语：感动源于尊重

基础元素：新南海渔村名称、地址、电话等

广告一经刊出，新南海渔村还没等到开业，就被很多热情的顾客强烈要求率先定桌品尝，这一系列的广告标题随之成为新南海渔村对顾客的六大承诺。新南海渔村也一跃成为张家口餐饮界的三甲之一，直至现在成为榜首。

第十章　饭店业中的公共关系

第一节　公共关系的概念

一、公共关系的内涵

公共关系学产生于西方发达工业国家，它具有促进社会经济、政治、文化发展的独特功能，越来越广泛地应用于社会生活的各个领域，成为风靡世界的现代思潮。

“公共关系”一词源于英语“Public Relations”的中文译称，简称“公关”，英文缩写为“PR”。公共关系是现代社会的产物，随着商品经济和传播技术的发展，公共关系的客观存在性日益为人们所重视，对它的研究也越来越广泛和深入。

公共关系的内涵可概括为：

1. 塑造组织形象的艺术，讲究创新，构思精巧，效果感人。

2. 着眼于人心的管理科学，在把握人心上下工夫。

3. 内求团结、外求发展的管理哲学。公共关系不仅对外而且对内，作为一种哲学，作用于人们的世界观、人生观，强调思想方法。

4. 无形的资产，“软竞争”的手段。它可以弥补传统方法的不足，促进有形资产的增值。

二、公共关系的定义

(一) 国内外有代表性的公共关系定义介绍

关于公共关系的定义，目前在世界范围内众口不一，十分繁多。这里选择若干有代表性的定义排列如下：

1. 1976 年，美国公共关系研究和教育基金会资助莱克斯・哈罗博士在收集和分析了472种定义后对公共关系所下的定义是："公共关系是一种特殊的管理职能。它帮助一个组织建立并保持与公众之间的交流、理解、认可与合作；它参与处理各种问题与各类突发事件；它帮助管理部门了解民意，并对之做出反应；它确定并强调企业为公众利益服务的责任；它作为社会趋势的监测者，帮助企业保持与社会同步；它使用有效的传播技能和研究方法作为基本工具。"

2. 1978年8月8日至10日，在墨西哥城召开的各国公共关系协会世界第一次大会上通过如下定义："公共关系的实施是分析趋势、预测后果，向组织领导人提供咨询意见，并履行一系列有计划的行为以服务于本组织和公众共同利益的艺术和社会科学。"

3. 1981年第16版《不列颠百科全书》将公共关系定义为："旨在传递有关个人、公司、政府机构或其他组织的信息，并改善公众对于其态度的种种政策或行为。"

4. 国际公共关系协会的定义是："公共关系是一种管理功能。它具有连续性和计划性。通过公共关系，公立的和私人的组织、机构试图赢得同他们有关的人们的理解、同情和支持——借助对舆论的估价，以尽可能地协调它自己的政策和做法，领先有计划的、广泛的信息传播，赢得更有效的合作，更好地实现它们的共同利益。"

5. 英国公共关系学会所下定义为："公共关系的实施是一种积极的、有计划的以及持久的努力，以建立及维护一个机构与其公众之间的相互了解。"

6. 现代公共关系工作的先驱之一、美国著名的公共关系顾问爱德华·伯内斯认为："公共关系是处理一个团体与公众（决定该团体活力的公众）之间的关系的职业。"

7. 中国学者王乐夫、廖为建等人在《公共关系学》一书中定义"公共关系是一种内求团结完善、外求和谐发展的经营管理艺术。即一个社会组织在自身完善的基础上，运用各种信息沟通传播的手段，协调和改善自身的人事环境和舆论气氛，使本组织机构的各项政策、活动和产品符合于相关公众的需求，争取公众对自己的理解、信任、好感与合作，在双方互利中共同发展。"

8. 余明阳在全国通用教材《公共关系学》中作了这样的界定："公共关系是社会组织为了塑造组织形象，通过传播，沟通手段来影响公众的科学和艺术。"

以上这些定义，或繁或简，或长或短，从不同角度、不同层次描述了公共关系，对这些研究成果进行分析和总结，有助于我们全面、深刻地认识公共关系。

（二）公共关系涵义的表述

公共关系是一个社会组织在运行中，为使自己与公众相互了解、相互合作，采取传播、沟通手段争取公众的科学与艺术。

该定义包含以下几层意思：

1. 公共关系是社会组织与公众之间的关系，其中社会组织是主体，公众是客体。

2. 主体与客体之间联系的纽带是传播活动，这种传播活动借助一定的行为规范以保证活动正常有效地进行。

3. 主体与客体之间是双向信息交流，主体发布信息给客体，并从客体处获得信息反馈。

4. 主体是一个控制系统，它能够根据信息的反馈时刻调整自己的行为及其规范以便同客体进行进一步的交流和合作。

5. 公共关系活动具有明确的目的性，其目的是使社会组织与公众相互了解和相互合作，以利社会组织在公众中树立起良好的形象，并与公众获得共同利益。

总之，公共关系是一种公众关系，公共关系是一种传播活动，公共关系是信息交流关系，公共关系具有管理职能，公共关系是有目的的自觉活动。

三、公共关系的基本特征

公共关系作为一种特殊的社会关系，它是关系的一种表现形式。因此，它必然具有关系的能动性、客观性、广泛性、复杂性、角色性、时代性、对称性和传递性等特征。除此之外，它还具有以下几个方面的基本特征。

（一）以公众为对象

公共关系是社会组织与其公众之间的社会关系，没有公众便不存在公共关系。社会组织开展的一切公共关系活动，都是针对着公众的；社会组织的生存和发展，依赖于自己的公众，因此，公共关系从业人员必须始终坚持以公众为自己的工作对象。

（二）以美誉为目标

美誉是指组织的行为引起公众的赞誉、信任、依赖和支持。美誉度是衡量组织形象的重要指标。良好的形象是无形资产，美好的赞誉是无价之宝，美誉度的高低直接关系到一个组织的生存和发展。公共关系人员必须认识到，公共关系意识是从事公关职业必须具备的基本素质的核心，而塑造形象的意识又是公共关系意识的核心。树立良好的组织形象是公共关系活动的出发点，也是开展公共关系活动的重要目标。

（三）以沟通为手段

公共关系是通过传播媒介的信息沟通而建立并协调发展的社会关系。没有传播沟通，主体与客体之间的关系就不会产生；缺少信息沟通，就会产生误解与隔阂，使关系变得疏远或松散；断绝了信息沟通，即使有关系，也只能是徒有虚名。公共关系的建立、协调和改善，都依赖于信息的传播与沟通。

（四）以利益为纽带

公共关系是社会组织与公众之间的一种利益关系。公共关系的建立、协调与发展不是以血缘、地缘、业缘为基础，而是以某种利益为基础。金钱、财产、权利、声誉、信息、知识、时间、空间、感情、友谊等在特定的情况下都可以成为利益。社会组织如果不是为了某种利益，就不会以某类公众为对象，公众如果不是为了某种利益也不会以某个组织为自己的关系主体。只有双方都有利益追求，才能产生公共关系。产生公共关系的目的在于利益互换，如果达不到互换的目的，那么，关系就会受到影响，甚至中（终）止。因此，公共关系的建立、改善与维护必须考虑谋求利益的结合点并坚持互利互惠。

（五）以真诚为信条

以美誉为目标即社会组织开展公共关系活动的目的是建立良好信

誉，塑造美好形象。信誉既非无源之水，也非无本之木，公众评价的好坏以及对组织的信任程度，主要取决于组织自身的行为。社会组织要想塑造自身的美好形象，必须通过自己的行为来取信于公众。公众对组织行为进行评价的主要依据是信息传播。信息的真实或虚假，既能够对公众产生影响，同时又能够影响公众对组织的评价。信息传播是组织行为，行为是动机的外在表现，信息的真假程度取决于组织动机的是否真诚。常言道："真为美，诚则灵。"公众对组织的评价，绝不是仅仅依靠行为表象，也不会单纯地看一时一事，虚假的信息只能欺骗一次一时，唯有真诚，才能地久天长。同时，真诚也是实力的一种表现，具有实力，占据优势，才会表里如一，实事求是。只有真诚，才能获得信任，才能赢得公众。

（六）以长远为方针

信誉是无形资产，形象是无价之宝。建立信誉、塑造形象是组织通过开展公共关系活动所追求的目标。但是，信誉的建立不能仅凭一时一事，形象的塑造也不能企求一朝一日，因为良好的信誉和形象取决于多方面的复杂因素。

第二节 公共关系的实施

在中国公共关系首先是旅游行业特别是在宾馆饭店发展起来的，公共关系部也首先是在宾馆饭店建立起来的。随着社会主义市场经济的建立，改革开放的进一步深入，公共关系在各行各业得到广泛的认同，公共关系的作用也越来越受到广泛的重视。

饭店公共关系的主要对象是"公众"，它包括内部公众和外部公众，内外部关系构成了饭店公共关系的主要内容。内部关系是指员工关系和股东关系，它是饭店搞好一切工作的基础；外部关系包括顾客关系、社区关系、媒介关系、政府关系和同行关系等，这些关系的处理直接影响到饭店的发展，甚至影响到饭店的生死存亡。因此，在现代化的饭店管理中，从总经理、部门经理到服务员，都应该树立正确的公共关系意识，必须将公共关系意识变成全体成员的意识并贯穿到经营管理的全过程中去，充分发挥公共关系的管理职能，树立企业的良好形象，达到企业经营管理目标。

公共关系工作不仅具有较高的艺术性，而且还有较强的科学性，它使饭店的形象管理具有高度的计划性、连贯性、节奏性和规范性。美国著名公共关系专家卡特利普和森特认为，要做好公共关系的工作，应坚持4个基本程序：调查、计划、实施和评估。这4个工作步骤就是公共关系专家们常说的“四步工作法”。

一、饭店公共关系调查

饭店公共关系调查是整个饭店公共关系活动的基础，是收集信息的手段，是制定饭店公共关系活动计划的重要步骤，它运用科学的方法，有步骤地考察饭店的公共关系状况，了解饭店公共关系活动的条件，从而为制定饭店公共关系活动方案提供科学的依据。

(一) 饭店公共关系调查的内容

1. 识别问题

饭店所面临的问题是多种多样的，有的是明显暴露出来的，有的是潜伏隐蔽的，有的是长期积累的老问题，有的是随着社会环境变化出现的新问题，有的可以从长计议，有的必须迅速解决。识别问题要求公关人员要有敏锐的头脑，能够从那些不起眼的微小事实中，发现问题出现的征兆，善于从饭店发展的整体出发，来确定问题的性质及影响，并据此分清处理顺序。

2. 调查公众

问题确定后就要了解问题所涉及的公众范围，确认问题所面临的公众群体。调查公众就是要了解和评估企业形象、信誉、知名度和美誉度，找到饭店存在的问题，并制定相应的计划来影响或改变公众。

3. 确定事实

在了解公众态度的基础上，进一步分析产生这些态度的原因，为制定计划提供依据。

（二）饭店公共关系调查的过程

1. 确定调查任务。是公共关系调查的第一步，公共关系调查任务是由调查的内容确定的，根据不同的调查内容，确定不同的调查任务，调查中所使用的方法、技术手段和测量指标也有所不同。

2. 制定调查方案。明确调查任务以后，即可制定调查方案。首先，根据调查任务的需要，设计一个详细的调查提纲，要求具体化、指标化。其次，确定具体的调查范围、调查对象以及调查对象的选取办法。最后，提出具体的调查方法，可采用一种或几种调查方法。

3. 收集调查资料。收集调查资料的过程，就是调查方案的实施过程，应注意技术手段的恰当合理运用。技术手段运用得合理与否，不仅影响所要收集资料的数量，更重要的是影响资料的质量。

4. 处理调查结果。是公共关系调查的最后一步，包括整理调查资料和形成调查结果两项。整理调查资料就是对调查中所取得的全部资料进行检验、归类、统计等，通过检验，排除虚假的资料，补充缺漏资料。形成调查结果是将经过统计的数据列成图表，用形象地位差距图或舆论模型图显现出来，并对此进行文字分析，最后形成一份完整的调查报告。

（三）饭店公共关系调查方法

1. 文献研究。此法能迅速查出与组织有关的各类资料，分析其中的事实和观点，为组织领导者决策提供参与依据，一般分4个步骤：（1）收集资料；（2）建立文献分类检索系统；（3）保存资料；（4）检索分析资料。公共关系人员对已占有的资料，可根据组织需要分析，如某一问题产生的原因，怎样发展的，还有哪些影响问题发展的要素，对这些问题存在哪些不同观点、有何根据、可靠度如何等。

2. 民意测验（问卷调查法）。这是公共关系调查中广泛运用的方法，包括：（1）确定调查目的；（2）确定调查总体；（3）拟定问卷；（4）确定调查方式；（5）抽取调查样本；（6）整理资料数据；（7）撰写调查报告。

3. 访谈调查。这是社会调查中最古老、最常用的方法之一，它是调查员通过与调查对象进行交谈，收集口头资料的一种调查方法。此法具有直接性、灵活性、适应性、回答率高、效果好、标准化程度低、费用较大等特点，包括准备、开始、高潮、结束和记录整理5个阶段。

二、饭店公共关系计划

通过公共关系调查，使饭店明确公共关系的现状及其成因，根据调查的结果即可确定公共关系工作的目标，并设计行动方案，这就是制定公共关系计划。制定公共关系计划有助于排除公共关系工作中的盲目性，增强工作的严密性、条理性和科学性。同时公共关系计划还应具有时间性、广泛性和应变性，即具有一定的弹性。

（一）饭店公共关系计划的类型

1. 长期战略规划

饭店公共关系长期战略规划主要是指3~5年的公共关系计划，这种战略规划以公共关系战略目标为主要内容，以实现这一战略目标的各种手段为基本策略，规划内容宜粗不宜细、宜简不宜繁，组织有了长期战略规划，才能合理安排年度公共关系计划。

2. 年度工作计划

公共关系年度工作计划是组织在一个计划年度内，关于公共关系活动内容、措施制定及目标实现的计划。包括：

（1）目标。包括公众利益目标、组织利益目标、组织形象目标等。

（2）内容。包括常规的公共关系工作内容和专题性公共关系活动内容。

（3）措施。指专题性的公共关系活动方式、信息传播的技术和方法。

3. 项目活动计划

公共关系项目活动计划是指组织在特殊的历史时期，需要开展专门性的公共关系活动而编制的公共关系计划。

（二）编制公共关系计划的环节

1. 确定目标

确定公共关系目标，是编制公共关系计划的关键步骤。公共关系目标是指一定时期内，能控制饭店公共关系活动全过程的总目标和指导实施方案中的各个分目标，是饭店进行公共关系活动的方向，又是配置公共关系力量和调整安排各种具体公共关系工作的依据。公共关系目标的类型包括：

（1）长期目标。这是涉及到组织长远发展和经营管理战略决策等重大问题的公共关系目标，它与组织的整体目标相一致，为塑造组织的整体目标服务。

（2）近期目标。这是围绕长期目标而制定的公共关系具体实施目标，要求内容具体、明确，对公共关系工作有实际的指导作用。

（3）一般目标。这是一切公共关系活动都要达到的一致的基本目标，依据各类或几类公众的权利要求、意图、观念或行为的同一性制定的，它是构成组织总体形象的要素。

（4）特殊目标。这是针对那些与组织目标、信念、发展及利益相同或相近的公众中的特殊要求而制定的目标。

2. 设计方案

公共关系方案是公共关系目标的具体化，设计时应做到内容实在、具体，措施配套、灵活，构思新颖、独特。具体包括：

（1）确定主题。公共关系活动主题是联结所有公共关系活动项目的核心，是统领整个活动，连接各项目、各步骤的纽带。

（2）项目选择。活动项目是为展现主题而精心组织的一系列具体活动，可供选择的公共关系活动项目包括：以信息传播为中心内容的宣传型活动项目，以交流感情、增进友谊，建立社会关系网络为目的的交际型活动项目，以提供各种实在而优惠服务为主的服务型活动项目，以社会性、公益性、赞助性活动为主的社会型活动项目等。

（3）技巧构思。开展公共关系活动，其形式不可千篇一律，要使公众感兴趣，打动公众的心，给公众留下深刻的印象，活动形式必须别出心裁，别具一格。

（4）时机选择。公共关系主题活动的进行需要选择一个最佳切入时机，既不能盲目从事，又不能贻误战机。

（5）节奏安排。公共关系活动节奏是根据社会心理规律对公共关系活动所做的动静结合、高低潮结合、快慢速结合的策划，目的是为了有效地激发公众情绪，持久地调动公众的注意力，合理地把握事件进程，科学地控制公共关系活动的全过程。

3. 预算经费

公共关系计划最后一项是编制经费预算。通过预算经费，一方面可以了解组织所承担的经费，从而论证公共关系目标切合实际的程度；另一方面使公共关系计划获得组织财务部门的全力支持。此外，还可以作为效果评估及公共关系人员业绩考评的一个重要指标。公共关系活动经费的开支要贯彻量力而行、量入为出的原则，少花钱、多办事，注重公共关系活动的经济效益和社会效益的统一。经费预算的构成包括：工资及劳务报酬、行政办公费用、专业器材费用、广告费和宣传费、项目活动费、赞助费、机动费。

4. 形成报告

撰写计划报告无固定格式，一般包括：

（1）背景：概要说明组织面临的问题及问题产生的原因。

（2）目标：简明扼要地说明具体的公共关系工作目标，并提出预期达到的结果。

（3）措施：说明为实现目标而拟采取的措施，并逐项列出活动项目及选择的媒介。

（4）预算：详细开列出所需人员、经费和时间表。

三、饭店公共关系实施

公共关系计划的实施是整个公共关系活动的中心环节，是公共关系计划具体落实、付诸执行的过程，它的作用和影响贯穿于整个公共关系工作过程的始终。公共关系计划的实施是解决问题的中心环节，决定了计划实现的程度和范围以及计划实现的可能性，实施的结果是后续方案制定的重要依据。

（一）影响公共关系计划实施的因素

影响公共关系计划实施的因素众多而复杂，一般来自于：

1. 公共关系计划实施中的目标障碍

公关计划中的目标障碍就是在公共关系计划中由于所拟定的公共关系目标不正确或不明确、不具体而给实施带来的障碍。正确的、明确的、具体的计划目标是实施人员行动的依据，也是对计划实施进行控制监督和评估的基础。

2. 公共关系计划实施中的沟通障碍

公共关系的实施过程实际上主要是进行传播沟通的过程，实施过程中的传播沟通常常会因传播沟通工具运用不当、方式方法不妥、渠道不畅等而使实施工作不能顺利进行，因此，研究社会沟通的障碍并排除之，是有效地开展实施活动不可缺少的环节。常见的沟通障碍有：

语言障碍、习俗障碍、观念障碍、心理障碍及组织障碍等。

3. 公共关系计划实施中的突发事件障碍

突发事件包括两大类：一类是人为的纠纷危机，如公众投诉、新闻媒介的批评等；另一类是不以人的意志为转移的突变危机，如地震、水灾、火灾等。饭店在实施公共关系计划时，要特别注意突发事件的发生，善于处理突发事件，把对饭店的影响降低到最小的范围。

（二）公共关系计划实施过程

1. 实施准备

（1）根据计划内容要求，落实活动所需人、财、物力，以保证活动顺利实施。

（2）进行事前动员，让饭店上下员工明确活动的重大意义，自己应承担的具体任务以及完成任务的方法和注意事项。

2. 具体实施

（1）对实施活动进行有效管理和协调，使活动按既定目标进行。

（2）对实施过程进行监督、检查，以促使活动能按预定的程序和安排的进度进行，按计划要求的质量标准完成。

（3）对计划进行必要的修订和补充。

3. 活动内容

（1）传播信息。根据调查研究结果，分析掌握饭店目标公众及其特点，并根据其特点确定传播内容、方式和使用媒介，并精心设计，撰写传播信息内容。

（2）举办公共关系专题活动。如开业庆典、文艺演出、记者招待会、新闻发布会、社会赞助、开放参观、展览展销等。

四、饭店公共关系评估

公共关系评估就是根据特定的标准，对公共关系计划、实施及效果进行衡量、评价和估计，即在肯定成绩的同时，发现新的问题，不断地调整组织的公共关系目标、公共关系政策和公共关系行为，使饭店的公共关系成为有计划的持续性的工作。

（一）公共关系评估的方法

1. 自我评定法

这是由公共关系活动的对象亲身感受而对公共关系活动给予评定的方法。

2. 专家评定法

这种方法是由公共关系方面及有关方面的专家来审定公共关系计划，观察计划的实施，对计划实施的对象进行调查，与实施人员交换意见，最后撰写出评估报告，鉴定公共关系活动的成效。

3. 目标管理法

这种方法是在确定了公共关系活动的目标后，再将目标具体化，使其完成情况可以被测量评价。在活动实施后，将测量到的结果与原定目标相比较，就能衡量和评价出公共关系活动的成果。

4. 舆论调查法

此法可分为两种类型：一是比较调查法。即在一次公共关系活动的前后，分别进行一次舆论调查，比较前后调查的结果，从而分析公共关系活动的效果。二是公众态度调查法。即在一系列公共关系活动之后，对主要公众对象进行调查，了解他们对组织的评价和态度的变化，分析公共关系活动的效果。

（二）公共关系评估的内容

1. 背景材料的充分性。这个阶段的公共关系活动尚未开始，尤其是公共关系活动对环境的影响尚未产生，因此公共关系效果很难测定。评估的主要任务是检验前几个程序中是否充分占用资料和分析判断的准确性，重点是及时发现在环境分析中被遗漏的、对项目有影响的因素。

2. 信息的组织与项目战略的合理性。整个评估过程要紧紧围绕公共关系活动是否适应形势要求而展开，分析公共关系活动中准备的信息资料是否符合问题本身、目标及媒介的要求，沟通活动是否在时间、地点、方式上符合目标公众的要求，有没有对沟通信息和活动的对抗性行为，有没有制造事件或其他行动配合这次公共关系活动，人员与预算资金是否充分等。

3. 信息和项目的有效性。检验有关信息传递资料及宣传品设计是否合理、新颖，是否能够引人注目，具体包括文字语言的运用、图表设计、图片及展示方式的选择等。这是对公共关系活动组织者专业技能的检验，会受到主观因素的影响。

（三）活动实施过程的评估

1. 检查发送信息的数量。这些数量作为数据直接反映组织在实施公共关系活动中所进行的电视广播讲话次数、发布信件、其他宣传材料以及新闻发布的数量，并能发现其宣传性工作如展览等进行与否与其努力程度。

2. 信息被传播媒介所采用的数量。只有通过传播媒介，才能最有效地保证公众接受到这些信息，并受其影响。可利用剪报和有关发表资料的记录加以分析，但要防止把它们用来作为评价项目影响作用的“替代品”，因为尽管信息被媒介所采用，但并不能代表信息已对目标公众产生了实质影响。

3. 检验接收到信息的目标公众的数量。将接受到信息的各类公众进行分类统计，从中找出目标公众的数量。通过评估，如果发现目标公众对组织信息材料接受不足，应采取一些补救的措施，如公共关系人员可以将传播媒介上发表的材料复制出来，并将它们送交到目标公众中的关键人物手中。

4. 注意到该信息的公众数量。公众接受到组织所发布的信息，并不意味着就能引起公众的注意，因此，组织在传播信息时不能仅注意信息的内容，而必须在信息传递方式上加以改进，使所发出的信息能引起公众极大的注意。

(四) 活动影响效果的评估

1. 了解信息内容的公众数量。开展公共关系活动的目的就是为了增加目标公众对组织的认识、了解与理解。公众所掌握的有关组织的情况，直接影响他们对组织所采取的态度和行动。该项评估采用测验法，即对开展公共关系活动前后公众对组织的认识、了解与理解等变量进行比较，或者在一组公众当中开展公共关系活动，而在另一组公众当中不开展这项活动，然后将两组测验结果加以比较，即可获得所需结果。

2. 改变观点、态度的公众数量。这是评估实施效果的一个更高层次的标准，因为态度所涉及的范围很广，内容丰富而复杂，而且不容易在短时间内发生变化。态度的变化可能随着知识与观点的变化而变化，评价一个人的态度，要根据一段时期内他对所有有关问题上的立场和观点，而不能凭一时一事来判断。

3. 发生期望行为和重复期望行为的公众数量。人们行为的改变受多种因素的影响，但行为发生变化的人们在行为改变之前，肯定接受了某些信息或被某种观点所说服。在掌握了发生期望行为的公众数量之后，还应注意了解重复期望行为的公众数量。评估一项公共关系活动在改变人们长期行为方面所取得的效果，需要较长时期的观察，并取得足以说明人们行为调整后不断重复与维持期望行为的有力证据。

4. 达到的目标和解决的问题。这个评估标准是公共关系活动效果评估的最高标准。评估中应注意到有时公共关系活动产生的结果并非与计划目标相一致，但结果同样是积极的，达到了计划目标的其他表现方式，即解决了实际的问题，在这种情况下，这些结果也应该作为评估公共关系活动效果的根据。

5. 对社会和文化发展产生的影响。这种影响同其他各种因素共同起作用，并在较长时间里以复杂的、综合的形式表现出来，对这种实施效果的评估并非公共关系人员所能完成的，还需社会上其他专家共同来分析探讨。但组织及其成员通过自己的职业行为履行社会责任，并对社会及文化的发展产生的积极作用，必将得到公止的评判。公共关系评估的内容可通过图表示如下：

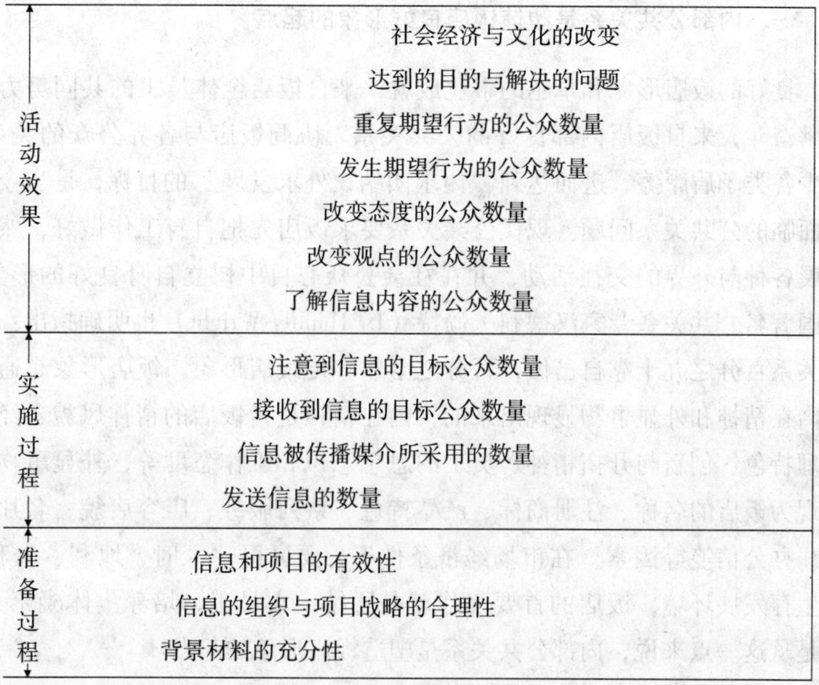

图 10－1

第三节　内部公共关系与员工激励

公共关系是一门“内求团结，外求发展”的经营管理艺术，它在经营管理的各个环节上都能够发挥作用，尤其是现在，饭店公共关系越来越多地注重饭店外部开拓与内部管理的结合，特别是注重饭店的内部管理，这对于提高饭店知名度，树立与发展饭店形象，提高饭店管理和处理问题的能力，以及在维系人心、提高饭店的凝聚力等方面都起着重要的作用。

良好的饭店形象，卓越的工作成就，来自于饭店内部全体员工的共同努力和不懈奋斗，饭店内部的公共关系协调，是公共关系的重要基础工作。内部公共关系是饭店有效开展全方位公共关系工作的基础和出发点，内部公共关系状态良好，对饭店的正常运转十分有利。

一、内部公共关系是塑造饭店良好形象的起点

良好的饭店形象和卓越的事业成就，来自饭店全体员工的共同努力和不懈奋斗，来自饭店内部良好的公共关系。协调饭店与各界公众的关系，减少各类矛盾摩擦，进而达到“内求团结，外求发展”的目标，是当今饭店面临的公共关系问题。现代公共关系要求饭店先把自身工作做好，然后开展各种与外界的交往活动，并在社会公众心目中树立自身良好的形象。美国著名公共关系专家汉德利·赖特（J. Handly Wright）也明确指出：公共关系百分之九十靠自己做，百分之十靠宣传饭店形象。饭店形象是通过其内在精神和外显事物显现出来的，内在精神是指饭店的精神风貌、经营管理特色、创新与开拓精神、员工的思想意识和工作态度等，外显事物则表现为饭店的名称、注册商标、产品特色、系列服务、店容店貌、名片格式、办公信笺等因素。在市场经济条件下，要赢得“天时、地利、人和”的生存发展环境，饭店的首要工作就是团结广大员工，培养集体凝聚力，正是从这一点来说，内部公共关系是塑造饭店形象的起点。

二、饭店内部公共关系工作的目标

（一）建立员工共同的价值观念

在饭店内部开展公共关系工作，一个重要的任务就是造就员工共同的价值观念，以达到团结全体员工的目的，员工共同的价值观念是关系饭店成败荣衰的一个根本问题，饭店必须有一个基本信念和目标宗旨以维系、动员、激励内部全体员工，充分调动员工的积极性、主动性和创造性。根据大量中外企业成功的经验，企业的经营管理包括7个基本要素（即7个“S”）：结构 Structure、战略 Strategy、系统 System、班子 Staff、作风 Style、技能 Skill 与员工共同的价值观念 Shared-value。其中，员工共同的价值观是7个“S”中的核心要素，是企业管理工作和公共关系工作的一个主旨。

（二）协调和改善组织内部的人群关系

从内部公共关系的角度来看，饭店成功的关键是饭店与个人具有一致的目标，饭店内部各类公众的人群关系，领导者与员工之间以及员工个人之间的交往协作关系紧密融洽。饭店应从自己的实际情况出发，满足内部

公众各个层次的不同需要，提高饭店工作效益，饭店的公共关系人员有责任为饭店创造一种和谐融洽的气氛，不断改善饭店内部的人际关系，使员工在饭店中形成方向感、信任感、成就感、温暖感、实惠感和舒适感。

(三) 培养融洽的“家庭气氛”

饭店内部的公共关系工作应使员工感到置身于饭店集体之中犹如置身于自己的家庭之中，每一个饭店成员都有经济的、社会的、心理的、精神的不同方面不同层次的内在需求，只有员工们的种种需求在内部得到基本满足，才能促使他们努力劳动，勤奋工作。因此，照顾好每个员工的工作、生活是应尽的责任。在这方面，日本的一些企业具有独到之处，战后的日本经济之所以得到发展和起飞，公认的结论是它将欧美先进的科学技术与日本民族的优秀传统相聚合，从而产生了“儒家资本主义”道路，用日本人自己的话来说就是“和魂加洋才”。“和魂”构成日本企业精神的基本信条，家庭观念是当代日本企业管理和从事内部公共关系活动的基石。

可见，饭店的成败，有赖于管理水平的高低，同时也有赖于“情感维系”作用的强弱。每一个为饭店工作的员工，都希望工作有意义，事业有奔头，而且希望工作本身是一种有人情味的生活。在一种融洽的家庭式气氛中，工作上必然会碰到的焦虑、压力才能以种种方式得到缓解，获得成就的喜悦也会有人分享。这种情感需求的满足，必能形成强大的工作动力和献身精神。

三、饭店处理内部公共关系的基本理论——激励员工

公共关系学是调节人的行为的科学，饭店内部的公共关系工作实际上是做人的工作，它涉及到人的需要、动机、态度、情感等复杂的心理倾向和行为模式。因而，处理饭店内部关系的基本原则是承认和尊重每个员工的个人价值，最大限度地满足其正当的生理和心理需要，通过各种激励手段，发挥其积极性和创造性。

有效的员工激励，要力求做到以下几点：一要及时，即不论是奖励还是批评都要紧跟事件发生时间，及时实施，避免“延期”激励，提高激励的时效性；二要公开，公开有利于增加激励的公平性和示范效应，把“点”的激励扩大为对“面”的激励；三要适度，即要根据员工的实际表

现确定激励的程度，力求做到精神激励名副其实，物质激励恰如其分；四要有针对性，就是任何激励内容和激励方式都要针对员工个人的实际需要予以实施，使激励激到“点子”上，通过满足员工需要来提高激励效果。

（一）授予员工一定的决策权

“授权”被认为是在工作中给予员工一定的决策权，即授予员工一定的人事、资金等资源的支配权力，并允许员工照自己认为最好的方式行使权力，以便于当出现服务差错时，不需要再去找不在现场的有关负责的管理者。而是打破常规，主动、灵活地为顾客做好服务工作。美国学者博文和劳勒（Bowen and Lawer）认为：对服务一线员工的授权可以采用多种形式，如“允许员工自己决定怎样做才能使顾客更加高兴；或给予员工几乎没有限制的权力，去对任何服务中的差错进行补救性服务。”而授予员工一定决策权也就是使员工在决定服务程序的问题上有了一个延伸的发言权。美国万豪（Marriott）饭店公司在其下属的多家餐馆里规定，任何雇员只要认为需要就可以用不超过餐厅规定限额的额外支出安抚不满的顾客，如为顾客免费送上饮料，甚至可以代付账单。

（二）建立和工作绩效密切相连的报酬体系

饭店员工都非常希望他们的辛勤工作能够得到充分肯定，他们在为饭店创造满意的顾客及利润的同时，饭店也需要对他们给予回报，使他们和饭店共享利润。因此，在饭店内部建立一种和工作绩效密切相连的报酬体系，视服务员工的工作绩效的好坏程度而给予相应的报酬和奖励，无疑是对服务员工的一种肯定和激励，使他们的工作责任感和满意感增强，更好地为顾客提供高质量的服务。美国的费尔菲尔德宾馆的客房清洁人员在特别繁忙的日子里，可以“竞标”打扫更多房间，每打扫一个房间就额外得到半小时的报酬，而优秀的“竞标”员工则可以拿到相应的奖酬。

（三）对员工进行培训

饭店的员工和顾客的距离是最近的，如果在服务之前员工没有接受过任何培训和指导，那么当服务差错出现时，他们就会不知如何应对不满的顾客，在处理服务差错时可能会不知所措，缺乏信心，就不能决定哪一种是最好的解决方法。所以当服务差错出现时，如何来进行补救性服务需要一个学习的过程，因此需要对服务一线的员工进行培训。饭店可以从以下两个方面对员工进行补救性服务的培训：

1. 提高服务意识

在饭店的服务活动中经常会出现员工被授予了权利，但是却不愿意主动地进行补救性服务。这种情况的出现可能有很多原因，包括缺少激励，缺少责任心，即没有较强的服务意识。培训的重点是向员工强调饭店的价值观、信念和行为准则，使员工增强服务意识，树立优质服务的思想，形成优质服务的工作态度。

2. 提高服务知识和技能

当员工有了一定决策权，可以对服务差错做出及时的反应，有权利独立地进行补救性服务后，应该继续培养他们去如何创造性地为顾客解决各种服务质量问题，提高随机应变能力及提高服务知识和服务技能，增强做好补救性服务工作的信心。培训不仅能够改进员工的服务方式，使他们在对顾客服务时更加细心周到，而且由此能在很大程度上提高顾客的满意感。所以要进行一些有针对性的、有主题的培训。有些补救性服务中，服务员工可能会忽视他们采取的措施对其他部门服务工作的影响，如饭店总服务台接待员允许急于入住的旅客提前登记入住，但却会打乱客房部清洁卫生工作计划，要防止这类问题，管理员工就需要对服务员工进行培训，使员工了解自己在整个服务体系中的作用，以及自己的工作与其他部门员工的工作关系。还有些服务员工可能会不顾成本，给予顾客过多的赔偿。要防止这类问题，管理员工应使服务员工了解合理的赔偿限额。在服务工作发生差错后，员工有权按照本饭店的服务质量承诺制度，赔偿顾客的损失。

案例：

广州大厦旅游饭店业公关案例

项目背景：

广州大厦是在原广州市人民政府的接待基地——榕园大厦的基础上按四星级标准建成，并于1997年9月28日开业。

广州大厦起步之初聘请酒店管理公司管理，管理公司将大厦定位为商务酒店，拟仿照商务酒店的经营管理模式立足市场。由于市场定位的不准确和经济大气候的影响，大厦的经营一直难以打开局面；1997年9月28

日至1998年9月30日，经营利润只有4.3万元。广州大厦的经营陷入了困境，管理公司只好提前撤离，由广州市政府办公厅组建了以邝云弘女士为领导核心的新班子，接手大厦的管理。新领导班子决定通过重新确立酒店定位，树立品牌形象来争取社会和顾客的支持。

项目调查：

广州大厦新班子在做了大量的市场调查的基础上，根据广州大厦拥有独特的酒店资源和接待资源，决定创立全国首家公务酒店的品牌形象。这一全新的品牌形象拥有不同于商务酒店的独特优势：

第一，公务酒店占有独特的公务酒店市场，对于公务消费者而言，公务酒店有更强的适应性，更具信任感、安全感。这无疑是公务酒店独特的细分市场。

第二，公务酒店有一整套完整的适应政务接待、公务活动和其他商务活动的设施设备、人员和程序。

第三，公务酒店背靠政府，依靠与政府职能部门的密切关系，能为客人提供更多的政治、经济等方面的咨询和服务。

第四，公务酒店承担着政府对外联络的职能，它所发挥的“窗口”和“桥梁”作用，是商务酒店无法替代的。

项目策划：

公关目标：重塑广州大厦品牌形象

公关策略：

（一）密切联系目标公众，创造良好的人际传播渠道

公务酒店独特的传播渠道就是依靠公务员队伍的人际传播渠道，将酒店的形象传播给目标公众。在形象策略定位的基础上，广州大厦确定了以公务客人为主、以商务客人为辅的目标公众群，并制定出一整套密切联系目标公众的方法，以保证大厦与目标公众的双向沟通。

（二）全面强化公务公共关系，拓展公务市场

在塑造公务酒店品牌形象策略中，重点是做好政府及其各职能部门的公共关系工作，让政府及其各职能部门以主人的姿态帮助、扶持大厦，把大厦当作自己的企业，并通过政府及其各职能部门的特殊影响力，扩大知名度，拓展公务市场。

（三）在服务中传播，在传播中营销

基于公务酒店传播的特殊性，广州大厦为自己量身定做了一套独特的传播方式，即“在服务中传播，在传播中营销”。通过新形象的不断深化，使目标公众对大厦产生识别和认同，从而创造顾客的忠诚度和美誉度，提高大厦的社会效益和经济效益。

项目实施：

（一）发挥自身优势，重塑品牌形象

首先，为公务酒店的品牌树立健康的形象。大厦循正道经营，坚决杜绝黄赌毒以及一些低级、庸俗的服务，努力为公务活动提供一个绝对安全可靠的场所。在服务上以“个性化、人情化”见长，让公务客人备感亲切、舒适。

其次，为公务酒店的品牌注入亲和力。广州大厦以亲切的“我在广州有个家”为宣传口号，并以实际行动为客人营造家的感觉，既亲和了异乡客人，又得到了广州人的认同。

广州大厦还将公务酒店的品牌形象建设融入企业文化之中，提倡从个人形象做起，携手共塑品牌形象。在广州大厦的文化中有这么一条：要求每一个广州大厦人像追求个人事业那样追求大厦的事业，像维护个人利益那样维护大厦的利益，像珍惜个人荣誉那样珍惜大厦的荣誉。在广州大厦人的意念里，他们所塑造的绝不仅仅是广州大厦的形象，更深层次上，作为广州市政府的接待基地，他们还在塑造广州市作为现代化中心城市的“窗口”形象。

（二）强化自身品质，提升品牌形象

广州大厦认为形象的传播，主体是大厦的员工，是酒店的优质服务，因此广州大厦首先从强化管理入手，全面实施大厦由商务酒店向公务酒店转型的策略。

第一，调整大厦管理机制。

市政府办公厅与总经理庐云弘女士签订了《总经理责任书》，规范了总经理的责、权、利，给了总经理发挥才能的空间；在此基础上，广州大厦坚持以人为本、强化管理，努力建立健全制约机制、竞争机制和激励机制。

1. 在建立完善各项规章制度的同时，实行竞争上岗、考核聘用，形成“能上能下，能进能出”的用人机制，在员工中树立了强烈的竞争意识和危机感。

2. 实行严格的部门经济考核制，将部门工资总额的提取与部门营业总额、成本、费用挂钩；实行以员工的岗位责任、劳动技能和贡献大小为依据的岗位考核工资制。

第二，强化员工培训。

大厦以全员培训为手段，向员工灌输新的思想观念，并针对公务酒店的市场定位，采取全方位、多层次的培训方式，全面提高员工的政治素质、服务技能和公关意识。通过培训使全体员工更新了观念，提高了专业技术和服务水平，强化了职业道德，激发了群体意识，增强了大厦的凝聚力和向心力，形成了良好的企业形象。

（三）利用各种途径，宣传品牌形象

首先，选取曾经是广州市市花并被人们誉为英雄花的红棉花作为大厦的形象标志，还选取绿色作为企业形象识别色彩，旨在推行绿色管理，普及环保意识。将富有个性的红棉花与充满生机活力的绿色组合在一起，较好地传递了大厦的信念和追求，有效地宣传了大厦的文化形象，并很快得到了公众的认同。

其次，广州大厦的宣传活动先从内部做起，强化企业形象。大厦在大堂、电梯等公众场所制作了一批有着人情化、个性化的鲜明服务特色的精美宣传画，一方面美化大厦的环境，一方面在潜移默化中让客人接受大厦的品牌形象。大厦还以绿色为基调，以红棉花为标志，设计制作了一系列的宣传品和客用品，反复强调大厦的形象标志，强化大厦的品牌形象。

第三，有针对性地选择公众媒体宣传企业形象，在广州地铁沿线投放了以“我在广州有个家”为主题的企业形象广告；还在广九直通车站出口处最醒目的位置上设立了大幅的灯箱广告，让踏进祖国南大门的宾客第一时间就感触到大厦的形象。

第四，在具有权威性的报刊《人民日报》和《接待与交际》上，刊载由记者采写的关于大厦新品牌形象策略的系列报道，引起社会的普遍关注和同行的积极呼应，有效地传达了大厦新的经营理念，传播了大厦的品牌形象。

第五，创办《广州大厦人》报，对内作为企业文化建设的载体之一，积极引导全体员工树立正确的价值观，增强团队意识；对外作为与目标公众沟通交流的渠道，传播企业信息，强化品牌形象。

第六，充分利用自身所特有的政府资源，借助政府公务员的特殊影响力来宣传大厦。

（四）参与公务活动，强化品牌形象

广州大厦定位为公务酒店，这就决定了大厦必须主动参与各类公务活动，同时强化与政府部门的长期沟通和合作。于是，争取广州市市委、市政府领导的大力支持成了大厦公务公关的基础。以总经理邝云弘女士为核心的领导集体认为：

首先，必须创造出一套适合公务活动的服务模式，并为公务活动营造最佳的环境，创造最佳的气氛，把大厦的“舞台”变成公务活动的“舞台”，让公务客人乐于到大厦来组织各项活动。

其次，要把公务活动当作大厦自己的活动来组织。广州大厦凭借自己公务酒店的身份及与政府各职能部门的良好关系，积极参与公务活动的组织和策划，并主动提供迎送、导游等一系列在大厦区域外的服务，以“主人”的身份为主办单位服务。这种参与和服务，缩短了大厦与主办单位之间的距离，使主办单位与大厦真正成了一家人。

第三，要把公务活动当作大厦的公关活动来运作。凡有公务活动的场合，就能见到大厦公关部的工作人员、各位主管直至正副总经理，他们不但在现场指挥、协调工作，而且面对面地与客人沟通、交流，直接听取意见和建议。这种面对面的沟通，往往能收到良好的效果，有些棘手的问题往往就在沟通中解决了，下一轮的公务接待也在交流中确定了。

第四，争取大型公务活动、外事接待是广州大厦营销中的一个重大策略。通过努力，一年来，大厦分别接待了省、市人民代表大会、国际龙舟赛、广州地铁开通仪式以及广州国际友好城市“姐妹城市姐妹情”等多项国内国际大型活动，通过这些高规格的大型活动，把大厦的品牌形象传递到国内外，有效地宣传了大厦公务酒店的品牌形象。

（五）在服务中传播，在传播中营销

广州大厦创建公务酒店品牌形象一年多来，没有投放太多的资金在大众传播媒介上做宣传，而是把传播形象的工作与日常的服务工作融合在一起，在服务中传播。广州大厦将有限的资金投入技术改造，投入培训，逐步形成安全、优质、快捷的服务规范，并将这种服务特色推而广之，在大厦推行“顾客完全满意”的概念，像接待政务、公务活动一样接待好每一项商务活动，像接待市长一样接待好每一位客人，努力提升公务酒店品牌形象。

首先，广州大厦采取了一整套与目标公众联系的措施。大厦的 VIP 客人在入住时会收到一张欢迎卡，离开大厦回到所在地时还会收到一张问候卡；逢年过节大厦的目标公众都会收到来自大厦的问候和祝福；一张小小的贺卡，传达了广州大厦人的心意，换来的是客人对大厦的认同感和忠诚感。

其次，广州大厦专门建立了重点客人的生活习惯档案，为这些客人提供符合其所需的、个性化、人情化的服务。

第三，广州大厦还设置了专门的机构，组织专人调查研究顾客心理与需求，进而制定出相应的服务措施，力求使大厦的服务令每一位客人满意。

第四，广州大厦根据新一代公务员的年龄、层次、工作方式等方面的变化和需要，提供上网、手提电脑以及公务咨询等系列服务，为公务员在大厦构造了临时办公室，方便了公务所需。

项目评估：

广州大厦实施公务酒店品牌形象以来，取得了良好的社会效益和经济效益。

（一）首创公务酒店，实现品牌更新

广州大厦在公务酒店这面旗帜下，在政务、公务、会务接待方面做出了人情化、个性化的风格和特色，得到目标公众群的认同和支持，特别是广州市四套班子的公务活动几乎都安排在大厦举行。成功地将公务酒店的品牌形象推向市场，实现了品牌更新。

（二）在短期内迅速提高了大厦知名度

公务酒店这一全新品牌的确立，引起社会各界特别是行业内有关人士的高度重视，尤其是在《人民日报》和《接待与交际》杂志刊出“广州大厦拓展公务酒店市场”，以及采访录“我们正经营中国第一家公务酒店”、“请与我同行——携手共创公务酒店市场”等文章以来，在国内引起强烈的反响。广州大厦提出的公务酒店品牌形象的概念及创建公务酒店网络的设想，得到同行和社会各界的关注和呼应。

(三) 有效地拓展了公务酒店的市场

广州大厦积极推行“顾客完全满意”的概念，努力提高服务质量，做出了属于公务酒店的风格和特色，获得了公众的认同，慕名而来的公务客人及外宾大幅增加。

(四) 赢得了良好的经济效益

由于形象突出，营销策略得当，广州大厦在完成各项接待任务的同时，经济效益大幅攀升。

(五) 营造了良好的公共关系

随着广州大厦人的努力，广州大厦知名度的提高，公务酒店形象的被认同，特别是公务酒店品牌含金量的提高，大厦不但赢得了公众的理解和认同，取得了良好的经济效益，还营造了良好的公共关系。

案例点评：

广州大厦案例是一个以品牌传播促营销的成功个案。

一个原来年营业利润只有4.3万元的国营企业，一年之后，店还是那个店，员工还是那些员工，年营业利润超过2000万元。难怪行业权威的杂志《接待与交际》刊出了广州大厦的报道之后，在全国同行引起了强烈的反响，马上有众多的包括《人民日报》在内的全国和地方媒介转载或报道，并导致《接待与交际》开设了“公务酒店信箱”专栏。

1. 首创特色品牌，意义重大

一般酒店经营，人们都在极力追求星级评选，所以酒店业市场星级酒店林林总总，星罗棋布，要想在众多的星级酒店中独树一帜，谈何容易。广州大厦正是清醒地看到了这一市场环境，也清醒认识了自己的所长，因而准确地选择了自己的细分市场，创造了全国第一个“公务酒店”的品牌，并以此作为形象推广出去。取得成功那是当然的。其意义之大，绝对不在于广州大厦能创造两千万乃至数千万的利润。全国拥有丰富的政府接待基地的资源，如果都像广州大厦一样盘活这些资源，那么全国将会增值多少国有资产啊！公务酒店的品牌贵在不是独家优势，而是独特的细分市场，是一份可以分享的经验。

2. 品牌是建立在坚实的营销策略基础上的

这一案例的公务酒店品牌是建立在坚实的营销基础之上的品牌。在案例中，我们清晰地看到了一个品牌形成的轨迹。广州大厦通过一系列的市场调查、分析研究，运用了市场定位的营销战略，同时制定了一整套与此相适应的服务软件管理制度、员工训练制度、公务市场的公关策略……这样的品牌，不是海市蜃楼式的形象，而是站在坚实的营销策略基础上的。只有这样的品牌形象，才能成为树得起来、站得稳健的品牌形象。它不仅仅是一个概念，而是一种营销文化的整合和结晶。

3. 创造了独特而有效的传播方式

品牌形象的传播渠道是多元化的，大众传播媒介是一种重要渠道，员工传播同样是一种重要的渠道，广州大厦根据自身的特点，更注重了员工传播的渠道，所以他们制定了公务酒店的服务规范，重视顾客的完全满意服务。通过训练有素的员工队伍执行品牌形象传播任务。他们深深悟出“宾至如归”的道理，也深深知道人际传播对一个酒店的极为重要的作用。从而创造了富有特色的在“在服务中传播、在传播中营销”的行之有效的传播方式，并且取得了良好的传播效果。公务酒店的形象有血有肉，令人叹服。

4. 营造了成功的目标公众关系

广州大厦人深知：既然树起了公务酒店品牌的旗帜，那么，公务市场就是大厦的主要目标市场（当然，这一定位并没有对商务接待的排他性），酒店式的服务就是大厦的服务手段。因而他们老总带头，全员上下齐努力，着意营造良好的目标公众关系。包括上层的省、市五套班子、军队领导机关，中层的左邻右舍，基层的每一个客人，全方位实施优良的服务以传播形象。在实施过程中大大小小的成功事例数不胜数，并争取到市府规定：市府大小接待都在广州大厦；成功地接待了数十次大型公务活动；打开了酒店的围墙，把公园、南粤王御花园与酒店联成一体；VIP 离店，给他们家里寄去一个问候卡。良好的公共关系意识给广州大厦带来了良好的目标公众关系，因而就能创造良好的经济效益。

个案令人感到遗憾的是广州大厦的主题宣传口号“我在广州有个家”与公务酒店的形象显然缺乏统一的协调性。如果不是广州大厦奉行的在服务中传播，在传播中营销的传播方法，主题宣传口号或多或少是会影响广州大厦形象的有效传播的。

参考文献

1. 菲利普·科特勒著，梅如清等译：《营销管理——分析、计划、执行和控制》，上海人民出版社，1997
2. 波特著，姚宗明等译：《竞争战略》，三联书店，1988
3. 李怀兵主编：《战略营销学》，科学出版社，2005
4. 尼尔·沃恩著，艾丽森·莫里森修订，程尽能等译：《饭店营销学》，中国旅游出版社，2001
5. 罗纳德·A. 奈基尔著，李天元主译：《饭店与旅游服务业市场营销》，中国旅游出版社，2002
6. 赵西萍等编著：《旅游市场营销学》，高等教育出版社，2002
7. 邵万宽著：《现代餐饮经营创新》，辽宁科学技术出版社，2004
8. 谢彦君、李福学主编：《饭店营销学》，东北财经大学出版社，2003
9. 唐文主编：《现代酒店管理》，企业管理出版社，2003
10. 姜奇平著：《体验经济——来自变革前沿的报告》，社会科学文献出版社，2002 年
11. 范云峰、王珏著：《营销广告策划》，中国经济出版社，2004
12. 张金海、姚曦主编：《广告学教程》，上海人民出版社，2003
13. 韩光军编著：《现代广告学》，首都经济贸易大学出版社，2003
14. 余炳炎主编：《现代饭店管理》，上海人民出版社，1996
15. 何建民著：《现代酒店与营销实务》，辽宁科学技术出版社，1999
16. 王方华著：《营销管理》，机械工业出版社，2002
17. 王富瑜："市场营销观念的历史研究及前瞻"，《山东经济战略研究》，1999 年 11 期
18. 卢峰主编：《商业世界的经济学观察》，北京大学出版社，2003

后 记

本书是中国饭店协会立项、在中国饭店协会职业经理人办公室的精心策划和组织下，由西安交通大学、兰州商学院的相关教师合作编写而成。在编写之前，中国科学院的卢存岳教授专门就编写体例制定了编务通则，哈尔滨工商大学的周游教授对编写大纲进行了审阅。大家不仅对本书的内容体系提出了许多建设性的意见，而且对编写内容、体例和教材的适用范围做出了要求。

本书由兰州商学院的蔡文浩、孙泽平副教授负责全书的总撰、修改和定稿。编写的具体分工是：蔡文浩编写第一章、第四章和联络、统稿工作，孙泽平带领的团队成员赵昌平、李晓光（大连海事大学经济与管理学院）、刘蔚凤、刘晓菲、赵杨、麻晓倩等集体负责编写第二、三、六、八、九章，陈德球（兰州商学院）负责编写第五章、赵霞（兰州商学院）负责编写第七章，董原（兰州商学院工商管理学院教授）负责编写第十章。

兰州商学院的赵霞同志最后按照编务通则的要求，对书稿统一做了排版。中国饭店协会标准培训处的李杨同志协助做了大量的协调联络工作，在此我们表示衷心地感谢。

本书可以作为饭店业职业经理人的系列培训教材之一，也可作为工商管理培训的参考读本。由于参编人员分散在数个高校，联络沟通多有不便，加之我们水平有限，本书不完善之处在所难免，恳请读者给予批评指正。

编 者

2006 年 11 月

附　录

中国饭店协会培训体系

为构建健康、稳定、持续的中国饭店业人力资源保障体系，帮助广大饭店从业人员不断提升职业能力，促进职业生涯发展，中国饭店协会目前已建立了多层次、多方位的培训体系：

一、职业发展培训系列

1. 面向各级管理人员的职业经理人资格培训系列：

√　综合管理人员——饭店业职业经理人（高级、中级、初级）

√　专业管理人员——饭店业注册财务管理师（高级、中级、初级）

饭店业注册工程管理师（高级、中级、初级）

饭店业注册餐饮管理师（高级、中级、初级）

饭店业注册人力资源管理师（高级、中级、初级）

饭店业注册营销管理师（高级、中级、初级）

饭店业注册房务管理师（高级、中级、初级）

饭店业注册服务管理师（高级、中级、初级）

饭店业注册行政总厨

√　基层管理人员——饭店业注册督导师等

2. 面向专业技术人员的职业技能培训系列

√　饭店业注册培训师

√　饭店业注册采购师

√　饭店业注册调酒师

√　餐饮业注册火锅调味师

√　饭店业注册美食营养师

√　饭店业注册点菜师

√　饭店业注册国家级评委

√　饭店业注册国家级考评员等

3. 面向一线服务人员的从业资格培训系列

√　星级服务员——前厅接待（一星到五星）

√　星级服务员——客房接待（一星到五星）

√　星级服务员——餐饮接待（一星到五星）

二、经营管理专题培训系列

√　经济型饭店总经理（店长）系列培训

√　饭店业现场管理系列培训

√　饭店业节能降耗最佳实践系列培训

√　饭店业投资改造与装修设计系列培训等